DELF, DALF, FLEX, SNULT, 대학원 시험 대비

제 3 판

Compréhension du français

NOUVEAU 누보

프랑스어 독해

이경자 · 박 훈 공저

fides
도서출판

Paris

첫 머리에 ...

Prologue

요즘 각종 국가고시나 DELF, DALF FLEX, SNULT 시험의 출제 경향을 보면, 프랑스 문화나 사회에 대한 폭넓은 지식이 있어야만 이해가 되는 독해문제들이 출제되고 있다.

외국어를 배운다는 것은 그 나라 문화를 배우는 것이기 때문에, 이는 당연한 추세라고 여겨진다. 그래서 본서는 '르 몽드'나 '엑스프레스' 프랑스 일간지나 주간지를 비롯하여 각종 프랑스어 원서, 프랑스 인터넷 사이트에서 시사성 있고 프랑스 사회 전반과 문화를 이해하는 데 도움이 되는 지문들을 정선하여 실었다.

특히 최근에 세계적인 관심사로 떠올랐던 복제, 유전자 변형 식품, 인터넷 관련 주제, 환경오염 문제 등, 현실감 있는 시사문제들도 수록되어 있다.

본서에서는 각 지문마다 주요 어휘들이 제시되어 있어 사전 찾는 시간을 절약하도록 배려하였으며, 본문 해석이 있기 때문에 학습자들이 혼자서도 공부할 수 있도록 하였다. 해석은 학습자의 이해를 돕기 위해 직역을 위주로 하였지만, 직역으로 문맥의 흐름이 어색하여 내용을 이해하기 어렵다고 판단될 때는 단어를 한자씩 그대로 해석하기보다는 의역하는 편을 택하였음을 밝혀둔다.

앞에서 언급한 것처럼 본서는 짧은 시간 내에 폭넓은 주제의 지문을 접하게 함으로써 최대의 능률을 올릴 수 있도록 하였다. 이러한 점을 감안하여 본서는 각종 외국어능력시험이나 대학원시험에 출제 가능성이 높은 다양한 주제들을 압축하여 제시하였으므로, 이 책을 끝내고 나면 프랑스어 독해에 대해 어느 정도 자신감이 생길 수 있으리라 생각한다. 각 지문마다 DELF, FLEX, SNULT와 유사한 유형의 독해문제가 제시되어 있어 시험대비에 도움이 될 뿐 아니라 지문에 대한 자신의 이해도를 측정해 볼 기회가 될 것이다.

본서는 각종 국가고시 준비생, DELF, DALF, FLEX, SNULT 준비생, 불문과 전공생, 통·변역 대학원 및 일반대학원 진학생들을 위한 교재로 쓰일 수 있을 것이다.

마지막으로 이 책의 출간을 받아주신 피데스 신창동 사장님, 편집과 교정을 맡아주신 피데스 편집진에게 감사의 말을 전한다.

2021년 7월 30일, 관악에서

차 례

Chapitre 1 culture, vie quotidienne et sport
문화 · 생활 · 스포츠

Chapitre 2 science, informatique et environnement
과학 · 정보화 · 환경

Table des matières

Chapitre 4 santé, alimentation et loisirs

건강 · 음식 · 여가

Table des matières

Chapitre 5 femmes, éducation et famille
여성 · 교육 · 가족

Chapitre 6 économie, consommation et emploi
경제 · 소비 · 고용

Chapitre 7 société, logement et transports
사회 · 주거 · 교통

Chapitre 1

culture, vie quotidienne et sport

문화 · 생활 · 스포츠

1 축제의 성공

Il semble qu'en France on ait de plus en plus besoin de fêtes : à côté des fêtes traditionnelles, beaucoup de fêtes, ≪importées≫ ou créées, sont apparues ces dernières années. Le succès d'Halloween auprès des jeunes est particulièrement spectaculaire mais ce n'est pas un cas unique. On a ainsi adopté immédiatement, au début des années 80, la fête de la Musique, qui fait descendre des foules dans les rues le premier soir de l'été. Il y a également les fêtes lancées par le commerce pour susciter des occasions de cadeaux, au moins l'achat d'un bouquet de fleurs : la Saint-Valentin, la fête des Mères et celle des Pères sont toujours très populaires. Enfin, si beaucoup de villes et de villages avaient leurs fêtes patronales et les ont plus ou moins (ⓐ), on voit se multiplier les repas de village ou de quartier qui rassemblent les voisins. Derrière ce goût de la fête, il y a certainement un besoin de convivialité, le besoin de partager de petits bonheurs éphémères. Peut-être, disent les sociologues, parce que dans la société d'aujourd'hui on est davantage seul, après l'éclatement des structures traditionnelles, et qu'on a besoin de retrouver les autres.

Q1 De quoi parle le texte?

① des loisirs ② du succès des fêtes
③ de l'échange des cadeaux ④ des voyages

Q2 괄호 ⓐ에 들어갈 알맞은 과거분사의 형태는?

① conservé ② conservée
③ conservés ④ conservées

어휘정리

fête ⓕ 축제, 축일, 기념일 (fête patronale 수호성인 축일) apparaître 등장하다, 나타나다 descendre 내려가다 (descendre dans la rue (군중이) 거리로 나가다) commerce ⓜ 거래, 무역 / 상점 / (집합적) 상업계, 상인 se multiplier 증가하다, 배가되다 goût ⓜ 취향, 심미안, 기호, 애착 convivialité ⓕ 잔치 기분, 연회 선호 éclatement ⓜ 분열, 파열

본문해석

프랑스에서 사람들이 점점 더 축제가 필요한 것 같다. 지난 몇 년 간 전통 축제 옆에, ≪수입≫되었거나 새로 만들어진 많은 축제들이 등장하였다. 젊은이들에게 할로윈의 성공은 대단하지만, 그것이 유일한 경우는 아니다. 이처럼 사람들은 80년대 초에 '음악 축제'를 즉각적으로 받아들였고, 이 축제는 여름의 첫날 저녁에 군중들을 거리로 몰려나오게 했다. 또한 최소한 꽃다발이라도 선물을 구입할 계기를 부추기기 위해 상인들이 시작한 기념일들인 발렌타인 데이, 어머니날, 아버지날이 있는데, 이 기념일들은 여전히 아주 인기가 있다. 마지막으로, 많은 도시와 마을들이 고유의 수호성인 축일을 가지고 있으며 다소간 그 축일을 유지하고 있다하더라도, 이웃들이 함께 모이는 마을 잔치나 동네잔치들이 증가하고 있다. 이 축제에 대한 애착 뒤에는, 분명 화기애애한 북적임의 욕구, 순간적인 작은 행복을 함께 하려는 욕구가 있다. 그것은 아마도 전통구조가 파괴된 후로 오늘날의 사회에서 사람들이 더 외로워 타인을 만나는 것이 필요하기 때문일 것이라고 사회학자들은 말한다.

정답 1. ② 2. ④

2 문신(타투) 열풍

Pendant l'été, dans la rue ou à la plage, on croise sûrement de nombreuses personnes qui portent des tatouages. En France, plus d'un adulte sur dix est tatoué ! Mais pourquoi le tatouage a autant de succès ? Être tatoué, aujourd'hui, c'est courant. Que l'on (ⓐ) banquier, rockeur ou boulanger. Plein de gens portent un tatouage dans le monde. Pourtant, c'est douloureux de se faire tatouer. Le tatoueur injecte de l'encre sous la peau avec des aiguilles. Et le dessin ne part jamais !

Alors, pourquoi tant de personnes se font tatouer ? Le tatouage, ce n'est pas nouveau : cette pratique existe depuis plus de 5 000 ans. À l'origine, certains humains se tatouaient pour montrer leur appartenance (ⓑ) un clan. Puis le tatouage est devenu la marque des ≪durs≫ : comme chez les marins, les motards et les criminels. Or, dans les années 1990, des sportifs et des chanteurs célèbres se sont fait tatouer… et tout le monde les a vus dans les médias.

L'image du tatouage s'est ainsi améliorée, et de plus en plus de gens ont eu envie d'en avoir un. Quand une personne décide de se faire tatouer, c'est parce qu'elle trouve un dessin joli. Mais aussi parce que ce tatouage a un sens à ses yeux : il raconte une étape de sa vie, exprime ses idées ou montre une facette de sa personnalité. Pour se faire tatouer, il faut avoir plus de 18 ans et choisir un tatoueur qui utilise des aiguilles (ⓒ) usage unique, pour ne pas transmettre de maladies. Et surtout, il faut bien réfléchir avant de se lancer : un tatouage, c'est pour la vie !

Q1 괄호 ⓐ에 들어갈 알맞은 동사의 형태는?

① ait ② soit
③ fasse ④ prenne

Q2 문맥으로 보아 괄호 ⓑ, ⓒ에 공통으로 들어갈 알맞은 전치사는?

① pour ② sous
③ de ④ à

어휘정리

croiser 만나다(se croiser = se rencontrer) tatouage ⓜ 문신, 타투 se faire tatouer / se tatouer / être tatoué(e) / se font des tatouage 문신하다 le tatoueur 문신 시술가 injecter 주입하다 aiguille ⓕ 바늘 appartenance (à) 소속, 속함 clan ⓜ 부족 / 파벌 marque ⓕ 표시 / 브랜드 sens ⓜ 감각 / 방향 / 의미 facette ⓕ 면 / 양상, 모습 à usage unique 전용의 (usage, ⓜ 사용) se lancer 뛰어들다, 투신하다(dans)

본문해석

여름동안, 틀림없이 길가나 해변에서 문신을 하고 있는 많은 사람들을 만날 수 있다. 프랑스의 성인 10명 중 1명은 문신을 하고 있다. 왜 이렇게나 문신이 성공을 거두고 있는 것인가? 오늘날 문신을 한다는 것은 아주 흔한 일이다. 은행원, 록커, 제빵사든 관계없이, 세계의 많은 사람들이 문신을 보유하고 있다. 하지만 문신을 하는 것은 고통스러운 일이다. 문신 시술가가 바늘을 가지고 피부 속으로 문신 주액을 투입하기 때문이다. 그리고 이렇게 새겨진 문신 그림은 결코 사라지지 않는다.

그러면, 왜 이렇게나 많은 사람들이 문신을 하는 것일까? 문신이 새로운 것은 아니어서 문신 시술은 5000년 전부터 존재해 오고 있다. 처음에 일부 사람들이 특정 부족에 소속하고 있다는 것을 보여주기 위해 문신을 했었다. 이어서 문신은 선원들, 바이크족들 그리고 범죄자들 같은 ≪험한 사람들≫을 상징하는 표시가 되었다. 그런데 1990년대에 유명한 스포츠 선수들과 대중 가수들이 문신을 하였는데, 모든 사람들이 미디어에서 문신한 이들을 보았다.

문신의 이미지가 이렇게 개선되었으며, 점점 더 많은 사람들이 문신을 하나 가지고 싶어 했다. 어떤 한 사람이 문신을 하겠다고 결심 할 때는 문신 문양이 예쁘다고 생각하기 때문이지만 또한 그 사람이 볼 때 문신은 여러 가지 의미를 가지고 있다고 생각하기 때문이기도 하다. 즉 이 문신 시술을 통해서 자기 삶의 한 단계를 이야기하고, 자기 생각을 표현하고, 자기 개성의 어떤 양상을 보여주는 것이다. 문신을 받기 위해서는 18세 이상이 되어야 하며, 질병을 전파시키지 못하도록 문신 전용 바늘을 사용하는 문신 시술가를 선택해야 한다. 그리고 특히 시작하기 전에 심사숙고해야 한다. 왜냐하면, 문신, 그것은 평생 가는 것이기 때문이다.

정답 1. ② 2. ④

3 프랑스 일간지

La lecture des quotidiens qui (　ⓐ　) chaque jour est en baisse en France, peut-être (　ⓑ　) leur prix. En Europe, seuls les journaux italiens et les journaux suisses sont plus chers que les journaux français. Il existe des quotidiens nationaux, les principaux sont *L'Équipe, Le Parisien, Le Monde, Le Figaro, Libération, Les Échos, France-Soir, La Croix, L'Humanité*. Ils sont lus régulièrement par un Français sur cinq. Il existe aussi des quotidiens régionaux, lus par quatre Français sur dix. Les principaux titres régionaux sont *Ouest-France, Le Parisien, La Voix du Nord, Le Progrès, Le Dauphiné libéré*. L'arrivée des quotidiens gratuits distribués le matin dans les grandes villes (à Marseille d'abord, puis à Paris et à Lyon), a suscité des polémiques et va peut-être changer les habitudes de lecture.

Q1 문맥상 ⓐ에 들어갈 적절한 동사는?

① semblent　　② paraissent
③ lisent　　④ voient

Q2 ⓑ에 들어갈 적절한 표현은?

① grâce à　　② par rapport à
③ en raison de　　④ contrairement à

어휘정리

quotidien ⓜ 일간지 / ⓐ 매일의, 일상의　paraître 발행(발간)되다, 나타나다, ~인 것 같다　être en baisse 감소하다　en raison de … 때문에　régional 지방의　titre ⓜ 제목, 표제, 칭호　gratuit 무료의　distribuer 분배하다, 나누어주다　polémique ⓕ 논쟁 / ⓐ 논쟁의

본문해석

매일 발행되는 일간지의 구독이 프랑스에서 감소하고 있는데, 아마도 가격 때문일 것이다. 유럽에서는 오직 이탈리아 신문과 스위스 신문만이 프랑스 신문보다 더 비싸다. 전국지가 존재하는데, 주요 전국지는 *L'Équipe, Le Parisien, Le Monde, Le Figaro, Libération, Les Échos, France-Soir, La Croix, L'Humanité* 이다. 이 전국지들은 5명 중 1명의 프랑스인들에 의해 정기 구독되고 있다. 또한 지방신문들도 존재하는데, 10명당 4명의 프랑스인들에 의해 구독되고 있다. 주요 지방신문 이름은 *Ouest-France, Le Parisien, La Voix du Nord, Le Progrès, Le Dauphiné libéré* 이다. 대도시(제일 먼저 마르세유에서, 다음에 파리와 리옹)에서 아침에 배부되는 무료 일간지들의 도입이 논쟁을 불러일으켰으며, 아마도 구독 습관을 변화시킬 것이다.

정답 1. ② 2. ③

프랑스 주요 일간지와 주간지

4 유적 보수

Les richesses (ⓐ) françaises, comme cathédrales, châteaux et statues, ont besoin de restauration. 42% des monuments historiques sont considérés en mauvais état, voire en péril. C'est un laisser-aller inquiétant, quand on sait que le patrimoine français attire chaque année des millions de touristes. Pour restaurer les monuments les plus dégradés, 10 milliards d'euros seront nécessaires. Une partie des recettes du tourisme pourrait servir (ⓑ) financer leur rénovation. Le ministre de la Culture a proposé de faire payer une taxe sur les séjours dans les hôtels de luxe. Les clients des hôtels d'au moins 4 étoiles sont souvent des touristes étrangers, qui apprécieront de voir les trésors de la France restaurés.

Q1 Par quel terme peut-on remplacer le mot souligné, ≪voire≫?

① au contraire ② au moins
③ en effet ④ et même

Q2 ⓐ에 들어갈 가장 적절한 표현은?

① culturelles ② arichitecturales
③ religieuses ④ royales

Q3 ⓑ에 들어갈 적절한 전치사는?

① à ② de
③ en ④ pour

어휘정리

richesse ⓕ 부, 호화로움, 풍요 / ⓟⓛ (물질적) 재산, 재물, (경제활동이 총체로서의) 부, 재(財) architectural 건축의 cathédrale ⓕ (주교가 주관하는) 대성당 statue ⓕ 동상 restauration ⓕ 복원, 수리 voire 게다가 laisser-aller ⓜ (복수 불변) (태도, 행동의) 거침이 없음, 되는 대로 하기, 태만 patrimoine ⓜ 유산, 문화재 monument ⓜ 유적 recette ⓕ 수입, 조리법 rénovation ⓕ 개축 de luxe 값비싼, 고급의 apprécier 높이 평가하다, 좋아하다 trésor ⓜ 보물

본문해석

대성당, 성, 조각들 같은 프랑스 건축자산이 보수를 필요로 한다. 역사 유적의 42%가 불량 상태로, 심지어는 위급한 상태로 여겨지고 있다. 프랑스 문화재가 매년 수백만 명의 관광객을 끌어들인다는 것을 알고 있을 때, 그것은 우려스러운 태만행위이다. 가장 훼손된 유적들을 보수하기 위하여, 100억 유로가 필요하다. 관광 수입 중 일부가 이들 보수의 재원 조달에 쓰일 수 있다. 문화부 장관은 고급호텔 체류세를 지불하게 할 것을 제안하였다. 최소한 4성급 호텔의 고객들은 주로 외국인 관광객들로서, 프랑스 보물들이 보수되는 것을 좋아할 것이다.

정답 1. ④ 2. ② 3. ①

랭스(Reims) 대성당

5 파리의 박물관

Si vous voulez visiter des musées pendant votre séjour à Paris, je vous conseille de commencer par le plus grand et le plus connu : le Louvre. C'est un des plus beaux musées du monde. Dans ses innombrables salles vous verrez des sculptures, des peintures, des œuvres d'art de toutes sortes qui datent de l'Antiquité jusqu'au XIXe siècle. Il faut surtout voir la Joconde, la Vénus de Milo qui attirent les foules du monde entier. Et puis, si vous aimez les impressionnistes, allez au musée d'Orsay. C'est là que vous trouverez les toiles de Degas, Renoir, Van Gogh, Cézanne, Monet et bien d'autres.

Il y a aussi le centre Georges Pompidou. Là, il y a toujours quelque chose d'intéressant à voir sur la place - des musiciens, des magiciens, des clowns, des acrobates - et à l'intérieur il y a des tas de choses pour les enfants, et on peut monter et descendre sur les escaliers roulants. Au quatrième étage se trouve le musée d'art moderne, avec les œuvres des artistes du XXe siècle : Braque, Matisse, Picasso, Chagall, Dali … Il y a aussi de bonnes expositions de photos et d'affiches.

Q1 Combien de musées sont mentionnés dans le texte?

① un ② deux
③ trois ④ quatre

Q2 Quel est le musée le plus célèbre de Paris pour la peinture impressionniste?

① le Louvre ② le musée d'Orsay
③ le Centre Pompidou ④ le musée Grévin

어휘정리

innombrable 셀 수 없을 정도로 많은, 수많은 attirer 끌어당기다, 유인하다, 사로잡다 foule ⓕ 군중 toile ⓕ 베, 포목 / (미술) 캔버스, 화포, 유화 acrobate ⓝ 곡예사 un(des) tas de 산더미 같은, 수많은 escalier roulant ⓜ 에스컬레이터 affiche ⓕ 벽보, 포스터, 공연 프로그램

본문해석

파리에 체류하는 동안 박물관을 구경하기를 원하시면, 가장 크고 가장 유명한 루브르 박물관부터 시작할 것을 권합니다. 루브르는 세계에서 가장 큰 박물관 중 하나입니다. 헤아릴 수 없을 정도로 많은 전시실에서는 고대로부터 19세기까지의 조각품, 유화, 모든 종류의 예술품들을 볼 수 있습니다. 특히 세계 각국의 관람객의 발길을 끄는 모나리자, 미로의 비너스 상을 보아야 합니다. 그 다음에 인상주의 화가들을 좋아한다면, 오르세 미술관에 가십시오. 거기에서 드가, 르느아르, 세잔, 모네와 다른 많은 화가들의 그림을 볼 수 있을 겁니다.

또 조르주 퐁피두 센터도 있습니다. 그 곳 광장에는 음악가, 마술사, 광대, 곡예사 등 항상 재미있는 볼거리들이 있습니다. 내부에는 아이들을 위한 것이 많이 있고, 에스컬레이터를 타고 오르내릴 수 있습니다. 5층에는 브라크, 마티스, 피카소, 샤갈, 달리 등 … 20세기 미술가들의 작품이 전시된 현대미술관이 있습니다. 또한 훌륭한 사진전이나 포스터 전시회도 있습니다.

정답 1. ③ 2. ②

루브르 박물관의 피라미드

6 폴 세잔

Paul Cézanne naît en 1839 à Aix-en-Provence. C'est un peintre très mal accepté à ses débuts car ses tableaux ne sont pas comme ceux des grands peintres du moment : Vincent Van Gogh, Auguste Renoir, Edgar Degas…

Le style de Paul Cézanne annonce un tournant dans le monde de la peinture. Mais à son époque, peu de gens apprécient ce changement et les amateurs d'art sont choqués par ses tableaux. Certains responsables de musée refusent même catégoriquement d'exposer ses toiles.

Pourtant, les autres peintres admirent son travail. Après sa mort, les tableaux de Cézanne ouvrent la voie à de nouveaux styles de peinture. Ce grand peintre fait le lien entre la peinture du 19ème siècle et celle du 20ème siècle.

Il meurt d'une pneumonie à Aix-en-Provence, en 1906. Une grande partie de ses œuvres rend hommage aux paysages de sa Provence natale et des lieux dans lesquels il a vécu et peint.

Q1 De quoi parle-t-on ici?

① d'un peintre ② de la peinture contemporaine
③ d'un style d'art ④ de la Provence

Q2 De quel genre de texte s'agit-il?

① d'un article ② d'un poème
③ d'une biographie ④ d'une instruction

Q3 L'homme en question est mort :

① d'une maladie　　② d'un accident

③ de désespoir　　④ de faim

어휘정리

tournant ⓜ 커브, 전환점　catégoriquement 단호하게, 명확하게　toile ⓕ 캔버스, 유화, 그림　voie ⓕ 길, 선로　mourir de … 으로 죽다　pneumonie ⓕ 폐렴　rendre hommage à …에 경의를 표하다, 찬양(존중)하다

본문해석

폴 세잔은 1839년 엑상프로방스에서 태어났다. 데뷔 시절 그는 제대로 인정받지 못한 화가였는데, 그의 그림들이 당대의 대 화가인 빈센트 반 고흐, 오귀스트 르느아르, 에드가 드가… 의 그림들을 닮지 않았기 때문이었다.

폴 세잔의 화풍은 화단에 있어서 전환점을 예고하였다. 하지만 당시에 이런 변화를 높이 평가하는 사람이 거의 없었으며, 미술 애호가들은 그의 그림에 충격을 받았다. 일부 미술관 책임자들은 그의 유화 전시를 단호히 거부하기까지 하였다.

하지만 다른 화가들은 그의 작품에 경탄하였다. 세잔이 사망한 후에, 그의 그림들은 신(新) 화풍으로의 길을 열어주었다. 이 위대한 화가는 19세기와 20세기 회화 사이를 이어주었다.

그는 1906년 엑상프로방스에서 폐렴으로 사망하였다. 그의 많은 작품들이 그가 태어난 프로방스의 풍경과, 그가 살았고 그림을 그렸던 지역의 풍경을 담고 있다.

정답 1. ①　2. ③　3. ①

세잔, 자화상, 1877~1880

세잔, 부엌의 정물, 1888~1890

7 쿠스토 선장

Tout le monde connaît ce grand ami de la mer, ce vieil homme aux cheveux blancs coiffé d'un bonnet rouge, au corps mince et aux yeux bleus. Le commandant Cousteau qui avait 75 ans était un grand chercheur : curieux de tout, il a passé sa vie à montrer au monde les merveilles de l'Océan. Il a exploré la mer avec son premier bateau, la ≪Calypso≫; dans le golfe persique, il a trouvé du pétrole; il a inventé un nouveau scaphandre, mais aussi une caméra sous-marine. Il a fait une centaine de films, a écrit quatre-vingts livres et a dirigé un grand musée. Homme courageux, il a vécu en mer des aventures dangereuses. Scientifique généreux, il a défendu la nature. Il a protégé les animaux et défendu la qualité de l'environnement. Il a combattu ainsi la faim, la pollution et la bombe atomique. Et··· il adorait le rugby : quand il n'était pas en mer, il regardait tous les matches!

Q1 Quel âge a le commandant Cousteau?

① soixante-dix ans　② soixante-cinq ans
③ soixante-quinze ans　④ quatre-vingt-quinze ans

Q2 La Calypso est son :

① premier bateau　② deuxième bateau
③ troisième bateau　④ dernier bateau

Q3 C'est un chercheur, parce qu'il :

① est curieux de tout.　② dirige un grand musée.
③ protège les animaux.　④ trouve, invente et explore.

Q4 Le commandant Cousteau est généreux, parce qu'il :

① fait du cinéma
② fait un nouveau scaphandre
③ adore le rugby
④ aime les hommes et la nature.

Q5 Choisissez ce qui ne caractérise pas Cousteau.

① engagé
② hésitant
③ curieux
④ sportif

어휘정리

bonnet ⓜ 챙 없는 모자, 헝겊 모자 commandant ⓕ 지휘관, 사령관, (상선의) 선장, (군함의) 함장 chercheur ⓜ 탐구자, 연구자 explorer 탐험하다, 탐사하다, 탐구하다 golfe ⓜ 만(灣) persique 페르시아의 scaphandre ⓜ 잠수 장비 sous-marin 바다 속의, 해저의 / ⓜ 잠수함, 비밀 공작원 environnement ⓜ 환경 bombe ⓕ 폭탄

본문해석

위대한 바다의 친구이며, 파란 눈의 마른 체구에 빨간 모자를 쓴 흰머리의 이 나이 든 남자, 모두가 그를 알고 있다. 75세였던 쿠스토 선장은 대탐험가였다. 모든 것에 호기심을 갖고 있는 그는 대서양의 신비로운 세계를 세상 사람들에게 보여주는 데 일생을 바쳤다. 첫 탐험선인 ≪칼립소≫를 타고 바다를 탐험했고, 페르시아 만에서 석유를 발견하였으며, 새로운 잠수 장비뿐 아니라 잠수 카메라도 발명했다. 그는 백여 편의 영화를 촬영하였고, 80권의 책을 집필하였으며, 대형 박물관을 운영하였다. 용기 있는 그는 바다에서 위험한 모험을 겪었다. 따뜻한 마음을 가진 과학자인 그는 자연을 보호하였다. 그는 동물을 보호하고, 환경의 질을 지켰다. 이처럼 그는 기아, 공해, 원자폭탄에 맞서 싸웠다. 또한 그는 럭비를 좋아했다. 그래서 바다에 나가지 않을 때는 전 경기를 관람하곤 했다.

정답 1. ③ 2. ① 3. ④ 4. ④ 5. ②

8 피에르 신부

L'Abbé Pierre, le fondateur du mouvement Emmaüs et le défenseur des sans-abri, est décédé dans un hôpital parisien, le 22 janvier, à l'âge de 94 ans. Il a longtemps été la personnalité préférée des Français. Il avait fondé la première communauté Emmaüs en 1949 pour aider les plus démunis. Il était devenu célèbre lors du terrible hiver 1954. Après la mort d'une femme dans la rue, l'Abbé Pierre a lancé à la radio un appel en faveur des mal-logés. Portant toujours un long manteau noir, un béret, une canne et des godillots, l'Abbé Pierre n'a jamais cessé de défendre les sans-abri . (ⓐ) ses actions, de nombreuses personnes vivent encore aujourd'hui en France dans la rue.

Q1 Par quels termes peut-on remplacer les mots soulignés, ≪décédé≫ et ≪les sans-abri≫?

① hospitalisé - les fauchés
② né - les immigrés
③ mort - les SDF
④ soigné - les malades

Q2 윗글과 일치하지 않는 것은?

① 피에르를 상징하는 복장은 외투, 베레모, 지팡이, 군화이다.
② 피에르는 종교인이다.
③ 피에르가 노숙자 자립 공동체인 '엠마우스' 운동을 창시했다.
④ 피에르는 아직도 노숙자 구호활동을 활발히 벌이고 있다.

Q3 ⓐ에 들어갈 적절한 표현은?

① Malgré
② Grâce à
③ Pourtant
④ À cause de

어휘정리

fondateur ⓝ 창시자, 창설자, 설립자 sans-abri ⓝ 노숙자 personnalité ⓕ 인격, 개성 / 유명인사 communauté ⓕ 공동체 lancer un appel 호소하다, (언론에서) 여론을 환기시키다 les mal-logés ⓝ ⓟⓛ 열악한 환경의 거주자 béret ⓜ 베레모 canne ⓕ 지팡이 godillot ⓜ 군화

본문해석

'엠마우스' 운동의 창시자이고 노숙자들의 옹호자인 피에르 신부가 1월 22일, 94세의 나이로 파리의 한 병원에서 사망했다. 그는 오랫동안 프랑스인들로부터 사랑받는 인사였다. 그는 극빈자들을 도와주기 위해 1949년에 첫 '엠마우스' 공동체를 설립했다. 그는 1954년 끔찍했던 겨울에 유명해졌다. 한 여성이 대로변에서 숨진 후에, 피에르 신부는 라디오에서 열악한 환경의 거주자들의 편에서 호소하였다. 항상 검은 외투와 베레모, 지팡이, 군화를 착용하는 피에르 신부는 결코 노숙자들을 옹호하는 일을 중단하지 않았다. 그의 활동에도 불구하고, 프랑스에서 수많은 사람들이 아직도 길거리에서 살고 있다.

정답 1. ③ 2. ④ 3. ①

피에르 신부

9 파리-다카르 랠리

Le rallye Paris-Dakar est né du rêve d'un homme, Thierry Sabine, et de son amour pour l'aventure, l'Afrique et les voitures. C'est ainsi qu'en 1979 était organisé la première course avec 150 participants. En 1986, 1 300 personnes sont parties de Versailles le 1er janvier pour atteindre Dakar, au Sénégal, le 22 janvier. Outre les organisateurs, les médecins et les pilotes d'hélicoptère, on trouve deux groupes de participants :

- de vrais sportifs : des professionnels de la course ;
- des vedettes de la chanson, du cinéma, des princes et des princesses, des personnalités diverses.

Le long des routes difficiles et désertiques d'Afrique, tous cherchent la même chose : conquérir le désert, le sable, le vent ; vaincre des difficultés en auto, en moto ou en camion. Il y a toujours des dangers, des accidents, quelquefois même des morts, ainsi celle ⓐ de Thierry Sabine en 1986. Mais tous sont d'accord pour prendre des risques.

Q1 Le rallye, c'est

① une course de voitures ② une course de chevaux
③ une course de bateaux ④ une course de chameaux

Q2 Le rallye Paris-Dakar dure :

① une semaine ② deux semaines
③ trois semaines ④ quatre semaines

Q3 Les coureurs partent de France pour arriver :

① au Niger ② au Mali
③ en Mauritanie ④ au Sénégal

Q4 Le Paris-Dakar est une aventure, parce qu'il faut :

① prendre des risques ② aller en Afrique
③ prendre l'hélicoptère ④ faire du sport

Q5 밑줄 친 ⓐ는 어떤 단어를 받은 것인가?

① l'accident ② le danger
③ la mort ④ le risque

어휘정리

rallye ⓜ 자동차 랠리 경주 course ⓕ 뛰기, 경주, 경기/ ⓟⓛ (일상용품이나 식료품의) 구입, 장보기 participant ⓝ 참가자 atteindre …에 도달하다, 이르다 outre …이외에, … 이상으로 le long de …을 따라서, …동안 내내 vaincre 이기다, 극복하다

본문해석

파리-다카르 랠리는 티에르 사빈의 꿈과, 모험, 아프리카, 자동차에 대한 그의 사랑에서 탄생되었다. 이렇게 해서 1979년에 150명의 참가자와 함께 첫 경주가 조직되었다. 1986년에는 1,300명이 1월 1일에 베르사유에서 출발하여 1월 22일 세네갈의 다카르에 도착하였다. 주최자, 의사, 헬리콥터 조종사들 외에, 두 그룹의 참가자들이 있다. 자동차 경주 프로선수 같은 진짜 스포츠인들과 함께, 가수나 영화계의 스타들이나 왕자나 공주들, 다양한 유명 인사들이 있다. 아프리카의 험한 사막 도로를 따라 달리며, 모든 참가자들은 같은 것을 추구한다. 그것은 사막과 모래와 바람을 정복하는 것이며, 자동차나 오토바이 또는 트럭을 타고 난관을 극복하는 것이다. 항상 위험과 사고가 따르며, 때로는 1986년에 있었던 티에르 사빈의 사망처럼 죽음이 뒤따르기도 한다. 하지만 모두가 위험을 감수하는 것에 동의한다.

정답 1. ① 2. ③ 3. ④ 4. ① 5. ③

10 영화이야기

Le cinéma m'intéresse depuis longtemps. Il y a beaucoup de salles de cinéma, de ciné-clubs et de cinémathèques dans notre ville. Je vois à peu près trois films par semaine, mais je ne vais pas voir n'importe quel navet. Les films que je préfère sont les classiques, surtout les films américains des années 30 et 40. Heureusement, il y a beaucoup de festivals au cinéma universitaire pendant lesquels on passe des films de Bogart et de Chaplin et j'y vais régulièrement.

Je pense qu'il y a une différence dans l'attitude des Français et des Américains vis-à-vis du cinéma. La plupart des Américains vont voir un film parce qu'ils en ont entendu parler, ou parce qu'ils veulent voir jouer un acteur ou une actrice célèbre. Les Français, au contraire, attachent beaucoup d'importance au metteur en scène. Ils vont voir le film en toute confiance, (ⓐ) les acteurs ne soient pas toujours connus. Ce qu'ils recherchent surtout, c'est la qualité du scénario, des dialogues, de la mise en scène, de la photographie.

Je vais au cinéma pour me distraire, mais surtout parce que la culture cinématographique est une partie importante de la culture tout court. Il faut voir certains films comme il faut lire certains livres. À mon avis, il est temps que les professeurs reconnaissent la valeur de certains grands films, et les mettent aux programmes des lycées, avec Beaudelaire et Sartre.

Q1 Combien de fois par semaine va-t-il au cinéma?

① Il y va tous les jours.
② Il y va deux fois par semaine.
③ Il y va trois fois par semaine.
④ Il n'y va jamais.

Q2 Quelle sorte de films préfère-t-il?

① les films d'aventures
② les films français de bons metteurs en scène
③ les films de divertissement
④ les films américains des années 30 et 40

Q3 프랑스인들이 영화에서 추구하지 않는 것은?

① 영상　② 배우
③ 대사　④ 연출

Q4 문맥 상 괄호 ⓐ안에 들어갈 접속사는?

① bien que　② car
③ pour que　④ de crainte que

어휘정리

cinémathèque ⓕ 필름 보관소, 필름 라이브러리　navet ⓜ 순무 / (그림, 영화, 소설 따위의) 실패작, 졸작　vis-à-vis 마주보고, 대면하여 / ~ de …와 마주보고, …의 정면에 (= en face de)　attacher de l'importance à qc …을 중요시하다　en (toute) confiance 신용하고, 안심하고　mise en scène ⓕ 연출　photographie ⓕ 사진, 사진 촬영　se distraire 기분을 전환하다, 즐겁게 놀다 (=se détendre, s'amuser)　cinématographique 영화의, 영상의 (ⓕ cinématographie 영화 기술)　tout court 그저, 간략하게 / 갑자기, 별안간 (=brusquement, subitement)　il est temps que + sub. (이제야 말로) …해야 할 때이다

본문해석

오래 전부터 나는 영화에 관심을 가지고 있다. 우리 도시에는 영화관, 영화 클럽, 필름 라이브러리가 많이 있다. 나는 일주일에 약 3편의 영화를 보지만, 하찮은 졸작은 보러 가지 않는다. 내가 좋아하는 영화는 고전영화로, 특히 30~40년대 미국 영화이다. 다행히도 대학 영화관에서는 영화축제가 많이 열리며, 축제 동안에 험프리 보가트나 채플린의 영화들이 상영되므로 자주 보러간다.

영화에 대한 프랑스인과 미국인들의 태도에는 차이점이 있다고 생각한다. 대부분의 미국인들은 사람들이 하는 말을 듣거나 유명 배우가 연기하는 것을 보려고 영화를 보러 간다. 반면 프랑스인들은 감독을 중시한다. 배우가 무명이라도 (감독을) 믿고 영화를 보러 간다. 특히 프랑스인들이 중시하는 것은 시나리오, 대사, 연출, 촬영의 질이다.

나는 즐기기 위해 영화관에 가지만, 특히 영상 문화가 문화 그 자체의 중요한 한 부분을 차지하기 때문이다. 몇 권의 도서를 읽어야만 하는 것처럼, 몇 편의 영화를 보아야 한다. 내 생각으로 교사들은 일부 명화의 가치를 인정해야 하며, 이 명화들을 보들레르나 사르트르와 함께 고등학교 교과에 넣어야 할 때가 왔다.

정답 1. ③ 2. ④ 3. ② 4. ①

프랑스 영화관 렉스(REX)

11 스포츠의 재발견

Après la grande vague du début des années quatre-vingts, l'engouement des Français pour le sport se manifeste différemment. Le sport-douleur cède la place au sport-plaisir et la dimension individuelle s'accentue. L'attrait pour la compétition et l'aventure sportive se manifeste surtout devant la télévision.

Le début des années 80 aura été marqué, dans la plupart des pays occidentaux, par la redécouverte du corps. Dans un désir, collectif et inconscient, de mieux supporter les agressions de la vie moderne par une meilleure résistance physique. Mais aussi parce que l'apparence est un atout important dans une société qui valorise la forme (y compris physique) autant que le fond. Parce qu'elle donne, enfin, l'agréable impression de l'immortalité.

어휘정리

vague ⓕ 추세, 물결　engouement ⓜ 열광, 심취　céder la place à …에게 자리를 양보하다　s'accentuer (특징, 경향) 뚜렷해지다, 강화되다　attrait ⓜ 매력, 기호, 성향　agression ⓕ 공격, 습격, (외적 요인에 의한 정신, 육체적) 피해, 압박감 (=stress)　résistance ⓕ 지구력, 저항, 내성　atout ⓜ (트럼프) 으뜸 패, 성공 수단　valoriser 더 높은 가치(평가)를 부여하다　immortalité ⓕ 불멸

본문해석

80년대 초기의 대 유행 이후에, 프랑스인들의 스포츠에 대한 심취는 다양하게 나타났다. 힘든 운동은 즐기는 운동에 자리를 내 주었고, 개인적 차원이 뚜렷이 나타났다. 스포츠 시합과 탐험적인 스포츠는 특히 텔레비전 앞에서 나타났다.

80년대 초는 대부분의 서구 국가에서 육체의 재발견으로 특징지어졌다. 향상된 신체적 지구력을 통해 현대 생활의 압박감을 더 잘 견뎌내려는 집단적이고 무의식적 욕구에서이다. 또한 실체(내면) 만큼이나 (신체적인 것을 포함한) 외관에 높은 가치를 부여하는 사회에서 외모가 중요한 성공 수단이기 때문이다. 마지막으로, 외모는 장수라는 기분 좋은 인상을 주기 때문이다.

12 프랑스인의 예술 애호

Même si les Français ne s'intéressent pas (ⓐ) à l'art, d'une façon générale, on accorde une assez grande importance à l'art en France. Ce respect de l'art est évident dans les institutions mêmes du pays ; il existe un Ministère de la Culture dont le rôle est de protéger et de développer le patrimoine culturel national et d'intéresser le public à l'art.

Le gouvernement accorde aussi d'assez généreuses subventions aux différentes entreprises : théâtres, musées, salles de concert, expositions, etc. Pour intéresser les jeunes à la musique, on a créé les Jeunesses Musicales, séries de concerts donnés par des artistes célèbres et auxquels on peut assister pour un prix modeste. Chaque année, on organise des festivals qui attirent des artistes et des spectateurs du monde entier : le festival d'art dramatique d'Avignon, le festival de Cannes(cinéma), le festival d'Aix(musique), par exemple.

Pour les Français, l'art est aussi dans la rue. À Paris on découvre partout de magnifiques exemples d'architecture ancienne, des jardins et des places ornés de statues, des galeries d'art et même des artistes qui travaillent dans la rue sous les yeux des curieux. On peut passer quelques minutes à regarder les gravures des bouquinistes installés (ⓑ) de la Seine.

Q1 À qui sont destinées les subventions?

① aux artistes ② aux milieux artistiques
③ aux acteurs ④ aux amateurs d'art

Q2 괄호 ⓐ에 들어갈 알맞은 tout의 형태는?

① tout ② toute ③ tous ④ toutes

Q3 ⓑ에 들어갈 알맞은 단어는 무엇인가?

① sur les quais ② aux Puces

③ sur les bateaux-mouches ④ dans les librairies

어휘정리

s'inéresser à …에 관심을 갖다 institution ⓕ 제도, 기관 patrimoine ⓜ 세습재산, (문화적, 정신적) 유산 généreux (인심이) 후한, 관대한 subvention ⓕ (국가의) 보조금 assister à …에 참석하다 modeste 간소한, 저렴한 orné de …으로 장식된 statue ⓕ 동상, 조각 gravure ⓕ 조판, 판화, 제판 bouquiniste ⓝ (파리센강가의) 고본장수

본문해석

프랑스인 모두가 예술에 관심을 가지고 있지 않지 않더라도, 일반적으로 프랑스에서는 예술에 큰 중요성을 부여한다. 이 예술에 대한 존중은 프랑스의 국가기관 자체에서도 명백히 드러난다. 즉 문화부가 존재하며, 그 역할은 국가 문화재를 보호하고 발전시키며, 국민이 예술에 관심을 갖도록 하는 것이다.

또한 정부는 여러 기관 (극장, 박물관, 음악회장, 전시회 등 …) 에 넉넉한 보조금을 부여한다. 젊은이들을 음악에 관심을 갖게 하기 위해 유명 예술가들이 여는 일련의 공연인 "청년 음악회"를 만들었는데, 저렴한 가격으로 이 공연에 참석할 수 있다. 매년 전 세계의 예술가들과 관객들을 불러 모으는 축제들을 개최한다. 예를 들면 아비뇽 연극제, 칸 영화제, 엑스 음악제 등이다.

프랑스인들에게 예술은 거리에서도 있다. 파리에서 고 건축물들의 멋진 실례나, 동상으로 꾸며진 공원과 광장들, 미술관, 심지어는 구경꾼들의 시선을 받으며 가두작업을 하는 예술가들도 도처에서 찾아볼 수 있다. 센 강변에 늘어선 고 서적상들의 판화를 잠시 구경할 수 있다.

정답 1. ② 2. ③ 3. ①

센강 고서적 거리

13 프랑스의 연간 일정

Pour les Français, l'année commence deux fois : le premier janvier et début septembre. En janvier, ils échangent leurs vœux par téléphone, en envoyant des cartes de vœux ou des messages électroniques. Au cours de cette année-là ils changeront deux fois d'heure (heure d'hiver : dernier dimanche d'octobre, heure d'été : dernier dimanche de mars), iront voter au moins une fois, en général au printemps. Ceux qui paient l'impôt découpent l'année par tiers : premier tiers en février, dernier tiers en septembre, le plus difficile à payer, juste après les vacances.

Début septembre, commence l'année organisée par le calendrier scolaire : c'est la rentrée! On parle de rentrée politique, de rentrée syndicale, des spectacles de la rentrée … Ainsi, la France vit aussi au rythme de la rentrée des classes, des vacances scolaires de la Toussaint, de Noël, de Pâques. L'examen du baccalauréat en juin est le grand moment de l'année scolaire : toute la France passe le bac et médite sur les sujets de la philosophie, l'épreuve (ⓐ) tous les médias parlent. Les résultats du baccalauréat à peine connus, la France part en vacances ; c'est le temps des (ⓑ) sur les routes et du bronzage sur les plages.

Q1 Trouvez ce qui convient au texte.

① L'examen du bac a lieu en janvier et en septembre.

② Le vote a lieu généralement en été.

③ On a du mal à payer son impôt juste après les grandes vacances.

④ On change d'heure au moment de la rentrée scolaire.

Q2 괄호 ⓐ에 들어갈 적절한 관계대명사는?

① qui ② que ③ dont ④ auquel

Q3 ⓑ에 들어갈 적절한 단어는?

① infractions ② embouteillages

③ circulations ④ fêtes

어휘정리

vœu ⓜ 소원, 희망 / ⓟⓛ (신에 대한) 맹세 découper 자르다, 분할하다 calendrier scolaire ⓜ 학사일정 parler de (+무관사 명사) …에 대해 논하다, ~란 말을 쓰다 rentrée ⓕ 신 학년, 개학, (활동)재개 spectacles de la rentrée ⓜ (가을의) 연극시즌 개막의 상연목록 méditer 심사숙고하다, 깊이 생각하다 (=réfléchir) épreuve ⓕ 시험, 시련 embouteillage ⓜ 병목현상, 교통 혼잡 bronzage ⓜ 볕에 그을리기, 일광욕, 선탠

본문해석

프랑스인들에게 한 해는 1월 1일과 9월 초에 두 번 시작한다. 1월달에 그들은 전화나, 연하장, 전자 메일을 통해서 새해 인사를 주고받는다. 그 한 해 동안 그들은 두 번 시간을 바꿀 것이고 (동절기 시간은 10월 마지막 일요일에, 하절기 시간은 3월 마지막 일요일이다), 적어도 한 번, 보통 봄에 투표하러 갈 것이다. 세금을 내는 사람들은 3회로 분납한다. 1분기는 2월에, 마지막 분기는 9월인데, 바캉스 직후라서 납부하기가 가장 힘들다.

9월 초에, 학사 일정에 맞추어진 한 해가 시작하는데, 바로 신 학년이다. 사람들은 정치활동 재개, 노조활동 재개, 가을 연극 시즌 개막… 이라는 말을 쓴다. 이처럼, 프랑스는 또한 개학, 만성절 방학, 크리스마스 방학, 부활절 방학의 리듬에도 맞춰 살아간다. 6월달의 바칼로레아 입시는 그 학년도 중 가장 중요한 순간이다. 프랑스 전체가 대학 입시를 치르고, 모든 매체들이 언급하는 시험인 철학 주제에 대해 생각하기 때문이다. 프랑스인들은 바칼로레아 성적이 발표되면 바로 휴가를 떠난다. 도로가 막히고, 해변에서 일광욕하는 시기이다.

정답 1. ③ 2. ③ 3. ②

14 프랑스인의 양면성

Les Français ont la réputation d'être individualistes. Mais ce n'est pas si simple. D'un côté, ils sont capables de passer une journée de travail avec des collègues à qui ils ne parlent jamais, de prendre le même bus tous les jours avec les mêmes personnes sans jamais leur parler. D'un autre côté, ils sont aussi capables de partager une bouteille de champagne avec des inconnus sur l'avenue des Champs-Élysées pendant le réveillon du nouvel an, de sauter, danser et chanter avec d'autres inconnus à la fête de la Musique (le 21 juin), ou de militer ensemble pour les droits des salariés, ou pour défendre les droits de l'homme ou d'autres causes dans de grandes manifestations.

Les Français se rassemblent pour célébrer des événements parfois organisés, officiels, comme pour les bals du 14 juillet, d'autres fois spontanés, comme cela a été le cas lors de la victoire de l'équipe de France de football en Coupe du monde(12 juillet 1998) et en championnat d'Europe (2 juillet 2000) où plus d'un million de personnes se sont retrouvées sur les Champs-Élysées pour fêter l'événement.

Q1 Quel titre résume le mieux ce texte?

① la dualité des Français
② les fêtes françaises
③ (le) métro-boulot-dodo
④ l'engouement pour le football des Français

어휘정리

individualiste ⓐ 개인주의의 / ⓝ 개인주의자 collègue ⓝ 동료 réveillon ⓕ 크리스마스이브 만찬, (12월 31일 밤의) 송년회 sauter 뛰어 오르다 militer (이념) 운동하다, 투쟁하다, (조직) 활동하다 spontané 자발적인 championnat ⓜ 선수권 대회

본문해석

프랑스인들은 개인주의자라는 명성을 가지고 있다. 그러나 그리 간단하지 않다. 한편으로, 그들은 동료들과 한마디도 나누지 않고 온종일 근무하거나, 같은 사람들과 말 한마디 없이 매일 같은 버스를 탈 수도 있다. 다른 한편으로, 그들은 새해맞이 재야에 샹젤리제 거리에서 모르는 사람들과 함께 샴페인 한 병을 나눠 마실 수도 있다. 또한 6월 21일 '음악 축제'에서 모르는 사람들과 함께 뛰고, 춤추고, 노래하거나, 대형 시위에서 노동자들의 권익을 위해서, 인권이나 다른 대의(大義)를 옹호하기 위하여 함께 투쟁할 수도 있다.

프랑스인들은 때로는 7월 14일 프랑스 혁명 기념일 무도회 때처럼 계획된 공식 기념일을 기리기 위해, 또 다른 때는 자발적인 행사를 위해 모인다. 1998년 7월 12일 월드컵과 2000년 7월 2일 유럽 축구 선수권 대회에서 프랑스 국가대표 팀이 승리했던 경우였으며, 이때 백만 명 이상이 이 사건을 기념하기 위해 샹젤리제 거리에 모였다.

정답 1. ①

에펠탑

월드컵 축구

15 생활 속의 경조사 서신

Il est vrai que les gens écrivent de moins en moins: un coup de téléphone est tellement plus rapide! Cependant, il y a des occasions qui doivent laisser des traces écrites : naissance, baptêmes, mariages, enterrements, etc. Pour ces grandes occasions, on envoie un ≪faire-part≫. C'est un carton, (ⓐ) l'identité, l'adresse et les circonstances de l'événement à célébrer sont imprimées. Des formules rituelles annoncent officiellement ce que tout le monde sait déjà, mais elles marquent la solennité de l'événement pour ceux qui reçoivent comme pour ceux qui seront reçus.

Le carton d'invitation met l'accent sur le lieu de la célébration et sur la tenue vestimentaire que les invités devraient porter à cette occasion. Un carton demande obligatoirement une réponse. Ces réponses sont les plus difficiles à rédiger. Au cas où il n'y avoir pas de cartons imprimés, il faudrait écrire à la main.

Q1 괄호 ⓐ에 들어갈 알맞은 관계 대명사는?

① que ② dont

③ auquel ④ sur lequel

Q2 밑줄 친 avoir 동사의 알맞은 형태는?

① aura ② ait

③ aurait ④ a

Q3 D'après le texte, qu'est-ce qui n'est pas mentionné sur le carton?

① 참가의사 답신 요청　　② 초청객의 복장

③ 초청 명목　　④ 거행 장소

어휘정리

trace ⓕ 흔적, 자국　baptême ⓜ 세례　enterrement ⓜ 장례　les grandes occasions ⓕ 경조사(축일, 부고 따위)　faire part ⓜ (복수 불변) 통지서 (~ de mariage 결혼 청첩장 / ~ de décès 부고(訃告))　carton ⓜ 두꺼운 종이, 판지 / (구어) 카드 (=bristol)　rituel 의식의, 예식의　formule ⓕ 관례적 문구(표현) / 방법, 방식 / 서식, 양식　solennité ⓕ 성대한 축제, 제전, 성대함, 장중함 / ⓟⓛ 격식, 정식 절차　mettre accent sur (qc) …을 강조하다　tenue ⓕ 옷차림, 복장 / (집, 상점, 건물 따위의) 유지, 운영 / 태도, 품행　vestimentaire 의복의 (ⓜ vêtement)　rédiger 작성하다

본문해석

사람들이 점차로 편지를 쓰지 않는 것이 사실이다. 전화 한 통화가 훨씬 더 빠르기 때문이다. 하지만 출산, 세례, 결혼, 장례 등, 글의 흔적을 남겨야만 하는 경우가 있다. 이 같은 경조사에는 ≪알림 글≫을 보낸다. 이것이 바로 경조사 카드이며, 거기에 이름, 주소, 거행할 행사명이 인쇄되어 있다. 이 의례적 서식은 모든 사람이 이미 알고 있는 것을 공식적으로 알리는 것이지만, 초청자나 초청객에게 행사의 격식을 명시한다.

초청장은 행사 장소와, 이 경우에 착용해야 할 복장에 대해 강조한다. 초청장은 의무적으로 답신을 요구한다. 이 답신을 쓰기가 아주 어렵다. 인쇄된 카드가 없을 경우에는 손으로 써야 한다.

정답 1. ④　2. ③　3. ①

16 프랑스의 상징들

Fleur de lys : symbole de la royauté.

Coq : symbole de la vigilance et du peuple français. Déjà utilisé au XVIIe siècle, le coq devient un (　　ⓐ　　) officiel des sportifs français sélectionnés dans les épreuves internationales. Le coq des clochers de France ne symbolise pas le peuple gaulois mais l'attente du soleil levant toujours salué par le chant des coqs.

Buste de Marianne : il apparaît dans les mairies après 1877 pour remplacer les bustes de Napoléon III. Le surnom de Marianne, donné à la République, vient du nom d'une société secrète républicaine.

Drapeau tricolore : La cocarde tricolore puis le drapeau tricolore apparaissent sous la Révolution. La Constitution de 1946 déclare que l'emblème national est le drapeau tricolore bleu, blanc et rouge à trois bandes verticales d'égales dimensions.

Q1 Choisissez ce qui correspond au texte.

① 백합은 공화정의 상징이다.

② 교회 종탑에 있는 수탉은 갈리아족, 즉 프랑스 국민을 상징하는 것이다.

③ '마리안'이라는 이름은 19세기 공화파 비밀결사의 이름에서 유래하였다.

④ 마리안 흉상은 1946년 이후에 프랑스 각 시청에 전시되어 있다.

Q2 ⓐ에 들어갈 적절한 단어는?

① dessin　　② emblème

③ recommandation　　④ animal

어휘정리

royauté ⓕ 왕위, 왕정, 왕권　vigilance ⓕ 조심, 주의, 경계　emblème ⓜ 문장(紋章), 표장, 상징　sélectionné 선발된, 선별된, 정선된　surnom ⓜ 별명, 이명(異名)　cocarde ⓕ 프랑스 3색 휘장　tricolore 3색의　vertical 수직의

본문해석

백합 : 왕정의 상징.

수탉 : 경계심의 상징이며, 프랑스 국민의 상징. 17세기에 이미 사용되었던 수탉은 국제 경기에 선발된 국가 대표선수들의 공식적인 상징이 되었다. 교회 종탑의 수탉은 갈리아 민족을 상징하는 것이 아니라, 항상 수탉 울음소리로 맞이하는 해돋이의 기다림을 상징한다.

마리안 흉상 : 이 흉상은 1877년 이후에 나폴레옹 3세의 흉상을 대체하기 위하여 시청에 등장하였다. 공화정에 주어진 '마리안'이라는 이명(異名)은 공화파 비밀결사의 이름에서 유래하였다.

삼색기 : 삼색휘장과 삼색기는 프랑스 대혁명 하에서 등장하였다. 1946년의 헌법은 동일한 넓이의 파랑, 흰색, 빨강의 삼색 수직 줄무늬로 이루어진 삼색기가 국가의 상징임을 선포하였다.

정답 1. ③　2. ②

백합

수탉

마리안 흉상

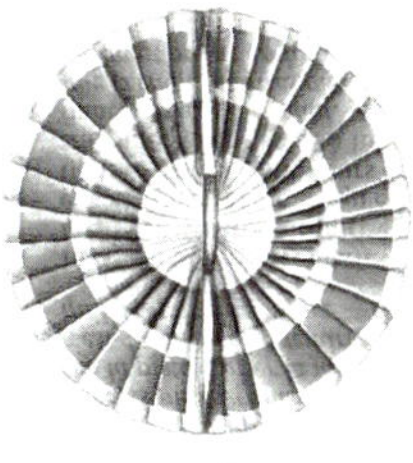

삼색휘장

17 소광고

Je serai heureuse d'entrer en contact avec des retraités francophones afin de correspondre et d'échanger des séjours entre l'Espagne où j'ai une villa à la campagne et des pays comme la Suisse, la Belgique, la Suède, les Pays-Bas, etc.

• Mme Carmen Benitez, calle del Realejo 5, 18009, Grenade, Espagne.

Q1 Quelle est la nature de ce document?

① une publicité
② un prospectus
③ un article
④ une petite annonce

Q2 Quel est l'objectif de ce document?

① Il présente un produit.
② Il propose un service.
③ Il propose un échange.
④ Il s'agit de la vente d'une maison.

Q3 La maison de l'auteur de la lettre :

① se trouve au bord de la mer.
② se trouve à la campagne.
③ se trouve à la montagne.
④ se trouve en plein centre-ville.

Q4 L'auteur de cette lettre désire :

① correspondre avec des jeunes.
② correspondre avec des retraités.
③ effectuer des séjours dans des pays non-européens.
④ vendre sa maison aux retraités des pays européens

어휘정리

entrer en contact avec 접촉하다 retraité ⓝ 은퇴자 francophone (일상 언어로) 프랑스어를 사용하는, 프랑스어권(圈)의 correspondre (avec) 편지를 주고받다(연락하다) / ~ à …에 일치하다, 부합하다, 해당하다, 대응하다, 상응하다 séjour ⓜ 거주, 체류

본문해석

저는 프랑스어권의 은퇴자와 접촉할 수 있기를 바랍니다. 스위스, 벨기에, 스웨덴, 네덜란드 등의 국가와 제가 시골에 별장을 가지고 있는 스페인 사이에 거주지를 교환하고 서신을 주고받기 위해서입니다.

• 카르멘 베니테스 부인, 카이예 델 레알레호 5번지, 18009, 그라나다, 스페인

정답 1. ④ 2. ③ 3. ② 4. ②

Petites annonces

ENVIRONNEMENT, MER, ESPACES VERTS

J. homme ch. à faire taille de haies, élagage, abattage, débroussaillage, rémunération CESU. Particulier, tél. 06 84 08 41 95

ENSEIGNEMENT, ÉDUCATION, FORMATION

Enseignant donne cours de remise à niveau en mathématiques du CE1 à bac+2 et en physique chimie de Seconde à Terminale . Particulier. Tél. 07 83 33 92 35.

SERVICES À LA PERSONNE

Je cherche une dame retraitée, nourrie, logée, chambre indépendante, rémunérée, en échange de surveillance d'une personne valide et menus travaux à ORBEC. Week-ends libres. Particulier, tél. 06 71 59 19 16

Jardinier recherche : taille de haies, abattage d'arbres, élagage, remise en état espaces verts, entretien grosse propriété à l'année, CESU. Particulier, tél. 07 69 26 63 32

Artisan retraité cherche travaux de maçonnerie, placo, carrelage, CESU. Particulier, tél. 06 62 63 64 49

Recherche couple de jeunes retraités pour gardiennage propriété, logement de fonction contre menus travaux aux environs de Verneuil sur Avre et Brezolles, réf. exigées, particulier, 06 15 45 69 33 ou laurencedlv@gmail.com

Recherche Dame pour aider personne âgée et au ménage, ayant permis B, région Tourouvre, L'hôme-Chamondot, site agréable, nourrie, logée, blanchie, libre. Particulier, tél. 02 33 83 96 22

Aide-soignante à la retraite rech. garde de nuit pour complément de revenus, grande expérience des personnes âgées, dispo de suite dans un rayon de 15 km autour de La Neuve-Lyre. Particulier, tél. 06 79 62 95 08

A votre disposition pour vider votre maison de la cave au grenier. HENRI Etienne, Gacé. Tél. 06 12 98 19 82

DIVERS

Cherche travaux int / ext peinture, papier peint, chaux, fibre, parquet, revêtement de sol, ravalement, divers services. CESU. Part. Tél. 06 37 83 77 13

DEMANDES D'EMPLOI

Recherche heures d'entretien espaces verts et multi-services (poss. travaux minipelle). Particulier, tél. 06 73 32 54 51

Auto-entrepreneur recherche à faire tous travaux du bâtiment. tél. 06 06 63 32 76

M. Croisé auto-entrepreneur st-ouen de secherouvre: charpente, couverture, placo, maçonnerie. 30 ans d'expérience. Siret: 352 844 054 00028.

Tél. 06 47 08 05 94

Bonnes Affaires

Antiquités / brocante

COLLECTION

Médecin passionné achète cher armes de collection pour la conservation de notre patrimoine (plus de 100 ans ou 8ème catég.), Dr Lamoureux Vire. Particulier, tél. 06 07 15 32 32

Collectionneur achète vieux papiers, monnaies, cartes postales, archives, lettres, documents, timbres, autographes: militaires, peintres, écrivains. Particulier, tél. 06 11 15 14 75

Achète objets militaires 39-45, 14-18 : casques, coiffures, uniformes, équipements, véhicules et pièces, etc., tous pays, même mauvais état. Particulier, tél. 06 80 63 97 32

RECHERCHE / ECHANGE

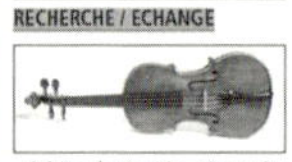

Achète bons prix, vieux violons, violoncelles, altos, archets, guitares, saxo, contre basses, même abîmés, se déplace sur rdv (annonce sérieuse). Tél. 06 50 66 24 10

achète blaudes de marché noires et bleues, blaudeaux en droguet ancien, vieilles vestes moleskine noire, vieilles blouses de Normand, blouses, vestes, gilets et pantalons de maquignon, anciens vêtement de ville, de chasse, de campagne, de travail, vieilles blouses noires grises et bleus de travail, vieilles dentelles, mercerie, rubans anciens, tissus, torchons. Tél. 06 08 84 27 75

Achète globes de mariés anciens, luminaires, miroirs, sellette de sclupteur, vieux chevalets de peintre, pendules, tableaux, vases chinois, têtes animaux objets zinc ou fonte, objets pour vitrine, objets militaires, uniformes. tous jouets anciens, vieilles poupées, objets d'art populaire, Tél. 06 08 84 27 75

Achète armes de collection, fusils et pistolets à silex et à chien. Pistolet 1870- 1873-1874. Collection de baillonette, sabre, coffret de pistolet même mauvais état. Particulier, tél. 02 33 28 49 16

Retraité passionné d'histoire achète petites ou importantes collections militaires, casques, uniformes, etc... guerres de 14/18 et 39/45. Particulier, tél. 06 85 48 33 90

recherche carillon Odo. Particulier, tél. 06 50 79 69 69

Achète boites ou coffrets pistolets Boutté ou Lepage et tous pistolets en coffret, képis et casques de général, casques avec étoile sur le devant, très beaux sabres. Particulier, tél. 07 84 10 43 59

Particulier achète dessins animés Super 8 couleurs, sonores (film Office, Derann, Hefa film etc...). M. Lebreton Thierry 57 rue Principale Damigny 61250, tél. 02 33 27 47 80

Achète vieux bijoux or, pièces or et argent, débarras, successions, etc... Particulier, tél. 06 50 05 12 31

DIVERS

ACHETE CHER TABLEAUX ANCIENS TOUS SUJETS : Ecole Barbizon, marine, paysage, portrait, fleurs, vue de Venise, animalier, chasse, orientaliste, scène de genre, peintres Français, écoles étrangères (russe, grecque, belge, hollandaise, ...) bronze. M. MARILLIER Particulier tél. 06 07 03 23 16 v.marillier@wanadoo.fr

PASSIONNEE de poupées anciennes achète cher poupées tête porcelaine ou tête seule même abimée des année 1850/1930, ainsi que poupées-mignonnettes, automates et carrousels anciens, vêtements et accessoires anciens de poupées, achète cher selon modèle étudie toutes propositions au 06 61 69 18 82

Animaux de la ferme

OVIN

Achète agneaux, brebis, brebis de réforme, béliers ainsi que chèvres et boucs. Ramassage à domicile. Particulier, tél. 06 09 69 59 00

Achète bélier Suffolk pour reproduction, pas plus de 3 ans. Faire offres au 06 20 69 14 29 région Breteuil / Iton

Achète brebis, béliers, agneaux, paiement comptant. Tél. 06 10 66 41 97 (siret 39135159000024)

DIVERS

Vends cochons de lait - Vds truite avec porcelets. Particulier, tél. 02 33 25 99 61

Vends poulets fermiers 15 semaines d'élevage aux céréales en plein air, coqs 3.4 kg vifs 8.50 € pièce. Poules 2.4 kg vifs 7 € pièce. Sortie prévue fin octobre et mi-novembre à réserver dès maintenant 06 70 92 03 13

Agriculture

BOIS DE CHAUFFAGE

Propose à personne coupe de taillis de bois à stérer (à étudier). La Ferté-Fresnel limitrophe Eure. Particulier, tél. 06 32 76 07 91

Vends bois de chauffage sec en 1 m, 45 € / stère. Particulier, tél. 02 33 24 17 22

Vends bois de chauffage, chêne, charme, livraison 7/7, 06 87 86 31 12

Vends bois de chauffage, chêne en 1 m, 38 € le stère pris sur place. Tél. 02 32 32 06 63 HR

Vends bois de chauffage, chêne, hêtre, merisier 80% et bouleau et tremble 20%, 45 € le stère en 1 m. Particulier, tél. 07 64 40 34 92

Vends 10 stères de bois 5 ans, sec, frêne et hêtre, 40 € le stère, à prendre sur place à Tourouvre. Part. Tél. 02 33 83 26 30

Vends bois de chauffage sec, 52 € le stère. Particulier, tél. 02 32 44 51 21

FOURRAGE / HERBAGE

Vends 20 roundballers de foin bio, récolte 2019, très bonne qualité, à prendre sous hangar. Particulier, tél. 02 33 28 42 81 heures repas

Vends ray-gras sur pied à enrubanner, récolte vers le 10 octobre, région Planches, Echauffour, 13 ha environ. Particulier, tél. 06 09 44 04 65

Vends crottin de cheval décomposé sans paille 1 m3 : 20 euros ou 1 sac de 110 l. : 3 euros (10 achetés 3 offerts), particulier, 06 86 33 72 17

Vends 78 petits ballots de foin récoltés en juin sous le soleil, idéal pour des chevaux. A venir chercher sur place à Saint-Pierre-des-Loges. Vendus 2 euros pièce, particulier, tél. 06 06 44 09 82

MATÉRIEL AGRICOLE

Recherche presses MD et RB, tracteur MF, moissonneuse MF, cueilleur à maïs, semoir à maïs, enrubanneuse. Particulier tél. 06 71 10 93 35

Vends cylindre compacteur - Vds 1 manitou et 1 godet pour Manitou ou fourche frontale. Particulier, tél. 02 33 83 25 57 ou 07 83 74 80 20, le soir de préférence

Vends dumper très bon moteur diesel, pour bricoleur, 200 €. Particulier, tél. 06 61 81 27 55

DIVERS AGRICULTURE

Vends tracteur Deutz D40, 40 cv, bon état sans carte grise avec bennette - Vends fendeuse prise de force 18 tonnes. Part. Tél. 07 50 29 24 29

Vds tracteur Massey Ferguson 2645, 125 cv, 4 roues motrices avec caisse (contenance 3 stères), très bon état+diverses pièces, 7 500 € à déb. Part., tél. 02 32 42 23 43 ou 06 24 55 05 17

Animaux

CHIEN

A vendre pinsher nain mâle nés le 12-06-2020, puce mère 250268501949431 et berger australien croisé labrador, né le 12-06-2020, puce 250268501942902. SIREN 330819590. Elevage de Bellefontaine, Passais-la-Conception, tél. 02 33 38 85 66 ou 06 25 81 82 58

A vendre pinsher nain mâle nés le 12-06-2020, puce mère 250268501949431 et berger australien croisé labrador, né le 12-06-2020, puce 250268501942902. SIREN 330819590. Elevage de Bellefontaine, Passais-la-Conception, tél. 02 33 38 85 66 ou 06 25 81 82 58

Le Réveil
34 bis rue de Bec-Ham
61300 L'AIGLE
Tél. 02 33 24 42 33 - Fax 02 33 34 88 71
e-mail : reveil.normand@publihebdos.fr
Éditeur : Laurent REBOURS

Société éditrice :
PUBLIHEBDOS SAS
Siège social : 13, rue du Breil
35000 RENNES
SAS au capital de 34 000 000 €
Principal actionnaire :
SIPA (représentée par Louis ECHELARD)
Directeur de publication :
Francis GAUNAND
Directeur délégué :
Philippe RIFFLET
Président du directoire :
Francis GAUNAND
Président du conseil de surveillance :
Olivier BONSART
Membres du conseil de surveillance :
Société SIPA
(représentée par Louis ECHELARD),
Olivier BONSART, Dominique BILLARD,
Philippe TOULEMONDE
Impression : Société Cherbourgeoise d'Éditions 50100 CHERBOURG

Publicité locale, régionale et petites annonces :
Tél. 02 33 24 42 33
e-mail : publicite@hebdoscom.com
www.hebdoscom.com
Directeur de publicité : Amélie BOURDON
Annonces légales :
MEDIALEX Tél. 02 99 26 42 00
www.medialex.fr
Par arrêté préfectoral, journal habilité à publier les annonces judiciaires et légales sur le département (ou arrondissement) : Orne et Eure
Prix: 1,70 €
Abonnement 1 an : 88,40 €
ISSN 0295-3285
Commission paritaire n° 1024 C 81855

10-31-1082 / PEFC recyclé / pefc-france.org
Imprimé sur du papier produit en France à partir de 75 à 100 % de fibres recyclées. Une part de ce papier fourni par UPM sous le numéro FI/37/001 est porteur de l'écolabel européen. Eutrophisation : 0,010 kg/tonne

18 프랑스의 주요 축일

Le 1er mai, c'est la fête du Travail et du muguet. Les rues de Paris et même le métro sentent bon, tellement il y a de petits marchands de muguet. On en achète pour soi, on en offre, on en met un brin sur sa veste, sur sa blouse.

Le 14 juillet, c'est la fête nationale. La veille, dans toutes les villes de France, on tire de beaux feux d'artifice et on danse dans les rues. Le lendemain matin, on applaudit le défilé militaire. Les grandes vacances commencent.

Le 1er novembre, c'est la Toussaint, le jour des morts. Dans les cimetières, les tombes sont fleuries de chrysanthèmes. Malgré la tristesse générale, les écoliers sont heureux d'avoir les premiers jours de congé de l'année.

Le 25 décembre, c'est Noël. On prépare le réveillon. Les sapins de Noël avec ses étoiles d'argent et ses bougies resplendissent dans le salon. On savoure la dinde aux marrons et la bûche de Noël, on boit du champagne. Les enfants nettoient les cheminées, cherchent leurs plus grandes chaussettes. Le Père Noël prend la route …

Q1 Le jour de la fête nationale, qu'est-ce qu'on fait?

① On tire de beaux feux d'artifice.

② On organise des bals.

③ On applaudit le défilé militaire.

④ On prépare le réveillon.

Q2 Choisissez ce qu'on ne fait pas à Noël.

① On réveillonne avec sa famille et ses amis.
② On décore les sapins de Noël.
③ On goûte de la dinde, de la bûche et du champagne.
④ Les adultes s'offrent des étrennes.

Q3 Quelle est la fleur de la fête du Travail?

① les roses ② le muguet
③ les lys ④ les chrysanthèmes

어휘정리

muguet ⓜ 은방울꽃 brin ⓜ (식물의) 잎, 새싹 feu d'artifice ⓜ 불꽃놀이, 폭죽 défilé ⓜ 행진, 행렬 cimetière ⓜ 묘지 chrysanthème ⓜ 국화 réveillon ⓜ 성탄절전야 만찬, 송년회 resplendir 반짝이다, 빛나다 savourer 음미하다

본문해석

5월 1일은 노동절과 은방울꽃 축일이다. 파리의 거리와 지하철은 좋은 냄새로 가득하고, 은방울꽃 상인이 정말로 많이 있다. 사람들은 자신을 위해서나 선물용으로 은방울꽃을 사며, 외투나 블라우스에 한 가지를 꽂는다.

7월 14일은 국경일이다. 전날, 프랑스 전 도시에서 불꽃놀이가 벌어지고, 거리에서 춤을 춘다. 그 다음날 아침에는 군사 퍼레이드에 박수갈채를 보낸다. 그리고는 여름 바캉스가 시작된다.

11월 1일은 망자(亡者)의 날인 만성절(萬聖節)이다. 묘지의 무덤들은 국화꽃으로 만발한다. 모든 이의 슬픔에도 불구하고, 초등학생들은 한 해의 첫 방학을 맞게 되어 기뻐한다.

12월 25일은 성탄절이다. 사람들은 전야 만찬을 준비하고, 은빛별과 양초로 장식된 크리스마스트리는 거실에서 빛을 발한다. 사람들은 밤을 넣은 칠면조와 장작모양 케이크를 먹으며, 샴페인을 마신다. 아이들은 벽난로 청소를 하고, 가장 큰 양말을 찾는다. 그러면 산타클로스 할아버지가 길을 떠난다 …

정답 1. ③ 2. ④ 3. ②

19 〈프랑스 경기장〉과 월드컵

Du 10 juin au 12 juillet 1998, s'est déroulée la Coupe du monde de football, le Mondial 1998, qui a vu la victoire de la France sur le Brésil, tenant du titre et favori des pronostics. Près de deux milliards de téléspectateurs dans le monde ont pu suivre la finale qui s'est déroulée au Stade de France à Saint-Denis, près de Paris.

Le Stade de France a été construit en moins de trois ans en prévision du Mondial. Son toit transparent est aussi grand que la place de la Concorde(6 hectares) et pèse 13 tonnes! Il permet d'asseoir 80 000 spectateurs.

Q1 De quoi parle le texte?

① du sport ② de l'exposition

③ des médias ④ de la mode

Q2 Choisissez ce qui est incorrect sur le stade de France.

① Le stade de France se trouve en plein centre-ville de Paris

② La durée de construction était d'environ trois ans.

③ Le stade de France peut contenir quatre-vingts mille personnes.

④ Le toit du stade de France mesure six hectares.

어휘정리

se dérouler 전개되다 tenant ⓜ (의견) 주장자, 지지자, 옹호자 / ⓝ 선수권 보유자 favori ⓐ 인기 있는, 좋아하는 / ⓜ 인기 있는 말(경마), 우승 후보, 인기 선수 pronostics (보통 복수로 사용) 예상, 예측 (=prévision) suivre (뒤)따르다, (사태를) 지켜보다 finale ⓕ 피날레, 결승전 en prévision de q.c …을 예측하여, 예기하고

본문해석

1998년 6월 10일에서 7월 12일까지 1998년 세계 축구선수권대회인 월드컵이 진행되었는데, 지난 대회 우승팀이며 이번 대회 우승 후보인 브라질을 꺾고 프랑스가 우승하였다. 대략 전 세계 20억 명의 TV 시청자들이 파리 근처 생-드니에 있는 '프랑스 스타디움'에서 벌어졌던 결승전을 지켜볼 수 있었다.

'프랑스 스타디움'은 월드컵을 예상하여 채 3년도 안 되는 기간에 건설되었다. 투명한 경기장 지붕은 콩코르드 광장(6헥타르)만큼이나 넓으며, 무게는 13톤에 달한다! 이 경기장은 8만 명의 관객을 수용할 수 있다.

정답 1. ① 2. ①

프랑스 스타디움

20 카페의 역사

Les cafés ont une longue histoire. Le café Procope, un des premiers cafés en Europe, date de 1686 et existe toujours près du Quartier Latin. Cette salle où l'on dégustait le café - une boisson toute nouvelle à cette époque - est très vite devenue le lieu de rendez-vous des intellectuels qui y lisaient les journaux (qui étaient alors rares et chers) et qui échangeaient des idées. Les Encyclopédistes, et plus tard B. Franklin, Napoléon Bonaparte, Balzac, Hugo, Verlaine ont été parmi les habitués les plus prestigieux. Le café Procope a eu tant de succès qu'on l'a imité partout, et en 1720 il y avait déjà plus de 300 cafés à Paris. Depuis cette époque, ils se sont multipliés, ont gagné la province et sont devenus une véritable institution sociale en France.

Q1 Trouvez la phrase qui ne convient pas au texte.

① Le café Procope, un des premiers en Europe, date de la fin du XVIIe siècle.

② Il y avait plus de 300 cafés à Paris et en province au début du XVIIIe siècle.

③ Le café Procope existe encore à Paris.

④ Beaucoup de grandes personnalités fréquentaient le café Procope.

Q2 Choisissez une mauvaise réponse.

- Au dix-septième siècle, le café était :

① un lieu où l'on buvait du café.

② un lieu d'instruction.

③ un lieu de rendez-vous des intellectuels.

④ un lieu où l'on échangeait des idées.

어휘정리

dater 연대를 추정(결정)하다 déguster 음미하다, 시음하다 intellectuel 지적인, 지능의 / ⓝ 지식인 (구어 intello) échanger 교환하다, 맞바꾸다 (échanger q.c contre q.c …을 …과 맞바꾸다) habitué 단골 prestigieux 명망 있는, 위엄 있는, 인기 있는 se multiplier 증가하다, 증대하다 (=s'accroître), 번식하다 (=se reproduire) gagner (돈을) 벌다, (복권 따위에) 당첨되다 / (장소에) 도착하다, 다다르다 (=atteindre) / (불, 물, 세력이) 번지다, 퍼지다, 확산되다 (=se répandre) institution ⓕ 제도, 기관, 체제

본문해석

카페는 긴 역사를 가지고 있다. 유럽의 초기 카페 중의 하나인 카페 프로코프는 1686년에 생겨났으며, 아직도 라틴 구 근처에 있다. 당시에는 아주 새로운 음료였던 커피를 마시던 이곳은 빠른 속도로 지식인들의 회합장소가 되었으며, 이곳에서 이들은 (당시에는 귀하고 비싸던) 신문을 읽거나 서로의 사상을 주고받았다. 백과사전파, 그리고 나중에 프랭클린, 나폴레옹 보나파르트, 발작, 위고, 베를렌은 명망 있는 단골 고객들로 꼽힌다. 카페 프로코프는 너무도 큰 성공을 거두어 도처에서 이 카페를 모방한 카페들이 생겨났으며, 1720년에는 파리에 이미 300개 이상의 카페가 있었다. 이 시기 이후, 카페는 계속 수가 늘어났고, 지방으로 퍼져나갔으며, 프랑스에서 진정한 사회적 장소가 되었다.

정답 1. ② 2. ②

18세기의 카페 프로코프 내부전경

카페 레 되 마고

21 문화정책

Dans tous les domaines de la vie culturelle, l'État fait un grand effort pour que la province soit associée à la vie créatrice de Paris, pour que les classes populaires soient touchées par toutes les formes de la culture, pour qu'un contact fécond soit établi ou maintenu entre les différentes branches de la vie artistique. Cet effort s'illustre par la création des ≪Maisons de la Culture≫. Une maison de la culture est à la fois un théâtre, une galerie de peinture, une salle de concert, une bibliothèque et une discothèque. Les pouvoirs publics couvrent les dépenses de construction et d'entretien, mais les adhérents sont associés à la marche de la maison. La création de ces maisons de la culture a souvent suscité une véritable révolution culturelle dans les villes de province où elles ont été implantées.

Q1 Trouvez le meilleur titre.

① Le rôle créateur de Paris
② Le budget de la culture
③ Le recul de la vie créatrice de Paris
④ Le rôle d'État pour la culture en province

Q2 Choisissez ce qui n'est pas une activité des maisons de la culture.

① Elles donnent des concerts.
② Elles organisent des expositions
③ Elles représentent une pièce de théâtre.
④ Elles contribuent au progrès de la science.

어휘정리

province ⓕ 지방 toucher 접촉하다, 감동시키다 fécond 풍부한, 많은, 비옥한, 번식할 수 있는 branche ⓕ 가지, 분파, 분야 s'illustrer 삽화를 넣다 / 예증하다, (예로서) 보여주다 couvrir (경비를) 충당하다 entretien ⓜ 유지, 보수 adhérent ⓝ 가입자, 회원 implanter 자리 잡다, 정착하다

본문해석

문화생활 전 영역에서 있어서, 국가는 지방이 파리의 창조적인 예술 활동과 연결되고, 일반 하층계급도 모든 형태의 문화를 접할 수 있으며 예술계의 다양한 분야 사이에 활발한 접촉이 이루어지거나 지속되도록 하기 위해 많은 노력을 한다. 이러한 노력은 ≪문화 회관≫의 창설로 나타난다. 문화 회관은 극장인 동시에, 미술 화랑, 음악회장, 도서관, 디스코텍이기도 하다. 중앙 정부가 건설비와 유지비를 충당하지만, 회원들이 문화 회관의 운영에 참여한다. 이 문화 회관의 창설은 문화 회관이 설치되었던 지방 도시들에 진정한 문화 혁명을 일으켰다.

정답 1. ④ 2. ④

22 생활 관례와 관습

En France, comme dans la plupart des autres cultures, les étapes et les événements importants de la vie sont marqués par des rites particuliers. La France étant un pays de tradition catholique, la plupart de ces cérémonies ont une origine religieuse. Les enfants, par exemple, sont généralement baptisés dans les quelques mois qui suivent leur naissance. Jusqu'à une époque récente, l'Église exigeait même qu'on donne aux enfants des noms de saints, tels que Jean, Paul, Thérèse ou Marie. Ainsi en France, on célèbre non seulement l'anniversaire mais aussi la fête d'une personne. Le baptême est suivi d'un dîner qui réunit toute la famille et le parrain et la marraine. Il y a également une cérémonie religieuse suivie d'un dîner de famille quand l'enfant fait sa première communion, généralement à l'âge de onze ou douze ans. Selon les statistiques, la plupart des Français se marient autour de 28 ans. Pour être marié légalement, il faut se marier à la mairie mais un grand nombre de couples choisissent également d'avoir une cérémonie religieuse. Le mariage, surtout à la campagne, reste souvent une occasion de faire un grand dîner qui peut durer de midi jusqu'au soir.

Q1 Choisissez ce qui ne correspond pas au texte.

① Les noms français proviennent souvent de ceux des Saints.
② Juste après le baptême, on organise une fête en famille.
③ Pour le mariage civil, on va à la mairie.
④ Les enfants font leur première communion quelques mois après leur naissance.

어휘정리

rite ⓜ (종교의) 의례, 의식, 예식 baptiser 세례를 주다 tel que …와 같은 fête d'une personne ⓕ (개인의) 성명 축일 baptême ⓜ 세례 parrain ⓜ 대부 marraine ⓕ 대모 communion ⓕ (가톨릭) 영성체, 성체배령 durer 지속되다

본문해석

대부분의 다른 문화에서처럼, 프랑스에서는 인생에서의 주요 행사들과 단계는 특별한 의식으로 특징지어진다. 프랑스는 가톨릭 전통 국가이므로, 대부분의 예식은 종교적 근원을 가진다. 예를 들어 아이들은 보통 출생 후 몇 달 내로 세례를 받는다. 최근까지, 교회는 아이들에게 장, 폴, 테레즈, 마리 등과 같은 성인들의 이름들을 줄 것을 요구하기조차 했다. 그래서 프랑스에서, 사람들은 생일뿐 아니라 (개인의) 성명 축일을 기념한다. 세례식은 전 가족과 대부, 대모가 함께 모이는 만찬으로 이어진다. 일반적으로 11살이나 12살에 아이가 첫 영성체를 할 때 가족 만찬으로 이어지는 종교 의식이 또 있다. 통계에 따르자면, 대부분의 프랑스인들은 28살 즈음에 결혼을 한다. 법적으로 결혼하기 위해서는 시청에서 결혼해야 하지만, 많은 부부들이 종교 예식도 치르기를 선택한다. 특히 시골에서의 결혼식은 정오에서 저녁까지 지속될 수 있는 대 연회를 하는 기회가 된다.

정답 1. ④

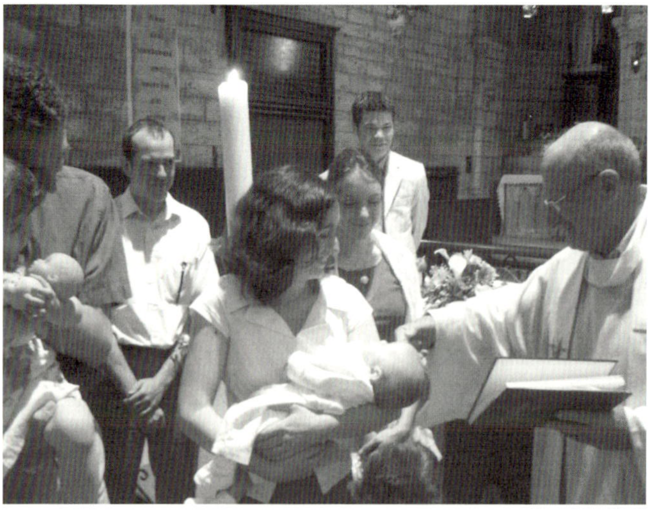

유아세례

23 외국관광객이 본 프랑스인

D'après un rapport du Conseil économique et social sur l'image de la France à l'étranger, l'accueil que les Français réservent aux touristes laisse souvent à désirer. À l'étranger, on considère souvent les Français comme ≪peu sympathiques≫, on les trouve ≪arrogants et suffisants≫ et on déplore leur incivilité. Cette mauvaise réputation est tenace!

En réalité, une fois sur place, de nombreux touristes sont agréablement surpris de constater que l'accueil en France s'est nettement amélioré depuis quelques années. American Express a effectué un sondage auprès de touristes américains : 75% d'entre eux ont jugé sympathiques les gens qu'ils ont rencontrés. Beaucoup s'émerveillent de voir que les hôtels sont propres et les transports efficaces.

Selon le responsable d'une agence de tourisme, les Allemands auraient une image moins positive : ils pensent que les Français ne les aiment pas.

Quant aux Japonais, ils sont d'avis que Paris n'est pas une ville sûre et se plaignent souvent d'être arnaqués. Ils regrettent aussi que si peu de Français parlent une langue étrangère.

Q1 Les étrangers, comment trouvent-ils les Français?

① prétentieux

② sympathiques

③ chaleureux

④ polis

Q2 Trouvez ce qui convient le mieux au texte.

① 프랑스인들이 외국 관광객에 친절한 것은 오랜 전통이다.
② 독일 관광객들이 프랑스인들의 손님맞이 태도에 가장 만족해한다.
③ 일본 관광객들은 여행 중에 속는 일이 자주 있다고 불평한다.
④ 미국 관광객들은 대체로 만족하지만 호텔과 교통에 문제가 있다고 생각한다.

어휘정리

réserver (…을 위해) 마련해 놓다, 비축하다, 예약하다 laisser à désirer 불완전하다, 만족스럽지 못하다 suffisant 거드름 피우는, 거만한 / 충분한, 만족스러운 incivilité ⓕ 무례함, 몰상식 tenace 끈기 있는 s'émerveiller de …에 대해 감탄하다, 경탄하다 être d'avis que (+ ind.) …라고 생각하다 arnaquer (속어) 사기 치다(=escroquer), 훔치다(=voler)

본문해석

외국에서의 프랑스의 이미지에 대한 경제 · 사회 심의회의 보고서에 따르자면, 프랑스인들이 관광객을 맞는 태도가 만족스럽지 못하다고 한다. 외국에서는 프랑스인들을 ≪거의 호의적이지 않으며≫, ≪거만하고 거드름을 피운다≫고 생각하며, 프랑스인의 무례함을 한탄한다. 이러한 나쁜 평판은 지속적이다.

그러나 실제로는 일단 현지에 오면, 많은 관광객들은 프랑스에서의 손님맞이가 몇 년 전부터 향상되었다는 사실을 확인하고는 기분 좋게 놀란다. '아메리칸 익스프레스'지는 미국 관광객들을 대상으로 여론 조사를 실시하였다.

그들 중 75%가 그들이 만난 사람들이 친절하다고 판단했다. 많은 사람들이 호텔이 깨끗하고 대중교통이 효율적인 것을 보고 감탄했다.

한 여행사 책임자의 말에 따르자면, 독일인들은 그보다 긍정적이지 못한 이미지를 가지고 있다 한다. 독일인들은 프랑스인들이 자신들을 좋아하지 않는다고 생각한다.

일본인들로 말할 것 같으면, 그들은 파리가 안전한 도시가 아니며, 속는 일이 있다고 자주 불평한다. 또한 외국어를 하는 사람이 거의 없음을 유감스럽게 생각한다.

정답 1. ① 2. ③

24 친구초대 메일

De : Juliette Guégnon 〈j.guénon@wanadoo.fr〉
Date : samedi 20 juillet
À : Christine Berton 〈ch.berton@yahoo.fr〉
Objet : invitation

Salut Christine,

Je suis en vacances avec ma famille dans ce petit village de Bretagne (ⓐ) je t'ai si souvent parlé. Quel plaisir de retrouver la petite église de style roman sur la place et le château abandonné (ⓑ) la tour est encore debout et (ⓒ) les enfants adorent jouer à cache-cache. Sans parler de la rivière (ⓓ) nous nous baignons tous les après-midi. Je suis ici depuis quatre jours seulement, mais j'ai l'impression d'y être depuis toujours : j'ai découvert Liannec il y a huit ans et je connais bien maintenant tout le village. As-tu l'intention de venir me voir ? Je t'attends avec impatience.
(   )
Juliette

Q1 Quel genre de document s'agit-il?

① un article de journal ② une brochure
③ un message électronique ④ un extrait de roman

Q2 Trouvez une expression qu'on ne peut pas mettre entre parenthèses.

① Bises, bien à toi
② Affectueusement

③ En attendant je t'embrasse

④ Dans l'attente, je vous prie d'agréer mes salutations les meilleures.

Q3 괄호 ⓐ, ⓑ, ⓒ, ⓓ에 들어갈 관계대명사는?

① que - dont - où - à laquelle

② que - dont - que - à laquelle

③ dont - que - où - dans laquelle

④ dont - dont - où - dans laquelle

어휘정리

roman ⓐ 로마네스크 양식의, 로마네스크 시대의 abandonné 버려진, 빈, 사람이 살지 않는 tour ⓕ 탑, 고층 건물 (=immeuble), 망루, 종루 cache-cache ⓜ (복수불변) 숨바꼭질 sans parler de q·n/q·c …은 말할 것도 없이 se baigner 수영하다 avec impatience 초조하게

본문해석

보낸 사람: 쥘리엣 게농
날짜: 7월 20일 토요일
받는 사람: 크리스틴 베르통
제목: 초대

안녕 크리스틴,

내가 네게 자주 이야기했던 브르타뉴 지방의 이 작은 마을에서 가족과 함께 바캉스를 보내고 있어. 광장에 있는 로마네스크 양식의 작은 성당과 버려진 성관(城館)을 다시 보게 되어 얼마나 기쁜지 몰라. 성관의 망루가 아직 서 있고, 그 곳에서 아이들은 숨바꼭질하는 것을 좋아해. 우리가 매일 오후에 수영을 하는 강은 말할 나위 없이 좋아. 여기 온지 4일 밖에 되지 않았지만, 오래 전부터 여기 있었던 느낌이야. 나는 8년 전에 이 리아넥을 알게 되었고, 이제는 마을 전체를 알고 있기 때문이겠지. 나를 보러 올 생각이 있니? 나는 너를 애타게 기다리고 있어.

우정을 전하며,

쥘리엣

정답 1. ③ 2. ④ 3. ④

콩코르드 광장

몽마르트 언덕

물랭 루즈

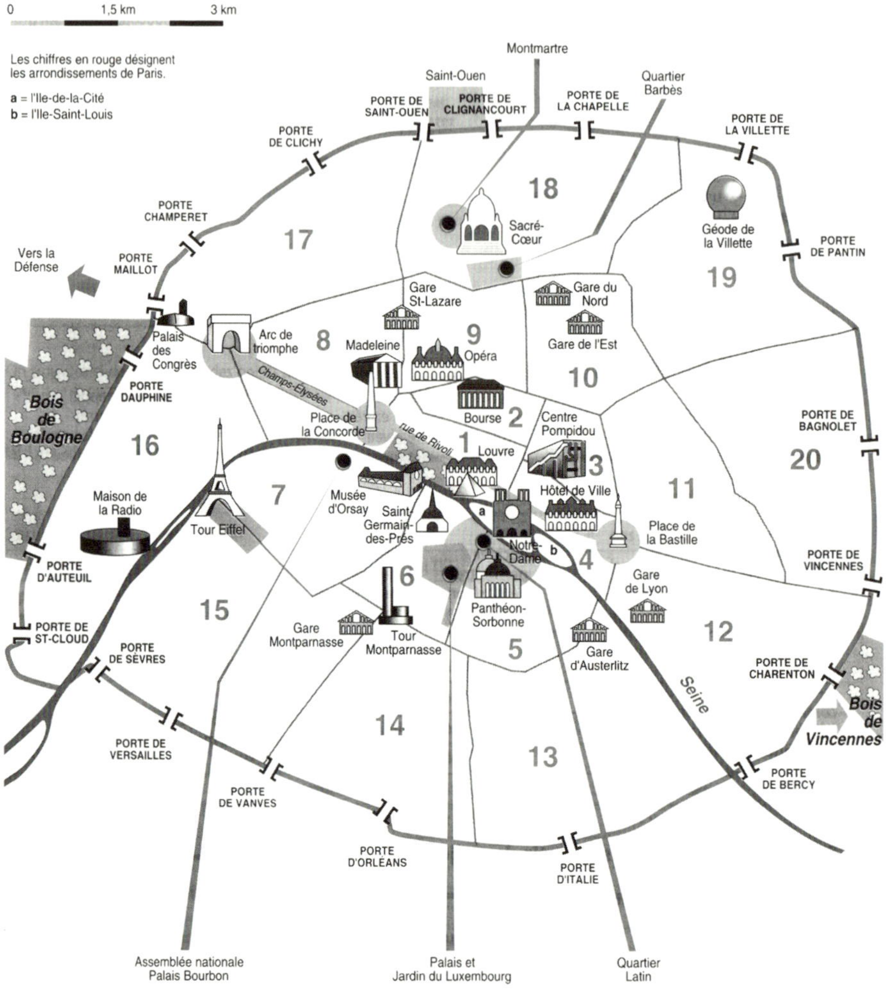

0
1,5 km
3 km
Les chiffres en rouge désignent les arrondissements de Paris.
a = l'Ile-de-la-Cité
b = l'Ile-Saint-Louis
Montmartre
Saint-Ouen
Quartier Barbès
PORTE DE SAINT-OUEN
PORTE DE CLIGNANCOURT
PORTE DE LA CHAPELLE
PORTE DE LA VILLETTE
PORTE DE CLICHY
PORTE CHAMPERET
PORTE MAILLOT
Vers la Défense
PORTE DE PANTIN
Sacré-Cœur
Géode de la Villette
Gare St-Lazare
Gare du Nord
Gare de l'Est
Palais des Congrès
Arc de triomphe
Madeleine
Opéra
Champs-Élysées
PORTE DAUPHINE
Bois de Boulogne
Place de la Concorde
rue de Rivoli
Bourse
Centre Pompidou
Louvre
Hôtel de Ville
PORTE DE BAGNOLET
Maison de la Radio
Tour Eiffel
Musée d'Orsay
Saint-Germain-des-Prés
Notre-Dame
Place de la Bastille
PORTE D'AUTEUIL
PORTE DE VINCENNES
Panthéon-Sorbonne
Gare de Lyon
PORTE DE ST-CLOUD
PORTE DE SÈVRES
Gare Montparnasse
Tour Montparnasse
Gare d'Austerlitz
Seine
PORTE DE CHARENTON
Bois de Vincennes
PORTE DE VERSAILLES
PORTE DE VANVES
PORTE D'ORLÉANS
PORTE D'ITALIE
PORTE DE BERCY
Assemblée nationale Palais Bourbon
Palais et Jardin du Luxembourg
Quartier Latin
1
2
3
4
5
6
7
8
9
10
11
12
13
14
15
16
17
18
19
20

파리 시내 지도

Chapitre 2

science, informatique et environnement

과학 · 정보화 · 환경

25 전화통화

A : Banque Padepeau, bonjour.
B : Allô, bonjour, pourrais-je parler à M. Tricot s'il vous plaît?
A : ______________________ ⓐ
B : Je suis M. Pinson de la Société ≪Lainage d'hiver≫
A : Je suis désolée, mais M. Tricot est en réunion, puis-je lui transmettre un message?
B : Oui, c'est assez (ⓑ) . Dites-lui de me rappeler le plus vite possible.
A : À quel numéro peut-il vous contacter?
B : Sur mon portable au 06 15 23 49 56.
A : C'est noté, M. Pinson, au revoir.
B : Au revoir, Madame.

Q1 Choisissez ce qui est correct.

① M. Pinson demande de lui téléphoner demain.
② M. Pinson demande de le contacter sur son téléphone fixe.
③ M. Tricot est en voyage d'affaires.
④ M. Pinson souhaite laisser un message à M. Tricot.

Q2 문맥 상 밑줄 친 ⓐ에 들어갈 가장 적절한 말은?

① Ne quittez pas.
② C'est de la part de qui ?
③ Qui êtes-vous?
④ Je vous le passe.

Q3 문맥 상 ⓑ에 들어갈 알맞은 표현은?

① désolé
② gentil
③ urgent
④ bien

어휘정리

transmettre 전달하다, 전하다 message ⓜ 메시지, 전언 urgent 긴급한 rappeler 다시 전화하다, 상기시키다 portable ⓜ 휴대폰 / ⓐ 휴대할 수 있는

본문해석

A : 안녕하세요, '파드포' 은행입니다.
B : 여보세요, 안녕하세요, 트리코씨와 통화할 수 있을까요?
A : 누구시죠?
B : 저는 '레나즈 디베르' 사(社)의 펭송입니다.
A : 죄송합니다만, 트리코씨는 회의 중인데, 메시지를 전해드릴까요?
B : 네, 아주 급합니다. 가능한 한 빨리 제게 전화해달라고 말해주세요.
A : 그가 어느 번호로 당신께 연락드리면 되나요?
B : 제 휴대전화 06 15 23 49 56 으로요.
A : 메모했습니다, 펭송씨, 안녕히 계세요.
B : 안녕히 계세요, 부인.

정답 1. ④ 2. ② 3. ③

26 이동전화와 인터넷전화의 급증

Les Français ont plus téléphoné avec leurs mobiles qu'avec leurs téléphones fixes. On sait qu'ils sont bavards, mais la grande nouveauté, c'est que pour la première fois, ils ont passé plus de coups de fil de leur téléphone portable que de leur fixe. La vente de téléphone fixe n'a augmenté que de 0,2% au troisième trimestre, (ⓐ) 20 fois plus de téléphones mobiles ont été vendus. En parallèle des fixes et des mobiles, une nouvelle tendance apparaît : les appels téléphoniques via Internet. Ce genre de communications téléphoniques a été multiplié par quatre en un an. De plus, les appels vers l'étranger ne cessent d'augmenter. L'explication viendrait des fournisseurs d'accès Internet qui proposent, pour une trentaine d'euros par mois, un abonnement triple usage : Internet, télévision, et téléphone, dans lequel est inclus un forfait illimité pour les appels nationaux et pour plusieurs dizaines de pays étrangers.

Q1 Choisissez la phrase qui ne convient pas au texte.

① Les appels via Internet ont augmené quatre fois plus en un an.

② Les Français utilisent plus de portables que de fixes.

③ Si on paie une trentaine d'euros par mois, on peut s'abonner à la fois à Internet, à la télé et au téléphone.

④ Les téléphones mobiles ont été vendus dix fois plus que les fixes.

Q2 괄호 ⓐ에 들어갈 알맞은 접속사는?

① si bien que　　② pour que

③ alors que　　④ parce que

어휘정리

fixe ⓐ 고정된 / ⓜ 고정급, 기본급　bavard 말이 많은, 수다스러운　passer un coup de fil 전화 통화를 하다　parallèle ⓐ 평행의 / ⓜ 비교, 대조 / ⓕ 평행선　via …을 통하여, 경유하여　multiplier 증가시키다, (수학) 곱하다　fournisseur d'accès Internet 인터넷접속제공업체　abonnement 가입　inclu 포함된　forfait 세트(정액) 요금, 패키지 요금

본문해석

프랑스인들은 유선전화보다 이동전화로 더 많이 전화했다. 프랑스인들이 말이 많다는 것을 알고 있지만, 아주 새로운 사실은 처음으로 그들이 유선전화보다 휴대전화로 통화를 더 많이 했다는 것이다. 유선전화기의 판매는 3분기에 단지 0.2% 상승하였는데, 반면에 이동전화기는 20배 이상 판매되었다. 유선전화나 이동전화와 동시에, 새로운 경향 - 인터넷을 통한 전화 통화 - 이 나타나고 있다. 이런 유형의 전화 통화는 1년 만에 4배 증가하였다. 게다가 국제통화가 계속해서 증가하고 있다. 매달 30여 프랑의 요금으로 3중 사용가입 - 인터넷, 텔레비전, 전화 - 을 제시하는 인터넷접속제공업체에서 그 설명이 나오는데, 이 가입 안에는 국내 통화와 수십 통의 국제 통화에 대한 무제한 정액제가 포함되어 있다.

정답 1. ④　2. ③

27 북극빙하의 해빙

La fonte des glaces bat des records. La fonte des glaces de la banquise, observée cet été, n'a jamais été aussi importante. En 2010, la banquise s'étendait sur 5,32 millions de kilomètres carrés, (ⓐ) environ dix fois la superficie de la France. D'après les données relevées à la fin de cet été, elle ne couvre plus que 4,28 millions de kilomètres carrés : la fonte des glaces en Arctique dépasse toutes les prévisions les plus alarmantes. Selon les spécialistes du climat, le réchauffement de la planète serait bien à l'origine de cette fonte accélérée : au pôle Nord, les températures se radoucissent deux fois plus vite que sur le reste de la Terre. La fonte des glaces polaires est une véritable catastrophe écologique : elle menace à la fois la vie des populations qui vivent sur ce territoire, mais aussi certaines espèces animales, comme l'ours polaire. Certains scientifiques estiment même que la banquise n'existera plus d'ici quarante ans.

Q1 Quel est le ton du texte?

① indifférent ② pessimiste
③ enthousiaste ④ bien motivé

Q2 Quel problème est évoqué dans le texte?

① la fonte des glaces
② la disparition totale des ours polaires
③ le déboisement
④ la désertification

Q3 문맥 상 ⓐ에 들어갈 수 없는 것은?

① soit　　② de plus
③ c'est-à-dire　　④ autrement dit

어휘정리

fonte ⓕ 녹기, 해빙　battre 치다, 때리다, (기록을) 깨다　banquise ⓕ 빙산　s'étendre (sur) (…에 걸쳐) 펼쳐지다　superficie ⓕ 면적　donnée ⓕ 자료, 정보, 데이터　Arctique ⓜ 북극(지방)　alarmant 불안감을 주는, 우려스러운　être à l'origine de …의 원인이다　pôle ⓜ 극　espèce ⓕ 종(種), 종류　ours ⓜ 곰　d'ici (à) (+ 시간명사) 지금부터 …까지

본문해석

해빙이 기록을 깨고 있다. 이번 여름에 관측된 빙산의 해빙이 이처럼 대규모인 적이 없었다. 2010년에, 빙산은 532만 평방킬로미터, 즉 프랑스 면적의 10배에 걸쳐 펼쳐져 있었다. 이번 여름 말에 보고된 자료에 따르자면, 빙산은 이제는 428만 평방킬로미터 밖에 덮여져 있지 않다. 북극에서의 해빙이 가장 우려스러운 모든 예측을 뛰어넘고 있다. 기후 전문가들에 따르자면, 지구 온난화는 이 가속화된 해빙의 원인이라 한다. 북극에서 기온이 지구 다른 곳에서 보다 2배 더 빨리 따뜻해지기 때문이다. 극지방의 해빙은 진정한 환경 재앙이다. 해빙이 이 지역에 살고 있는 주민들의 삶뿐 아니라, 북극곰과 같은 일부 동물들을 위협하기 때문이다. 일부 과학자들은 지금부터 40년 후에는 빙산이 더 이상 존재하지 않을 것이라고 까지 생각한다.

정답 1. ② 2. ① 3. ②

사라지는 북극빙하

28 쓰레기 감축

Le ministère de l'Écologie et du Développement durable organise la semaine de réduction des déchets. 300 événements sont organisés dans toute la France pour apprendre de petits gestes simples et comprendre les enjeux du tri sélectif. Chaque Français produit environ 360 kg de déchets par an, soit 1,5 tonne de déchets par an pour une famille de quatre personnes. Et ce chiffre ne cesse d'augmenter. En 40 ans, notre production de déchets a doublé! Il y a donc urgence à agir. Le ministère de l'Écologie organise la semaine de réduction de déchets pour prouver qu'il n'est pas difficile de réduire ses déchets. En faisant des efforts, on pourrait réduire cette montagne d'ordures de moitié. Par exemple, il s'agit de privilégier les produits réutilisables ou sans emballages, de ne pas prendre de sacs plastiques distribués au supermarché, de boire l'eau du robinet pour éviter les bouteilles en plastique, d'utiliser un rasoir, un stylo et une pile rechargeables, etc. Ces efforts, en plus de préserver l'environnement, permettraient de faire des économies.

Q1 Trouvez le meilleur titre.

① le danger des déchets radioactifs
② la destruction de la couche d'ozone
③ la nécessité de l'effort pour la réduction des déchets
④ la pollution nuisible à l'environnement

어휘정리

développement durable ⓜ 지속가능한 개발 déchets ⓜ ⓟⓛ 폐기물, 쓰레기 enjeu ⓜ 내기, 목적, 초점, 쟁점, 문제점 tri ⓜ 선별, 분류 il y a urgence à (+ inf.) (비인칭) 긴급하게 … 해야 한다 ordures ⓕ ⓟⓛ 쓰레기 privilégier 혜택을 주다, 우선시하다, 중시하다 emballage ⓜ 포장, 포장용품 robinet ⓜ 수도꼭지 rasoir ⓜ 면도기 pile ⓕ 전지, 건전지 / (동전, 메달의) 이면 rechargeable 재충전할 수 있는, (소모품을) 교체할 수 있는

본문해석

'환경 · 지속가능 개발부'는 쓰레기 감축 주간을 개최한다. 대수롭지 않은 단순한 행동들을 배우고, 분리수거의 목적을 이해하기 위하여 300개의 행사가 프랑스 전역에서 개최된다. 프랑스인 각자는 1년에 360킬로, 즉 4인 가족이 1년에 1.5톤의 쓰레기를 배출한다. 이 수치는 계속에서 증가하고 있다. 40년 만에 우리의 쓰레기 배출이 2배가 되었다! 그래서 긴급히 행동을 취해야 한다. 환경부는 쓰레기를 줄이는 것이 어렵지 않다는 것을 증명하기 위하여 쓰레기 감축 주간을 개최한다. 우리가 노력을 한다면, 이 산더미 같은 쓰레기를 반으로 줄일 수 있을 것이다. 예를 들어, 재활용되는 제품이나 포장용품이 없는 제품을 우선적으로 사용하고, 수퍼마켓에서 나눠주는 비닐봉지를 들지 말고, 플라스틱 병을 피하기 위해 수돗물을 마시고, 면도날 교체용 면도기, 카트리지 교체용 만년필, 충전식 건전지를 사용하는 것… 등이다. 이 노력들은 환경을 보호하는 것 외에도, 절약을 하도록 해 줄 것이다.

정답 1. ③

29 참여와 소통의 정보기술

Aujourd'hui, l'accès à Internet et le développement des technologies de l'information grâce à l'ordinateur et au téléphone mobile bouleversent notre vie de tous les jours. Ce qui est influencé le plus par ce phénomène, c'est le moyen de former l'opinion publique et le mode d'acquisition des informations. Autrefois, le peuple ne s'exprimait que lors des élections municipales ou présidentielles. Mais aujourd'hui, tous peuvent exprimer ce qu'ils trouvent important sur Internet, sensibilisant les autres à des sujets, comme le service militaire, la discrimination du travail, même la capacité de gouverner du Président. Il est désirable que n'importe qui, comme un membre de la société, puisse exprimer librement ses idées. Mais la société est parfois paralysée par certaines questions moins importantes, favorisant la division entre les citoyens.

Internet et le portable ont évidemment permis d'accéder plus facilement que jamais aux informations nécessaires. De plus, on peut s'échanger plusieurs données en temps réel. Mais on doit aussi tenir compte des aspects négatifs. Tout d'abord, il n'y a pas de mesures de protection des enfants qui sont exposés à la lascivité et aux scènes violentes. Les forums sont aussi des lieux où les adolescents peuvent faire de mauvaises rencontres.

La progression des technologies d'information a amélioré la participation démocratique et elle a augmenté les échanges des informations. Pourtant, elle suscite également de vives polémiques dans la société. Il serait donc nécessaire de préparer plusieurs mesures pour minimiser les effets nuisibles à la société. De plus, malgré le point fort d'Internet, on doit ouvrir des forums sur ce qu'on peut faire pour que l'internet et les technologies d'information soient plus bénéfiques pour notre vie.

Q1 Quelle est la mauvaise réponse vis à vis des technologies de l'information?

① Elles permettent d'acquérir facilement des informations nécessaires.

② Elles permettent d'échanger des informations en temps réels.

③ Elles protègent suffisamment des enfants des scènes pornographiques.

④ Elles incitent des gens à former l'opinion publique.

어휘정리

acquisition ⓕ 획득, 취득, 구입 s'exprimer (자신의 생각, 의견을) 표현하다 municipal 시(市)의 discrimination ⓕ 차별 capacité ⓕ 용적, 용량 / 능력, 역량 / ⓟⓛ 재능 n'importe qui 누구나, 아무나 paralyser 마비시키다 plus que jamais 그 어느 때보다 더 le temps réel 실시간 tenir compte de …을 고려하다, 참작하다 lascivité ⓕ 음란, 외설 forum ⓜ 토론회, 심포지엄 / 인터넷 대화방 (= forum internet) susciter 불러일으키다, 야기하다 polémique ⓕ 논쟁 nuisible à …에 해로운 bénéfique 이로운, 유리한 (= favorable)

본문해석

오늘날, 컴퓨터와 이동전화에 의한 정보기술의 발전과 인터넷 접속은 우리의 일상생활을 급격히 변화시킨다. 이 현상에 가장 영향을 받은 것은 여론을 형성하는 수단과 정보획득 방식이다. 예전에 국민은 시의원 선거나 대통령 선거 때에 자신의 의견을 표현했다. 그러나 오늘날, 모두가 다른 사람들에게 병역, 노동 차별, 심지어는 대통령의 통치력과 같은 주제들에 대해 주의를 환기시키면서, 그들이 중요하다고 생각하는 것을 인터넷 상에서 표현할 수 있다. 사회의 일원으로서 누구라도 자유롭게 자신의 생각을 표현할 수 있는 것이 바람직하다. 그러나 때로는 국민들 간의 분열을 조장하는 별로 중요치 않은 몇몇 문제에 의해 사회가 마비되기도 한다.

물론 인터넷과 휴대전화는 그 어느 때보다 더 손쉽게 필요한 정보에 접근할 수 있게 해주었다. 게다가, 실시간으로 여러 자료들을 교환할 수 있다. 그러나 부정적인 면도 고려해야 한다. 우선, 음란물과 폭력 장면에 노출된 아동들에 대한 보호 대책이 없다. 인터넷 대화방은 청소년들이 잘못된 만남을 할 수 있는 장소이기도 하다 .

정보기술의 발전은 민주적 참여를 향상시켰고, 정보 교환을 증가시켰다. 그렇긴 해도, 정보기술 발전은 또한 사회에서 격렬한 논쟁을 불러일으킨다. 그래서 사회에 해로운 효과를 최소화하기 위한 여러 대책들을 마련하는 것이 필요하다. 더구나, 인터넷의 강점에도 불구하고, 인터넷과 정보기술이 우리 생활에 더 유익하게 되기 위해서 우리가 할 수 있는 것에 대한 토론회를 열어야 한다.

정답 1. ③

30 컴퓨터 혁명

L'arrivée de l'informatique, à partir des années quatre-vingts, a bouleversé beaucoup de métiers et l'organisation du monde du travail. D'une part, l'emploi a augmenté dans les secteurs liés aux nouvelles technologies, avec deux conséquences majeures : l'apparition de nouveaux métiers et la difficulté, pour les personnes les moins qualifiées, à trouver du travail dans le secteur tertiaire. D'autre part, la possibilité de travailler à distance et de façon autonome a changé les entreprises. Dans de nombreux secteurs (télécommunications, assurances, banque, vente, architecture, journalisme, informatique, etc.), (ⓐ) s'est développé : 450 000 salariés travaillent chez eux sur leur ordinateur. Mais surtout, les emplois sont devenus moins stables. Pour les entreprises, il est moins nécessaire aujourd'hui d'employer à plein temps des salariés permanents, car une partie du travail est réalisé à l'extérieur, en sous-traitance. Les contrats à durée indéterminée (les CDI) sont donc moins nombreux.

Q1 Quel est le sujet le plus convenable?

① la révolution de l'emploi due à l'informatique
② la banalisation des ordinateurs
③ le problème du chômage
④ le piratage informatique

Q2 ⓐ에 들어갈 적절한 표현은?

① l'emploi ② le travail noir
③ le télétravail ④ le recrutement

어휘정리

bouleverser 전복시키다, 급작스럽게 변화시키다 qualifié 자격이 있는 secteur tertiaire ⓜ 제3차 산업 à distance 멀리서, 원격의 télétravail ⓜ 재택근무 stable 안정된 permanent 지속적인, 항구적인 / 상임의, 전임의 sous-traitance ⓕ 하청 contrat ⓜ 계약 indéterminé 정해지지 않은 CDI 영구고용계약, 무기한(종신)고용직 (CDD 임시고용계약, 기간제 고용직)

본문해석

1980년부터, 컴퓨터 정보학의 도래로 인해 많은 직업과 노동계의 조직이 완전히 바뀌었다. 한편, 신(新) 기술 관련 분야에서 고용이 증가하였는데, 두 가지 주요 결과 - 새로운 직업의 출현, 최소 자격 소지자들에게 있어서 3차 산업에서 일자리를 구하는 데 있어서 어려움 - 를 가져왔다. 다른 한편, 자율적으로 재택 근무할 가능성이 기업을 변화시켰다. 수많은 부문 (정보통신, 보험, 금융, 판매, 건축, 저널리즘, 컴퓨터 정보학 등…) 에서 재택근무가 증가하여, 450,000명의 임금 노동자가 자택에서 컴퓨터로 일한다. 그러나 특히, 고용이 더 불안정해졌다. 오늘날 정규직을 종일제로 고용하는 것이 덜 필요한데, 일부 작업이 하청으로 외주 제작되기 때문이다. 그래서 종신고용 계약직이 더 줄었다.

정답 1. ① 2. ③

31 전자우편

Principal usage d'Internet, le courrier électronique est à la fois complémentaire et concurrent du téléphone, de la télécopie et du courrier postal. Grâce à lui, on peut contacter n'importe qui à n'importe quel point du globe, transmettre et récupérer des textes, des images et des sons.

Dans les débuts d'Internet, on aurait pu craindre que l'écrit laisse la place à des pratiques surtout orales ou qu'on se limite à de brefs messages. Il n'en a rien été. Beaucoup d'accros de l'électronique ont retrouvé le plaisir de rédiger pour correspondre (ⓐ) leurs parents et amis dans le monde, car on peut les joindre en temps réel. C'est pourquoi on peut dire que la messagerie électronique aura été un bon moyen de redonner l'habitude d'écrire à de nombreux utilisateurs. Elle les aura obligés à faire un effort pour soigner leur style et consulter leur dictionnaire.

Mais les plus motivés ne vont-ils pas se laisser décourager par les inconvénients du système? Comment, en effet, contrôler la quantité et l'origine des messages? Si on a une adresse électronique, on s'expose à recevoir bien des annonces publicitaires et des communications inutiles! Devoir lire une trentaine de messages par jour prend déjà beaucoup de temps.

Q1 De quoi parle le texte?

① du courriel ② du texto
③ du numérique ④ des achats en ligne

Q2 Choisissez la phrase qui ne convient pas au texte.

① Un e-mail sert à contacter les gens, à transmettre des textes.
② On risque de recevoir des publicités non sollicitées par courrier électronique.
③ Le message parvient à son destinataire en temps réel.
④ Le courrier électronique ne stimule pas l'écriture.

Q3 윗 글의 세 문단 중, 각각의 소제목으로 적당한 것을 고르시오.

① Risque de découragement
② Un stimulant pour l'écriture
③ Fonctions du courrier électronique
④ Une publicité démotivante

Q4 괄호 ⓐ에 들어갈 알맞은 전치사는?

① à ② avec
③ pour ④ en

어휘정리

courrier ⓜ (집합적) 우편물, 편지 / courrier électronique(=courriel) ⓜ 전자우편, e-메일 concurrent 경쟁하는, 경쟁 상태의 télécopie ⓕ 전송복사, 팩스 récupérer 회수하다, 되찾다, 수거하다 se limiter à 한계(분수)를 지키다, (주어가 사물) 제한(한정)되다 accro(=accroché) ⓐ (마약에) 중독된, …에 미친(=fanatique) / ⓝ 열혈광, 광팬 rédiger 작성하다, 쓰다 réel 실제의, 실질적인, 현실의 〔temps réel ⓜ 실(實)시간〕 inconvénient ⓜ 지장, 장애, 위험, 불리한 점, 부정적 측면, 단점 s'exposer à 노출되다, 직면하다

본문해석

인터넷의 주된 용도인 전자우편은 전화, 팩스, 우편물의 보조적이면서 경쟁적 위치에 있다. 전자우편으로 인해, 지구의 그 어느 곳에 있는 누구와도 접촉할 수 있으며, 텍스트와 영상과 소리를 전송하고 받을 수 있다.

인터넷 초기에, 사람들은 문자가 구술(口述) 행위에 자리를 빼앗기거나, 짧은 메시지 정도로 한정되지 않을까 걱정하였을 것이다. 그런 일은 일어나지 않았다. 많은 전자우편 열혈광들은 부모님과 전 세계의 친구들과 연락을 취하기 위해 글쓰기의 즐거움을 되찾게 되었다. 실시간 내에 그들과 연락을 할 수 있기 때문이다. 그래서 전자우편은 많은 사용자들에게 글 쓰는 습관을 다시 주는 좋은 수단이 되었다고 말할 수 있다. 전자우편은 사용자들이 문체를 다듬고, 사전을 찾아보는 노력을 하도록 만들었다.

하지만, 의욕적인 e-메일 애호가들이 이 시스템의 부정적 측면에 의욕이 저하되지 않을까? 사실상, 메시지의 양과 발신자를 어떻게 통제할 것인가? e-메일 주소를 가지고 있으면, 수많은 광고와 불필요한 메시지를 받도록 노출되어 있지 않은가! 하루에 30여 개의 메시지를 읽어야만 한다는 것은 벌써 많은 시간을 소요시킨다.

정답 1. ① 2. ④ 3. 1문단(③), 2문단(②), 3문단(④) 4. ②

파리시내의 인터넷카페

32 세계 인간 지놈 선언

En 1998, l'ONU (Organisation des Nations Unies) a adopté la ≪Déclaration universelle sur le génome humain≫. Ce texte n'a pas force de loi. Il est de nature proclamatoire, comme la ≪Déclaration universelle des droits de l'homme≫. Mais c'est la première fois que l'ONU traite de science et de technologie. Cette déclaration sera donc une référence pour les États, les ONG (Organisation Non Gouvernementale) et la communauté scientifique. L'ONU vient de dresser en effet l'état des lieux international en matière de bioéthique. Il s'agit de fabriquer du droit pour répondre à la banalisation du clonage ou des organismes génétiquement modifiés.

어휘정리

adopter 채택하다 force de loi ⓕ 강제력, 강제 규정 référence ⓕ 준거, 기준, 참조 dresser (문서, 도면) 작성하다 (=établir) état des lieux ⓜ 현황서 bioéthique ⓕ 생명윤리 clonage ⓜ 복제

본문해석

1998년에 유엔은 ≪세계 인간 지놈 선언≫을 채택하였다. 이 선언서는 강제력을 갖고 있지 않고, ≪세계 인권선언≫처럼 선언적 성격을 갖는다. 그러나 처음으로 유엔이 과학과 기술에 대해 논하고 있다. 그러므로 이 선언은 각 국가, 비정부기구, 과학계에 지침서가 될 것이다. 사실상 유엔은 이제 막 생명윤리에 관한 국제적 현황서를 작성한 것이다. 복제나 유전자 변형 작물의 보편화에 대응하기 위한 법안을 제정하는 것이다.

33 복제의 한계 설정

A-t-on le droit d'effectuer des recherches scientifiques sur des embryons, c'est-à-dire les premiers éléments qui constituent un être vivant? Une loi doit répondre à cette question.

La science progresse très vite. Trop vite parfois pour que les hommes aient le temps de réfléchir aux conséquences de leurs découvertes. Aussi, des lois sont-elles nécessaires pour fixer les limites de ce que peuvent faire les scientifiques. Par exemple, la loi française interdit de cloner des humains. C'est-à-dire de fabriquer à partir d'une cellule d'une personne, un ou plusieurs autres êtres qui lui sont parfaitement identiques. Car on ne sait pas ce que peuvent devenir ces êtres. On craint par exemple qu'ils ne soient utilisés comme réserve d'organe pour la personne à partir de laquelle ils ont été créés. Une nouvelle loi qui est actuellement étudiée veut maintenir cette interdiction. Mais elle pourrait en revanche autoriser que des embryons soient utilisés pour des recherches. Il s'agirait d'utiliser les cellules d'embryons à peine développés pour mieux connaître des maladies. Et éventuellement les soigner en utilisant les cellules de l'embryon pour remplacer les cellules défectueuses d'un malade. Ce projet de loi est très critiqué par ceux qui pensent qu'un embryon, même de quelques heures, est déjà un être humain. D'autres estiment que ces recherches qui peuvent sauver des malades doivent être autorisées.

Q1 Quelle opinion est soutenue dans le texte?

① Il faut fixer les limites du clonage humain.

② Il faut encourager les recherches du clonage humain.

③ Il faut interdire les recherches du clonage humain.
④ Il faut autoriser l'utilisation des embryons humains.

어휘정리

embryon ⓜ 태아, 배아 fixer 고정하다, 정하다 scientifique ⓝ 과학자 / ⓐ 과학의 cloner 복제하다 cellule ⓕ 세포 craindre 두려워하다 organe ⓜ 기관, 기구 / 장기 défectueux 결함이 있는, 불완전한

본문해석

태아, 즉 생명체를 구성하고 있는 초기 요소에 대한 과학 연구를 할 권리가 있을까? 법이 이 문제에 답변해야 한다.

과학은 아주 빨리 진보하고 있다. 때로는 너무도 빨라서, 사람들이 자신의 발견물이 미치는 영향을 생각할 시간이 없다. 그래서 과학자들이 할 수 있는 것에 대한 한계를 정하기 위해서 법이 필요하다. 예를 들어, 프랑스 법은 인간 복제를 금지한다. 즉 한 사람의 세포로부터 그와 완전히 동일한 한 명 또는 여러 명의 인간을 복제하는 것을 금지한다. 이 (복제)인간들이 어떻게 될지 모르기 때문이다. 예를 들면 복제 인간이 원 세포제공자를 위한 장기 비축자로 사용될 것을 우려한다. 현재 검토되고 있는 새로운 법은 이 (복제) 금지를 유지하기를 요구한다. 반면에 이 법은 태아가 연구목적을 위해 사용되는 것을 허가할 수도 있다. 질병에 대해 더 잘 알기 위해 성장을 막 시작한 태아의 세포를 사용하는 것이다. 경우에 따라서는 환자의 손상세포를 대체하기 위해, 태아 세포를 사용하여 병을 치료하는 것이다. 몇 시간밖에 되지 않았다 할지라도, 태아는 이미 인간이라고 생각하는 사람들에 의해 이 법안은 매우 비판을 받고 있다. 또 다른 사람들은 환자들을 구할 수 있는 이 연구가 허가되어야 한다고 생각한다.

정답 1. ①

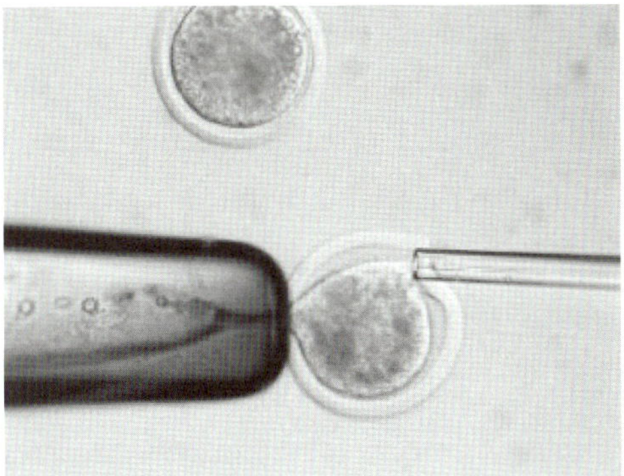

34 재택근무

Michel Dupont est directeur de Betterway. Quand sa société était installée à Paris, ses collaborateurs et lui n'arrivaient à accorder ni leur calendrier, ni leurs humeurs, ni leurs horaires. Alors, il a installé Betterway loin de Paris, dans un petit village.

Aujourd'hui, il ne travaille plus, il télétravaille! Ses collaborateurs échangent constamment des données graphiques avec son ordinateur central et viennent sur place de temps à autre. Résultat : pour Michel, une meilleure productivité, un cadre de vie idyllique, un pouvoir d'achat accru ; pour la région parisienne, moins de pollution, moins d'encombrements ; pour les commerçants, artisans de son village un client de plus. Les technologies de l'information ont transformé l'ensemble de notre modèle économique et social : les modes de production et de consommation, l'organisation de l'entreprise et des services publics. Bref, notre vie.

Q1 Pour quelles raisons Michel Dupont a-t-il installé son entreprise dans un village?

① Parce qu'il y a des embouteillages à Paris.

② Parce que la vie coûte cher à Paris.

③ Parce qu'il voulait réduire les frais de gestion.

④ Parce qu'à Paris, lui et ses collaborateurs ne pouvaient accorder ni leur calendrier, ni leurs horaires.

Q2 Choisissez ce qui n'est pas les avantages de cette organisation du travail.

① 생산성 증대와 지역경제 활성화 ② 쾌적한 생활환경 향유
③ 노동 시간 단축 ④ 파리 지역의 공해와 교통 체증 감소

어휘정리

humeur ⓜ 기질, 성미, (상황에 따른) 기분 télétravailler (정보 통신을 이용하여) 재택 근무하다 idyllique 목가적인, 순정적인, 이상적인 productivité ⓕ 생산성 encombrement ⓜ 혼잡, 붐빔, 교통 체증, 과잉(포화) 상태 artisan ⓜ 장인(匠人), 수공업자

본문해석

미셸 뒤퐁은 '베터웨이' 사(社)의 사장이다. 그의 회사가 파리에 있었을 때에는 그와 직원들은 스케줄이나 기분이나 일정을 맞출 수 없었다. 그래서 그는 회사를 파리에서 먼 작은 마을로 옮겼다.

지금 그는 더 이상 회사에서 일을 하지 않고, 재택근무를 한다. 그의 직원들은 그의 중앙 컴퓨터와 끊임없이 그래픽 자료들을 주고받으며, 가끔씩 회사에 나온다. 그 결과로는, 미셸에게는 더 나은 생산성, 전원의 생활공간, 구매력 향상이며, 파리 지역에는 공해 감소와 교통 체증 감소이며, 그가 자리한 마을의 상인과 수공업자들에게는 고객이 한 명 더 늘어나는 것이다. 정보 기술은 우리의 경제-사회 모델 전체를 변화시켰다. 생산과 소비 방식, 기업과 공공 서비스 조직, 간단히 말해, 우리의 삶이 변화하였다.

정답 1. ④ 2. ③

35 멸종위기의 상어

Il a beau être le prédateur le plus puissant des océans, le requin est en train de disparaître au nom de la pêche industrielle. Selon certaines sources, il existe ≪une demande croissante de produits issus de ces poissons, convoités pour leur chair, leurs ailerons, leur peau et leur foie≫.

Au moins 125 pays pêchent et commercialisent 30 à 70 millions de requins chaque année. Si l'Indonésie capture le plus de requins, sur le plan européen, c'est la France qui se trouve en tête, avec 23 500 tonnes de prises par an.

Q1 Parmi ces cinq opinions, trouvez l'intrus.

① On a accusé les requins de tout un tas de choses. Mais ce n'est pas eux qui attaquent. C'est ridicule de les faire disparaître.

② Il y a des problèmes plus graves que les requins. Des enfants meurent de faim dans le monde. Alors, autant les nourrir, même avec des requins.

③ C'est scandaleux de tuer les requins pour manger leurs ailerons. Ce sont des animaux magnifiques, il faut les laisser vivre.

④ Ce sont les pêcheurs qu'il faut faire disparaître. Tout ce qui parle des requins m'intéresse.

⑤ Il faut aider les associations qui luttent pour la défense des requins, et qui font des efforts pour sensibiliser l'opinion publique sur cette question.

어휘정리

prédateur ⓜ 포식자, 약탈자 requin ⓜ 상어 issu de …에서 태어난, …출신의 convoité 탐내는, 갈망하는 chair ⓕ 살, 근육조직 aileron ⓜ 지느러미, (새의) 날개 끝 capturer 잡다, 포획하다 en tête 선두에서, 선두의 prise ⓕ 잡기, 포획물, 노획

본문해석

상어가 아무리 바다의 가장 강력한 포식자라도 소용없다. 상어는 수산업의 미명아래 사라져 가고 있는 중이다. 일부 출처에 따르면, ≪상어 부산물, 즉 살, 지느러미, 껍질, 간을 원하는 수요≫가 늘어나고 있다.

최소한 125개국이 매년 3천에서 7천만 마리의 상어를 포획하고 유통시키고 있다. 인도네시아가 상어를 제일 많이 포획한다면, 유럽 차원에서 연간 23,500톤을 포획하는 프랑스가 선두의 자리에 있다.

정답 1. ②

36 미래의 에너지 문제

A Monsieur le ministre de l'Écologie et du Développement durable, je vous remercie d'avoir accepté notre interview sur la situation énergétique. Quelle est, selon vous, la situation énergétique en France? Est-ce que nous courons à la catastrophe? Nous pouvons rester optimistes?

B C'est difficile de répondre à cette question… Il faudra développer toutes les sources d'énergies vertes, et diminuer la consommation des (ⓐ) comme charbon, pétrole et gaz naturel. En plus, les sources d'énergies non renouvelables finiront par se tarir.

A Quelle proportion d'énergie fournit le nucléaire?

B Environ 78% de l'énergie totale. La France est un des plus gros producteurs d'électricité nucléaire.

A Et les énergies renouvelables? C'est-à-dire, l'énergie solaire, éolienne, hydraulique, géothermique et la biomasse qui est l'énergie des végétaux?

B Aujourd'hui, les énergies renouvelables représentent 13,5% de la consommation totale d'énergie comptabilisée dans le monde et 18% de la production mondiale d'électricité.

A Et en France?

B La France produit 6% de son énergie à partir de sources renouvelables, 4% provenant de la biomasse et 2% de l'hydraulique. L'énergie éolienne, en revanche, est encore très peu développée malgré des taux de croissance élevés. Cependant les systèmes d'aides devraient pouvoir améliorer la situation.

A Les énergies renouvelables suffiront-elles à limiter le réchauffement climatique?

B Les énergies propres et renouvelables sont parfois présentées comme une solution au problème du réchauffement climatique. Il faudrait pour cela pouvoir développer suffisamment les énergies renouvelables pour pouvoir diminuer la consommation absolue d'énergies fossiles. Or la production d'énergie d'origine renouvelable est limitée par son rendement, son stockage, la superficie ou les infrastructures nécessaires. Malgré les renouvelables, les changements de nos modes de vie sont nécessaires.

Q1 Choisissez la bonne réponse (plusieurs possibilités)

① Les énergies renouvelables apportent une très grande partie de l'énergie consommée.

② Les énergies fossiles ou nucléaires font partie des énergies vertes.

③ La biomasse est l'énergie apportée par le soleil.

④ La biomasse est exploitée par combustion. On peut citer notamment le bois et les biocarburants.

⑤ L'énergie éolienne est l'énergie du vent, et l'énergie marémotrice fait partie de l'énergie hydraulique

Q2 문맥 상 ⓐ에 들어갈 적합한 표현은?

① énergies alternatives

② combustibles fossiles

③ énergies renouvelables

④ carburants propres

어휘정리

énergétique 에너지의 courir à 위험을 무릅쓰다, 뒤쫓다 charbon ⓜ 석탄 nucléaire ⓜ 원자력, 핵에너지 combustibles ⓜ ⓟⓛ 연료 fossile 화석의 renouvelable 재생 가능한 solaire 태양의 éolien 풍력의 hydraulique 수력의 géothermique 지열의 biomasse ⓕ (생태) 생물 개체 수 (어떤 환경 내에 현존하는 생물의 총수) / 바이오매스 (에너지원으로 이용되는 식물체로서, 대표적인 것이 목재와 식물성 대체연료) comptabiliser (통계를 위해) 수를 계산하다 rendement ⓜ 생산량 stockage ⓜ 저장, 저장소 infrastructure ⓕ (경제 활동의 기반을 형성하는) 시설, 인프라(스트럭처) marémoteur 조수(潮水)의 힘을 이용하는 biocarburant ⓜ 식물성 대체연료

본문해석

A : 환경 · 지속개발부 장관님, 에너지 상황에 대한 저희 인터뷰에 응해주셔서 감사드립니다. 당신 생각으로는, 프랑스의 에너지 상황은 어떻습니까? 재앙으로 나아가고 있는 겁니까? 낙관할 수 있을까요?

B : 그 질문에 답변하기 어렵군요… 모든 청정 에너지원을 개발하고, 석탄, 석유, 천연가스와 같은 화석연료의 소비를 줄여야만 할 것입니다. 게다가 재생 불가능 에너지원은 결국에는 고갈될 것입니다.

A : 원자력이 제공하는 에너지의 비율은 어떻게 됩니까?

B : 전체 에너지의 약 78%입니다. 프랑스는 주요 원자력 전기 생산국 중의 하나입니다.

A : 그럼 재생 에너지는요? 다시 말해, 태양열, 풍력, 수력, 지열 에너지와, 식물 에너지인 바이오매스 말입니다.

B : 오늘날, 재생 에너지는 전 세계에서 통계된 총 에너지 소비의 13.5%, 세계 전기 생산의 18%에 달합니다.

A : 그럼 프랑스에서는요?

B : 프랑스는 에너지의 6%를 재생 자원에서 생산하고, 4%는 바이오매스에서, 2%는 수력에서 생산합니다. 반면에 풍력 에너지는 높은 성장률에도 불구하고 아직은 별로 발전되지 않았습니다. 그렇긴 해도 지원 제도가 상황을 개선시킬 수 있을 겁니다.

A : 재생 에너지는 기후 온난화를 억제하는 데 충분할까요?

B : 때로는 무공해 에너지와 재생 에너지가 기후 온난화 문제의 해결책으로 소개되지요. 이를 위해서는 화석 에너지의 절대 소비를 줄이기 위해 재생 에너지를 충분히 발전시켜야만 합니다. 그런데 재생 에너지 생산은 생산량, 저장, 면적 또는 필요한 인프라에 의해 제한을 받습니다. 재생 에너지에도 불구하고, 우리의 생활 방식의 변화가 필요합니다.

정답 1. ④, ⑤ 2. ②

태양열 주택

풍력발전기

37 신원확인 기술

Aujourd'hui, les techniques de surveillance et d'identification se développent à toute vitesse, jusqu'à menacer notre liberté. Il est possible de reconnaître une personne en identifiant certaines parties de son corps. D'ici quelques années, nous pourrions ainsi nous passer de carte bancaire ou de clés. Il suffirait de placer sa main sur un écran ou son œil devant une caméra pour retirer de l'argent ou entrer chez soi. Appelées ≪biométrie≫, ces techniques semblent donc très pratiques. (ⓐ) elles pourraient menacer notre liberté si elles étaient mal utilisées.

Q1 Sur quoi porte ce texte?

① la nouvelle technologie ② la liberté individuelle
③ la biologie ④ la carte à puce

Q2 ⓐ에 들어갈 적절한 어휘는 무엇인가?

① Mais ② Donc
③ En effet ④ C'est pourquoi

어휘정리

surveillance ⓕ 감시 à toute vitesse 전 속력으로 identifier 동일시하다, 알아보다, 신원을 확인하다, 식별하다 écran ⓜ 화면 retirer 꺼내다, 빼내다, 인출하다 biométrie ⓕ 생물 측정학

본문해석

오늘날, 감시와 신원확인 기술이 우리의 자유를 위협할 정도까지 급속도로 발전하고 있다. 신체 몇몇 부분을 식별함으로써 한 사람을 알아보는 것이 가능하다. 이처럼, 몇 년 후에 우리는 은행카드나 열쇠 없이 지낼 수 있을 것이다. 돈을 인출하거나 자기 집에 들어가기 위해 화면 위에 손을 대거나 카메라 앞에 눈을 대는 것만으로 충분할 것이다. 그래서 "생물 측정학"이라 불리는 이 기술들은 아주 편리한 것 같다. 그러나 이 기술들이 잘못 사용된다면, 우리의 자유를 위협할 수 있다.

정답 1. ① 2. ①

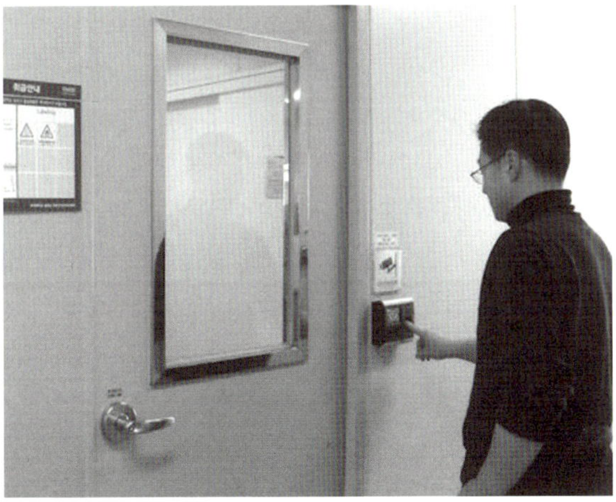

38 생명공학의 윤리성

Désormais, à partir d'une goutte de sang, d'un cheveu ou d'un morceau de peau, on peut déterminer la couleur des yeux d'un individu, son hérédité, son type racial, ses maladies, son espérance de vie … Bref, c'est notre carte d'identité, avec tous nos secrets les plus intimes, qui est contenue dans nos cellules et dans nos gènes. Il y a là des risques de dérapages ; au cas où ces milliers d'informations confidentielles tomber ⓐ entre des mains mal intentionnées.

Face à cette menace, la communauté internationale a décidé de mettre la science, et en particulier la génétique, sous surveillance. L'UNESCO, qui regroupe 186 pays, a signé à Paris la Déclaration universelle sur le génome humain et les droits de l'homme.

Ce texte ≪historique≫ complète et actualise la Déclaration universelle des droits de l'homme, qui date de 1948, en y intégrant les nouvelles menaces que peuvent représenter les découvertes scientifiques récentes. Cette déclaration n'a pas de valeur contraignante pour les États, mais elle signifie un ≪engagement moral très important≫. Le texte adopté, s'il rappelle le principe de la ≪liberté de la recherche scientifique≫, fait primer les droits et les libertés fondamentaux des individus, sur toute autre considération.

Si la génétique ouvre aujourd'hui des perspectives médicales passionnantes (traitement de certains cancers, prévention des maladies héréditaires), elle recèle aussi des risques considérables pour l'avenir : manipulations génétiques, clonage d'animaux en série, aliments génétiquement modifiés ….

Q1 Quel est le titre qui correspond bien au texte?

① la liberté de la recherche
② la révolution de la génétique
③ l'importance de la bioéthique
④ les activités scientifiques de l'UNESCO

Q2 Quelle phrase n'est pas convenable pour continuer le texte?

① Il y a d'abord des risques de discrimination entre individus. Certains pays envisagent de réaliser des tests génétiques à l'embauche pour s'assurer que les employés ne tomberont pas malades.
② L'utilisation des tests génétiques peut certes être ordonnée par la justice pour aider à la recherche de la vérité.
③ La génétique pose également le problème de la confidentialité des données génétiques avec la réalisation de fichiers.
④ Certains assureurs pourraient refuser de délivrer une assurance vie à des clients atteints d'une maladie génétique.
⑤ En fait, le problème dépend de l'éthique des scientifiques qui s'en occupent. Mais les risques de dérive sont réels.

Q3 밑줄 친 동사 ⓐ의 알맞은 형태는?

① tomberaient	② tombaient
③ tomberont	④ tombent

어휘정리

hérédité ⓕ 유전, 유전적 특성/ 세습, 계승 cellule ⓕ 세포 gène ⓜ 유전자 dérapage ⓜ 일탈, (차량이) 옆으로 미끄러지기 confidentiel 비밀의 surveillance ⓕ 감시, 감독 (mettre q.n sous (haute) surveillance …을 엄중한 감시 하에 두다) génome ⓜ 지놈(생물의 생존에 필요한, 기본수로 이루어진 한 쌍의 염색체) actualiser 구체화하다 / (시대 상황에 맞게) 수정하다, 현실화하다 contraignant 구속적인 primer …을 능가하다, (보다) 월등하다, 으뜸가다 receler 은닉하다, 내포하다(=renfermer) manipulation ⓕ 조작 clonage ⓜ 클론화(化) (유전자 재조합 기술의 기본), 복제 / cf. clone ⓜ 클론(단일 개체에서 무성생식으로 생긴 개체 또는 개체군) en série 잇따른, 연이은

본문해석

앞으로는 피 한 방울이나 머리 한 올, 피부 한 조각에서 한 개인의 눈의 색깔이나 유전적 특성, 인종, 병력(病歷), 수명 등을 가늠할 수 있다. 간단히 말해 그것은 우리의 세포와 유전자 안에 담겨있는 가장 은밀한 비밀을 담고 있는 신분증이다. 여기에는 일탈 행위의 위험이 존재한다. 이 수 천의 비밀 정보가 나쁜 의도를 가진 사람의 손에 들어갈 수도 있기 때문이다.

이러한 위협에 직면하여, 국제 사회는 과학, 특히 유전학을 통제하기로 결정하였다. 186개 회원국을 가진 유네스코는 인간 게놈과 인간의 권리에 대한 세계 선언을 파리에서 조인하였다.

이 ≪역사적인≫ 선언문은 최근의 과학적 발견이 드러내는 새로운 위협을 전문(全文) 안에 넣음으로써, 1948년의 '세계 인권선언'을 보충하고 현실화시켰다. 이 선언은 각 국가에 대해 구속력을 지니고 있지는 않지만, ≪아주 중요한 도덕적 약속≫을 의미한다. 채택된 전문(全文)은 ≪과학 연구의 자유≫ 원칙을 언급하고 있지만, 다른 어떤 고려사항보다도 개인의 기본권과 기본 자유를 우위에 두고 있다.

오늘날 유전학이 인류에게 흥미로운 의학적인 전망 (일부 암 치료, 유전병 예방)을 열어 주기는 하였지만, 유전자 조작, 연속적인 동물 복제, 유전자 변형식품처럼 미래에 대한 큰 위험을 내포하고 있다.

정답 1. ③ 2. ② 3. ①

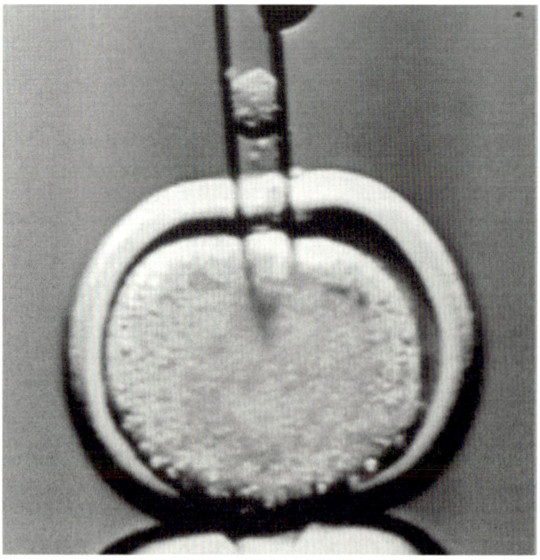

39 IP 주소와 개인 정보

Microsoft, premier éditeur mondial de logiciels, a annoncé qu'il allait réduire à six mois, contre dix-huit auparavant, la durée de conservation des données personnelles sur son moteur de recherche ≪Bing≫. Sont concernées les adresses "IP", numéros identifiant les ordinateurs connectés à Internet. Ces adresses vont être complètement "anonymisées" : ≪tous les octets qui les composent seront effacés de nos bases, et aucune manipulation ne permettra de les reconstituer≫, a assuré le directeur des affaires juridiques de Microsoft France. ≪C'est un choix unilatéral et volontaire. Il y a une forte sensibilité du public à ces questions, donc nous voulions y répondre≫, a-t-il précisé. Le changement devrait intervenir dans les douze à dix-huit mois et valoir pour tous les utilisateurs dans le monde. Stocker ces données, assurent Microsoft et ses concurrents, permet d'améliorer la performance des moteurs de recherche. En conservant l'adresse "IP", il est ainsi possible de vérifier quels sont les documents en ligne les plus recherchés, et de les proposer en réponse aux questions des internautes. Mais ces informations permettent aussi d'établir de véritables "profils", en associant à l'adresse "IP" les recherches en ligne d'un individu.

Q1 Sur le ≪Bing≫, les données personnelles seront conservées désormais pendant :

① six mois ② dix mois
③ douze mois ④ dix-huit mois

Q2 À qui est destiné le nouveau plan de Microsoft?

① aux informaticiens
② à un public très spécialisé
③ à tous les internautes du monde entier
④ à tous les utilisateurs français

어휘정리

éditeur ⓜ 발행인, 출판사, 에디터 logiciel ⓜ 소프트웨어 auparavant 예전에 donnée ⓕⓟⓛ 자료, 데이터 connecter 접속하다 anonymisé 익명화된, 무기명화된 octet ⓜ 바이트 juridique 법률적인, 법률상의 manipulation ⓕ 조작 reconstituer 재건하다, 복구하다 unilatéral 일방적인 valoir pour 관계가 있다, 적용된다 stocker 저장하다 performance ⓕ (기계) 성능 / (경기) 기록 en réponse à …에 대한 응답(화답)으로서, …에 대응(호응)하여

본문해석

세계 최초의 소프트웨어 출시 사(社)인 마이크로 소프트는 검색엔진 ≪Bing≫에서의 개인 정보 저장 기간을 예전의 18개월에서 6개월로 단축할 것이라고 발표했다. 인터넷 접속 컴퓨터를 인식하는 번호인 "IP" 주소와 관련된 것이다. 이 주소는 완전히 "익명화" 될 것이다 : "IP 주소를 구성하는 모든 바이트들이 우리 데이터베이스에서 지워질 것이며, 그 어떤 조작으로도 IP 주소를 복구할 수 없을 것입니다"라고 마이크로 소프트 프랑스 지사의 법무 팀장이 말하였다. "그것은 일방적이고 자발적인 선택입니다. 일반인들이 이 문제에 아주 민감하기에, 우리는 거기에 부응하고자 했습니다"라고 그가 밝혔다. 이 변화는 12개월에서 18개월 내로 시행될 것이며, 세계 모든 사용자들에게 적용될 것이다. 마이크로 소프트 사와 그 경쟁사들은 이 정보 저장이 검색 엔진의 성능을 향상시킨다고 말한다. "IP" 주소를 저장하면 가장 인기 있는 웹문서들이 무엇인지 확인할 수 있어, 네티즌들의 질문에 대한 검색결과로 그 웹문서들을 제시할 수 있다. 하지만 한 개인의 온라인 검색을 "IP" 주소와 연결시킴으로써, 이 정보들은 진정한 "개인 프로필"을 작성할 수도 있게 해준다.

정답 1. ① 2. ③

Microsoft

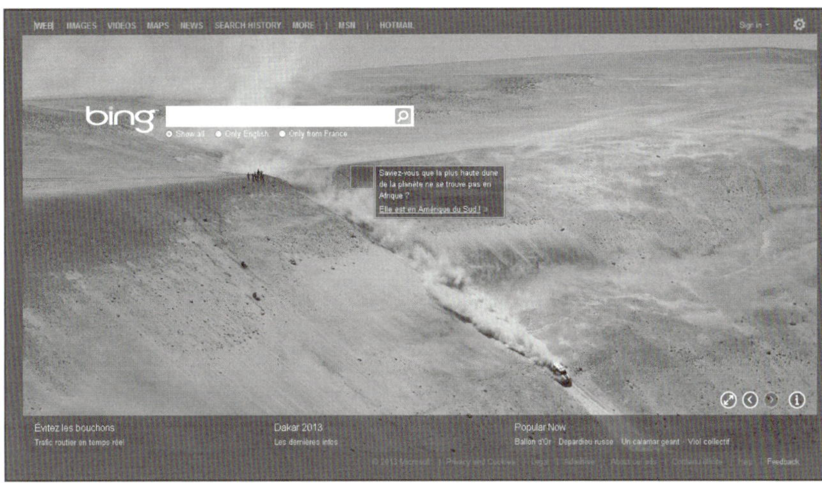
WEB IMAGES VIDEOS MAPS NEWS SEARCH HISTORY MORE | MSN | HOTMAIL
Sign in
bing
Show all
Only English
Only from France
Saviez-vous que la plus haute dune de la planète ne se trouve pas en Afrique ?
Elle est en Amérique du Sud !
Evitez les bouchons
Trafic routier en temps réel
Dakar 2013
Les dernières infos
Popular Now
Ballon d'Or · Depardieu russe · Un calamar geant · Viol collectif
Feedback

40 공해 배출권

L'Union européenne a présenté un plan pour réduire les émissions de gaz à effet de serre, principales responsables du réchauffement climatique. En 2020, 20% de l'énergie consommée en Europe devra provenir d'énergies propres et renouvelables. De plus, les émissions de gaz à effet de serre devront être réduites de 20%. De tels objectifs avaient déjà été fixés. Ce qui est nouveau, ce sont les mesures que l'Europe compte mettre en place pour parvenir à ces objectifs. Ce plan prévoit notamment que les entreprises les plus polluantes d'Europe paient un ≪permis de polluer≫ à partir de 2013. De nombreuses entreprises européennes s'opposent à ce plan qu'elles jugent trop contraignant pour leurs activités. Selon elles, la production diminuera si le plan antipollution est appliqué.

Q1 D'après le texte, qu'est-ce que l'effet de serre?

① une technique avancée améliorant la productivité agricole
② un phénomène provoquant le réchauffement climatique
③ un phénomène naturel aggravé par la pollution
④ un produit toxique polluant l'environnement

Q2 Face aux mesures antipollution, beaucoup d'entreprises européennes se montrent :

① curieuses ② impatientes
③ défavorables ④ surprises

어휘정리

gaz à effet de serre ⓜ 온실가스 énergie renouvelable 재생 에너지 provenir de …에서 유래하다 compter (+ inf.) …할 작정이다 parvenir à …에 도달하다, 이르다 polluant 오염시키는, 공해를 유발하는 permis de polluer ⓜ 공해 배출권 contraignant 구속하는, 강제하는 antipollution ⓐ (불변) 공해(오염) 방지의

본문해석

유럽연합은 기후 온난화의 주범인 온실가스 배출 감축안을 제출했다. 2020년에, 유럽에서 소비된 에너지의 20%가 청정에너지와 재생 에너지에서 나올 것이다. 게다가, 온실가스 배출은 20% 감축될 것이다. 이러한 목표들은 이미 정해졌었다. 새로운 것은, 유럽이 이 목표에 도달하기 위해 실행할 작정인 조치들이다. 특히 이 안은 유럽에서 최고의 공해유발 기업들이 2013년부터 "공해 배출권"을 지불할 것을 예상하고 있다. 수많은 유럽 기업들이 그들의 (기업) 활동에 너무 구속적이라 생각하는 이 안에 반대한다. 그들 말에 따르면, 이 공해방지 안이 적용되면, 생산이 줄어들 것이라고 한다.

정답 1. ② 2. ③

41 사냥에 대한 찬반논란

A Je suis contre la chasse et la pêche. Pour que je les accepte, il faudrait que la partie se joue à armes égales.

B C'est ça, ta conclusion? Tu n'as pas une idée un peu plus neuve à nous proposer?

A Je ne cherche pas les idées neuves, je n'ai pas besoin d'originalité. Je dis une seule chose : laisser les animaux vivre en liberté.

B Alors, tu as renoncé à manger de la viande?

A Oui. Si je pouvais, je serais totalement végétarienne. Pour l'instant je n'y arrive pas. Mais ça viendra.

B N'oublie pas qu'on compte en France deux millions de chasseurs et quatre millions de pêcheurs à la ligne.

A Je sais. <u>Il n'y a vraiment pas de quoi se vanter</u> ⓐ.

B Mais au nom de quoi juges-tu?

A C'est simple, si tu relis la déclaration universelle des droits de l'animal proclamée en 1978, tu trouveras toutes les raisons de ne pas chasser ni pêcher.

B Je ne crois pas. Il s'agit seulement de condamner toute cruauté à l'égard des animaux, ce n'est pas du tout la même chose.

Q1 Quelle est l'affirmation qui ne correspond pas à l'opinion de l'homme?

① On doit interdire les mauvais traitements des animaux et punir sévèrement leurs auteurs.

② Tuer des animaux pour son plaisir, c'est un acte répréhensible à mes yeux.

③ Condamner le braconnage, c'est très bien, mais ce n'est pas le même problème que celui de la chasse.

④ Je suis côté des animaux. On les exploite depuis des siècles. Bref, ce sont les exclus de l'histoire.

Q2 밑줄 친 ⓐ를 우리말로 바르게 옮긴 것은?

① 정말 대단한 일이다.

② 정말 자랑할 만한 일이다

③ 정말 칭찬을 받지 못하고 있다.

④ 정말 자랑할 만한 일이 아니다.

어휘정리

chasse ⓕ 사냥　pêche ⓕ 낚시　partie ⓕ 시합　à armes égales 대등한 입장에서, 대등한 수단으로　vivre en liberté 자유롭게 살다　végétarien 채식주의자(의)　ligne ⓕ 줄, 선 / 몸매 / 낚시 줄 (pêche à la ligne 줄낚시)　se vanter 자랑하다, 자만하다　cruauté ⓕ 잔인성

본문해석

A : 나는 사냥과 낚시에 반대해. 내가 그것을 받아들이려면, 시합이 대등한 입장에서 이루어져야만 할거야.

B : 바로 그게 네 결론이니? 좀 더 참신한 생각을 우리에게 제시할 수 없겠니?

A : 나는 새로운 생각을 찾는 것이 아니고, 독창성을 필요로 하는 것도 아니야. '동물들을 자유롭게 살도록 내버려두어야 한다'는 한 가지만 말하지.

B : 그래서 너는 고기를 먹지 않기로 했니?

A : 그래. 할 수만 있다면, 나는 완전히 채식주의자가 되었을 텐데. 지금으로서는 그렇게 하지 못하고 있지만, 앞으로 되겠지.

B : 프랑스에는 2백만의 사냥꾼과 4백만의 낚시꾼이 있다는 사실을 잊지 마.

A : 알고 있어. 그리 자랑할 일은 아니지.

B : 그런데 너는 무슨 근거로 그런 판단을 하니?

A : 간단해. 네가 1978년에 선포된 '세계 동물 권리헌장'을 다시 읽어보면, 사냥과 낚시를 하지 말아야 하는 모든 이유를 알게 될거야.

B : 그렇게 생각지 않아. 그것은 단지 동물학대를 금하는 것이야.
그건 전혀 같은 문제가 아니지.

정답 1. ③　2. ④

42 휴대전화

Le téléphone portable, comme le fax, la télécommande, le répondeur et la quasi-totalité des nouveaux produits, tend à introduire (ⓐ) de l'envie dans notre espace quotidien. Le phénomène n'est pas nouveau: dès 1974, le futurologue Alvin Toffler faisait de cette ≪accélération≫ de nos vies ≪l'essence même de la modernité≫. Et il prédisait que la nouvelle ligne de clivage n'opposerait plus dans le futur ≪les riches et les pauvres≫, mais ≪les rapides et les lents≫.

D'autre part, le téléphone mobile est un outil de domination qui rend esclave celui qui le porte. Ce qui est intéressant également, c'est que le téléphone portable, objet individualiste s'il en est, est d'abord la manifestation d'une peur criante de solitude.

Q1 윗 글의 내용과 일치하지 않는 것은?

① 휴대전화는 인간의 삶에 욕구의 즉각성을 도입시킨다.
② 미래 사회는 빈부의 대립이 아닌, 빠른 자와 느린 자로 나뉠 것이다.
③ 이동전화 소지자는 이 도구의 노예가 되었다.
④ 이동전화기는 개인주의에 도전하는 물건이다.

Q2 문맥상 괄호 ⓐ에 들어갈 가장 적절한 표현은?

① la longévité ② la fragilité
③ l'instantanéité ④ l'instabilité

어휘정리

portable 휴대하는, 휴대용의 télécommande ⓕ 원격 조정, 리모콘 répondeur ⓜ 자동 응답기 tendre à (+ inf.) …하는 경향이 있다 instantanéité ⓕ 즉각성, 순간성 accélération ⓕ 가속(화) futurologue 미래학자 prédire 예언하다, 예측하다 clivage ⓜ 분열, 불화, 대립 s'il en est(fut) (형용사, 부사적) 최고의, 그지없는, 보기 드문 / 그지없이 criant 명백한, 소리치는

본문해석

휴대전화는 팩스, 리모컨, 자동 응답기나 거의 모든 신제품처럼 우리의 일상생활 공간 안에 욕구의 즉각성을 도입하는 경향이 있다. 이러한 현상은 새로운 것이 아니다. 1974년부터 미래학자인 앨빈 토플러는 우리 삶의 ≪가속화≫를 ≪현대성의 근본 그 자체≫라 하였다. 그가 예언하기를, 미래에는 대립 계층을 나누는 기준선이 ≪부자와 빈민≫이 아니라, ≪빠른 자와 느린 자≫라 하였다.

한편, 이동전화는 전화기를 갖고 있는 사람을 노예로 만드는 지배의 도구이다. 또한 흥미로운 것은 극도로 개인주의적 물품인 휴대전화는 무엇보다도 고독에 대한 명백한 두려움의 표시이다.

정답 1. ④ 2. ③

43 시민기자

Jusqu'à maintenant, les nouvelles de l'actualité étaient fournies par les journalistes. Désormais, les photos, les vidéos et les articles de simples citoyens jouent un rôle de plus en plus important dans notre information. Le célèbre site d'information américain *news.yahoo.com* comporte une nouvelle rubrique : ≪ votre témoignage≫. Cette rubrique propose des photos et des vidéos prises par des personnes qui ne sont pas journalistes. Des millions de personnes sont équipées de téléphone portable-appareil photo ou de petites caméras. Elles peuvent donc enregistrer des événements imprévus. Une partie des images des attentats terroristes de Londres ont ainsi été prises par des témoins et non par des journalistes. Les journalistes se servent souvent de ces images ou de ces témoignages. Mais ils estiment que les témoins ne sont pas journalistes. Un journaliste est (ⓐ) de vérifier si une information est juste. Il doit aussi la présenter avec honnêteté. Les journalistes estiment ainsi que ces photos et ces vidéos prises par des témoins doivent être examinées avec soin avant d'être diffusées.

Q1 À quoi sert la rubrique ≪votre témoignage≫?

① à proposer des photos et des images prises par de simples citoyens

② à dénoncer l'inégalité sociale

③ à lutter contre les attentats imprévus

④ à se battre pour la liberté de la presse

Q2 괄호 ⓐ에 들어갈 알맞은 표현은?

① désolé ② chargé
③ privé ④ reconnaissant

어휘정리

actualité ⓕ 시사 article ⓜ (신문 · 잡지의) 기사 rubrique ⓕ (신문의) 난(欄), (분류) 항목 comporter 포함하다 témoignage ⓜ 증언 témoin ⓜ 증인, 목격자 équipé de …을 갖춘 caméscope ⓜ 비디오카메라, 캠코더 attentat ⓜ 테러 diffuser 방송하다

본문해석

지금까지, 시사 뉴스는 기자들에 의해 제공되었다. 앞으로, 평범한 시민들의 사진, 비디오, 기사들이 우리 정보에서 점점 더 중요한 역할을 한다. 미국의 유명 정보 사이트인 *news.yahoo.com* 은 새로운 난(欄)인 ≪당신의 목격담≫을 포함하고 있다. 이 난은 기자가 아닌 사람들에 의해 촬영된 사진과 비디오를 싣는다. 수백만 명의 사람들이 카메라 폰이나 소형 캠코더를 소지하고 있다. 그래서 그들은 불의의 사건들을 찍을 수 있다. 이처럼 런던 테러의 영상 일부가 기자들이 아닌 목격자들에 의해 촬영되었다. 기자들은 이 영상이나 목격담들을 자주 사용한다. 하지만 그들은 목격자들이 기자가 아니라고 생각한다. 기자란 정보가 정확한지 확인하는 임무를 가진다. 또한 기자는 그 정보를 정직하게 소개해야 한다. 이처럼 기자들은 목격자들에 의해 촬영된 사진이나 비디오들이 방송되기 전에 세심하게 검토되어야 한다고 생각한다.

정답 1. ① 2. ②

44 정보통신 기술의 발전

Ordinateur, Internet, téléphone portable, smartphone … : les NTIC (nouvelles technologies de l'information et de la communication) connaissent un vrai succès. On s'en doutait, et l'INSÉE l'a étudié et mesuré : les Français aiment les ordinateurs, la télé, Internet ou le portable. Regroupées sous le terme de NTIC, ces technologies ont connu un développement très régulier depuis 40 ans. En fait, en 1960, il n'existait pas grand chose : une seule chaîne de télé en noir et blanc et un réseau téléphonique ≪préhistorique≫. Les Français ne pouvaient donc que progresser au rythme des inventions. L'intérêt de l'étude de l'INSÉE est surtout de comparer l'équipement des Français avec celui de nos voisins européens. Par exemple, nous avons moins d'ordinateurs et moins de smartphones que la plupart de nos voisins. Les plus équipés sont les Allemands, les Belges, les Néerlandais, les Britanniques, les Espagnols et les Italiens. En revanche, les Français sont très bien placés dans le domaine du haut-débit, c'est-à-dire de l'Internet ultra-rapide.

* l'INSÉE (Institut national de la statistique et des études économiques) : 국립통계 경제 연구소

Q1 Choisissez ce qui correspond au texte.

① 정보통신기술은 45년 전부터 성공을 거두고 있다.

② 국립 통계 경제 연구소는 정보통신기술이 프랑스인의 생활에 끼친 영향을 연구하였다.

③ 프랑스는 1960년대에 이미 뛰어난 정보통신기술을 갖추고 있었다.

④ 프랑스인들은 이웃 유럽 국가들보다 통신장비를 더 잘 갖추고 있다.

어휘정리

se douter de 예상하다, 생각하다 mesurer 측정하다, 재다, 평가하다 regroupé 합쳐진, 통합된, 결집된 en fait 사실은, 실제는 grand chose ⓜ 대단한 것 (부정문에서 사용) réseau ⓜ 망 au rythme de .…의 리듬에 맞추어, …의 속도로 comparer avec(et, à) …와 …을 비교하다 en revanche 반면에 être bien(mal) placé 유리한(불리한) 입장이다, 높은(낮은) 위치에 있다 débit ⓜ 초당 정보처리 용량 ultra-rapide 초고속의 passer … de … à …에서 …로 넘어가다

본문해석

컴퓨터, 인터넷, 휴대폰, 스마트폰 같은 정보통신기술이 진정한 성공을 거두고 있다. 그러리라고 예상했었지만, 국립 통계 경제 연구소가 그에 대한 연구를 하고 평가를 내렸는데, 프랑스인들은 컴퓨터, 텔레비전, 인터넷 또는 휴대폰을 좋아한다는 것이다. 정보통신기술이라는 용어로 통합된 이 기술은 40년 전부터 아주 규칙적인 발전을 했다. 사실, 1960년에는 흑백 TV 채널 단 하나와 ≪선사 시대≫의 전화망 뿐, 대단한 것이 없었다. 프랑스인들은 발명 속도에 발맞추어 발전할 수 있을 뿐이었다. 국립 통계 경제 연구소 연구의 관심은 특히 프랑스인들의 통신장비와 이웃 유럽 국가들과의 통신장비를 비교하는 것이다. 예를 들어, 우리는 대부분의 우리 이웃들보다 컴퓨터나 스마트폰을 덜 소지하고 있다. 독일인, 벨기에인, 네덜란드인, 영국인, 스페인인 그리고 이탈리아인들이 가장 통신장비를 잘 갖추고 있다. 반면에, 프랑스인들은 고용량 정보처리, 다시 말해 초고속 인터넷 영역에서 유리한 위치를 차지하고 있다.

정답 1. ①

45 청소년을 위한 유해사이트 차단

(ⓐ   ) Les opérateurs de téléphonie mobile offrent de premières réponses, censées rassurer les parents. Les smartphones offrent un accès à Internet : on peut donc envoyer des e-mails avec des photos, consulter des sites, des blogs… Beaucoup de personnes sont ainsi connectées à Internet par l'intermédiaire de leur smartphone. Parmi elles, de nombreux adolescents. Or Internet permet d'accéder à des sites pornographiques ou violents. Les forums sont aussi des lieux où les jeunes peuvent faire de mauvaises rencontres. À la maison, l'ordinateur est souvent équipé d'un système de blocage de l'accès aux sites adultes. Si ça n'est pas le cas, les parents doivent jeter un coup d'œil de temps en temps sur leurs enfants en train de surfer. Mais l'accès à Internet avec le téléphone portable est différent : les adolesents l'ont dans la poche et l'utilisent seuls. Aussi les opérateurs de téléphonie mobile s'engagent-ils à mettre à la disposition des parents, un outil de contrôle parental gratuit facile à activer pour bloquer l'accès à certains sites… ≪Gallery≫ le moteur de recherche sur l'Internet par téléphone ne pourra pas faire de publicité pour les sites réservés aux adultes et sera équipé d'un modérateur chargé de surveiller les échanges sur les forums.

Q1 이 글의 내용을 잘 요약해주는 질문으로 괄호 ⓐ에 들어갈 가장 적절한 문장은?

① Comment favoriser l'accès à Internet des adolescents?

② Comment protéger les jeunes qui surfent sur Internet grâce à leur smartphone?

③ Comment faire pour protéger des jeunes de la dépendance aux jeux vidéo ?

④ Comment limiter le téléchargement illégal des jeunes?

어휘정리

surfer 서핑하다 téléphonie ⓕ 전화(술) censé (+inf.) …라 추정되는, 여겨지는 rassurer 안심시키다 accès à ⓜ …에의 접근, 접속 connecter 접속하다 par l'intermédiaire de …의 주선으로, …을 통해서 forum ⓜ 토론회, 심포지움 / (인터넷) 대화방 blocage ⓜ 차단, 저지, 방어벽 jeter un coup d'œil sur q.n …을 힐긋 보다 s'engager à 약속하다 mettre q.n/q.c à la disposition de …에게 …을 자유로이 쓰게 하다 outil ⓜ 도구 activer 작동시키다 réservé à … 전용의, … 용의 modérateur ⓜ 관리자, 조정자, 중재자 / 조절기, 억제제

본문해석

스마트폰으로 인터넷 서핑을 하는 젊은이들을 어떻게 보호할 것인가? 이동 통신사들은 부모들을 안심시킬 것이라 여겨지는 초기 답변들을 제공한다. 스마트폰은 인터넷 접속을 제공한다. 그래서 사진을 첨부한 이메일을 발송할 수 있고, 사이트와 블로그를 검색할 수 있다… 이처럼 많은 사람들이 자신의 휴대폰을 통해서 인터넷에 접속한다. 그들 중에는 청소년들이 많다. 그런데 인터넷이 음란 사이트나 폭력 사이트에 접속하게 해준다. 인터넷 대화방 역시 젊은이들이 부적절한 만남을 할 수 있는 곳이기도 하다. 집에서 컴퓨터는 자주 성인 사이트의 접속 차단장치를 갖추고 있다. 그렇지 않은 경우라면, 부모들은 가끔씩 인터넷 서핑을 하고 있는 아이들을 들여다봐야 한다. 그러나 휴대폰을 통한 인터넷 접속은 다르다. 청소년들은 주머니에 휴대폰을 소지하고 있으며, 혼자서 사용한다. 그래서 이동 통신사들은 일부 사이트에의 접속 차단을 위해 작동시키기 쉬운 부모용의 무료 통제 도구를 자유로이 사용할 수 있게 하겠다고 약속했다. 전화를 이용한 인터넷 검색 엔진인 ≪갤러리≫ 는 성인 전용 사이트를 위한 광고를 할 수 없을 것이고, 대화방에서의 채팅을 감시할 임무를 지닌 관리자를 둘 것이다.

정답 1. ②

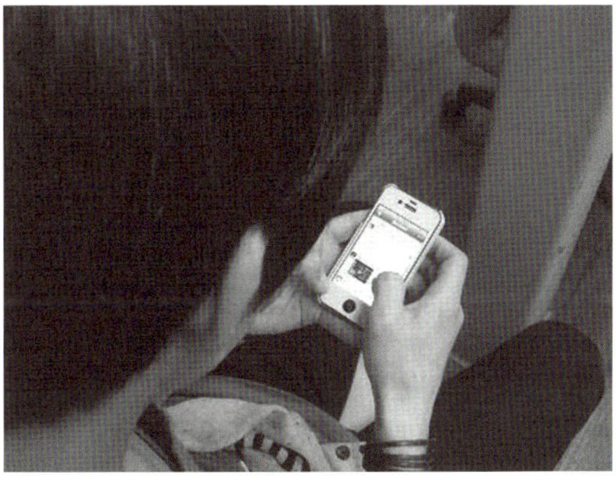

46 온실가스 감축노력

Les gaz à effet de serre sont ces gaz produits principalement par l'activité des industries et qui contribuent au réchauffement excessif du climat. Depuis le protocole de Kyoto, les pays du monde se sont engagés à ne pas augmenter, puis à diminuer l'émission de gaz à effet de serre. En 10 ans, les pays européens ont stabilisé ces gaz, c'est-à-dire qu'ils en émettaient la même quantité en 2000 qu'en 1990. L'Allemagne les a même fortement diminués (-19,1%) mais l'Espagne les a augmentés (+22%). Le plus inquiétant, c'est que les gaz ont diminué dans les premières années mais ont recommencé à augmenter entre 1999 et 2000. Les pays de l'Union européenne ont travaillé (ⓐ) améliorer la qualité de l'environnement, mais il leur reste beaucoup (ⓑ) faire. Car ils se sont engagés à diminuer les gaz à effet de serre de 8% entre 2008 et 2012.

Q1 윗글의 내용과 일치하는 것은?

① 온실가스 배출이 처음 몇 년간은 증가하였으나, 후에 줄어들기 시작하였다.
② 스페인은 처음 몇 년간 온실효과 가스를 감축하였다.
③ 유럽 국가들은 1999년과 2000년 사이에 온실효과 가스를 8% 감축하기로 약속하였다.
④ 교토 의정서 발효 이후로, 10년간 온실효과 가스 배출량을 늘리지 않기로 약속했다.

Q2 ⓐ와 ⓑ에 공통으로 들어갈 전치사는?

① à　② de
③ en　④ pour

어휘정리

effet de serre ⓜ 온실효과 contribuer à 기여하다, 공헌하다 réchauffement ⓜ 덥히기, 온난화 excessif 극도의, 극심한 protocole ⓜ 공식(외교)의례, 의전과 / 의정서 / (사교상의) 관습, 예의범절 stabiliser 안정시키다, 견고하게 하다 travailler à q.c/ inf. …하려고 애쓰다 il reste (+ 명사) 아직 …이 남아있다.

본문해석

온실 가스는 주로 산업 활동에 의해 발생되는 가스이며, 극심한 기후 온난화에 일조하는 가스이다. 교토 의정서 이후로, 세계 국가들은 온실 가스의 배출을 증가시키지 않고, 그 다음에는 감축하기로 약속했다. 10년 만에 유럽 국가들은 이 온실가스 배출을 현상 유지하였는데, 다시 말해 2000년에 1990년과 같은 양을 배출하였다. 심지어 독일은 온실 가스를 많이 줄였지만(−19.1%), 스페인은 증가했다(+22%). 가장 우려스러운 점은 이 가스가 처음 몇 년간은 줄었지만, 1999년에서 2000년 사이에 다시 증가하기 시작했다는 것이다. 유럽 국가들은 환경의 질을 향상시키기 위해 노력하였지만, 아직 할 일이 많이 남아있다. 유럽 국가들은 2008년과 2012년 사이에 온실 가스를 8% 감축하기로 약속했기 때문이다.

정답 1. ④ 2. ①

47 코펜하겐 기후 정상회의

Le 15ème sommet des Nations unies sur le réchauffement climatique, qui s'est achevé à Copenhague au Danemark, s'est révélé très (ⓐ), puisque les participants ne sont pas parvenus à un accord ferme. La conférence était pourtant considérée comme le dernier espoir de sauver notre planète des changements climatiques. Il s'agissait notamment de remplacer le protocole de Kyoto qui a expiré en 2012. Selon le protocole, les pays industrialisés qui l'ont signé et ratifié sont obligés de réduire leurs émissions de carbone. Cet objectif n'a pas été rempli, puisque les États participant au sommet se sont contentés de signer une déclaration non contraignante, qui de plus n'a même pas fait l'unanimité entre eux. Cette déclaration demande aux États de coopérer afin de maintenir l'augmentation de la température de la planète en dessous de 2°C par rapport à l'époque préindustrielle. C'est un vœu pieux, puisqu'elle n'est assortie d'aucune obligation ferme de réduction de gaz à effet de serre.

Q1 D'après le texte, le protocole de Kyoto est une déclaration :

① contraignante ② non contraignante
③ obligatoire ④ volontaire

Q2 이 회의에 대한 의견을 잘 나타내주는 의견으로, ⓐ에 들어갈 표현은?

① encourageant ② motivant
③ décevant ④ réconfortant

어휘정리

s'achever 끝나다 se révéler (+ 속사) …라고 드러나다, 밝혀지다 décevant ⓐ 실망시키는, 기대에 어긋나는 ferme ⓐ 단단한 / 단호한, 확고한 protocole ⓜ 의정서 expirer 기한이 끝나다, 만기가 되다 / (사람이) 숨을 거두다 ratifier 비준하다 être obligé de …하지 않을 수 없다 carbone ⓜ 탄소 remplir 가득 채우다 / (의무, 역할) 다하다, 완수하다 / (조건, 의무) 충족시키다 se contenter de …하는 것으로 만족하다, …로 그치다 contraignant ⓐ 강제하는, 구속하는 unanimité ⓕ 만장일치 en dessous de (장소) …의 아래로, (수량, 정도) …이하로, 미만의 préindustriel ⓐ 산업혁명 이전의, 산업화 이전의 vœu ⓜ 맹세, 소원 pieux ⓐ 독실한, 경건한 (vœu pieux 실현 가능성이 없는 소원) assorti de …가 따르는, 동반된 effet de serre ⓜ 온실효과

본문해석

덴마크 코펜하겐에서 폐막된 제15차 유엔 기후온난화 정상회의는 참가국들이 확고한 협약에 이르지 못했기 때문에 매우 실망스러웠다. 하지만 이 회의는 우리의 지구를 기후 변화로부터 구한다는 마지막 희망으로 여겨졌었다. 특히 2012년에 폐기된 교토 의정서를 대신하는 것이었다. 이 의정서에 따르면, 의정서를 조인하고 비준한 산업 국가들은 탄소 배출을 감축해야만 한다. 이 목표가 이행되지 못하였는데, 참가국들은 구속력도 없고, 국가 간 만장일치도 얻지 못했던 이 선언을 조인하는 것만으로 만족했기 때문이다. 이 선언은 지구의 기온 상승을 산업혁명 이전 시대에 비해 2℃ 아래로 유지하기 위해 협력할 것을 요구하고 있다. 이 선언은 온실가스 감축에 대한 그 어떤 확고한 강제력도 뒤따르지 않기 때문에 실현 가능성이 없는 바람이다.

정답 1. ② 2. ③

48 디지털

Le numérique permet de transporter des images, du son et du texte presque aussi facilement que la voix par le fil du téléphone. La transmission des informations est accélérée d'une façon incroyable. Evidemment, la possibilité de communiquer ≪en temps réel≫ avec n'importe qui, où qu'il se trouve sur la planète, m'apparaît comme un progrès éblouissant parce qu'il rapproche les gens au-delà de leurs différences culturelles, religieuses, ethniques.

어휘정리

transporter 운반(운송, 이전, 전달)하다 transmission ⓕ 전달 accélérer 빠르게 하다, 속도를 내다 en temps réel 실(實)시간으로 communiquer avec …와 연락을 하다 éblouissant 눈부신 ethnique 민족의, 인종의 rapprocher 가깝게 하다

본문해석

디지털은 전화선을 통해 목소리를 전달하는 것만큼이나 쉽게 영상과 소리와 텍스트를 전송한다. 정보의 전달은 믿을 수 없을 정도로 속도가 빨라졌다. 물론 지구상에 있는 그 누구와도 실(實)시간으로 연락을 취할 수 있다는 가능성은 눈부신 발전으로 보여 진다. 이것은 문화적, 종교적, 인종적 차이를 뛰어넘어 사람들을 가깝게 연결시키기 때문이다.

디지털 (le numérique)

49 블로그

Les blogs sont des espaces (ⓐ) chacun peut s'exprimer librement. Cela entraîne parfois des dérives. On peut par exemple y rencontrer des propos racistes et des injures. C'est pourquoi on propose que les blogs ne soient plus anonymes, et on propose également de supprimer certains contenus menaçants, faux ou qui portent atteinte à la vie privée d'une personne. Certains blogueurs pensent que ces règles ne sont pas compatibles avec (ⓑ). De plus, dans les pays autoritaires, les blogs sont souvent le seul moyen de s'exprimer pour les opposants au régime. Si l'anonymat est interdit, ces blogueurs ne pourront plus exprimer leur opinion.

Q1 괄호 ⓐ에 들어갈 알맞은 것은?

① où ② que
③ dont ④ par lesquels

Q2 괄호 ⓑ에 들어갈 가장 적절한 표현은?

① la démocratisation ② la liberté d'expression
③ l'individualisme ④ la justice sociale

어휘정리

s'exprimer (자신의 생각, 사상 등을) 표현하다 dérive ⓕ 빗나감, 일탈 blogueur ⓜ 블로그 운영자 propos ⓜ (주로 복수 사용) 말, 언사 injure ⓕ 욕설, 모욕 anonyme ⓐ 익명의 (anonymat ⓜ 익명) contenu ⓜ 내용 / 콘텐츠 faux ⓐ 거짓의, 허위의 porter atteinte à 침해하다 compatible avec …와 양립하는

본문해석

블로그는 각자가 자유롭게 자신의 생각을 표현할 수 있는 공간이다. 때로 이것은 일탈 행동들을 유발한다. 예를 들어 인종차별적 언사나 욕설을 만날 수 있다. 그래서 사람들은 블로그가 더 이상 익명성을 유지해서는 안된다고 제안하며, 또한 몇몇 위협적인 내용, 허위 내용, 한 사람의 사생활을 침해하는 내용들을 삭제할 것을 제안한다. 몇몇 블로그 운영자들은 이 규칙들이 표현의 자유와 양립되지 않는다고 생각한다. 게다가 독재국가에서, 블로그는 자주 체제 반대자들에게는 자신의 생각을 표현하는 유일한 수단이다. 익명이 금지된다면, 블로그 운영자들은 더 이상 자신의 의견을 표현할 수 없을 것이다.

정답 1. ① 2. ②

Chapitre 3

politique, administration et questions internationales

정치 · 행정 · 국제문제

50 한-EU 자유무역협정

L'UE a signé avec la Corée du Sud son plus important accord commercial bilatéral, au terme de plus de deux ans de discussions. Quand cet accord entrera en vigueur, les échanges commerciaux qui s'élèvent actuellement à 65 milliards d'euros annuels devraient augmenter de moitié. Il pourrait générer plus de 19 milliards d'euros de nouvelles exportations européennes vers la Corée du Sud et 12 milliards dans l'autre sens. Le transport maritime, les télécommunications, les services financiers, juridiques et environnementaux devraient être les secteurs qui bénéficieront le plus de cet accord. L'industrie manufacturière tout comme l'agriculture européennes devraient également en tirer profit. Dans la pratique, seront supprimées complètement ou en partie, de nombreuses barrières douanières qui frappent pour l'instant à hauteur d'1,6 milliard d'euros annuels, les exportations européennes. Des barrières non douanières doivent aussi être levées dans l'électronique, la pharmacie ou l'automobile ; dans ce secteur d'ailleurs, de nombreuses entreprises européennes ont exprimé l'inquiétude de se retrouver en situation désavantageuse, face à la concurrence coréenne et des mesures de sauvegarde spécifiques doivent être mises en place.

Q1 Cet accord pourrait s'élever à combien d'euros pour l'exportation coréenne vers l'UE?

① 65 milliards d'euros ② 19 milliards d'euros
③ 12 milliards d'euros ④ 1,6 milliard d'euros

어휘정리

bilatéral 쌍방의, 양자 간 au terme de … 끝에, 막바지에 en vigueur (법령이) 시행 중인, 발효된 s'élever à (+ 수량) …에 달하다 générer 낳다, 산출하다, 발생시키다 maritime 해상의, 해양의 / 연안의 / 해군의 bénéficier de …의 혜택을 받다 manufacturier 공업에 종사하는 tirer profit de …을 (유익하게) 이용하다, 이득을 얻다 dans la pratique 실제적으로, 일상생활에서 à hauteur de (+ 수량) … 정도의 pharmacie ⓕ 약학 / 약국 / (집합적) 약품(류) désavantageux 불리한 sauvegarde ⓕ 보호, 수호 / (정보 파일의) 복사하기, 백업

본문해석

유럽연합은 2년 이상의 논의 끝에 한국과 대규모의 양자 간 무역협정을 체결하였다. 이 협정이 발효될 때, 현재 연간 650억 유로에 달하는 교역이 절반이나 증가할 것이다. 이 협정은 190억 유로 이상의 새로운 대(對) 한국 유럽 수출을 창출할 것이며, 역(逆)방향 으로 120억 유로를 창출할 것이다. 해상 운송, 정보통신, 금융 · 법률 · 환경 서비스가 이 협정의 최대 수혜 부문이 될 것이다. 유럽 농업과 마찬가지로 제조업 역시 이득을 얻을 것이다. 실질적으로, 현재 유럽 수출에 연간 16억 유로 정도 부과되는 많은 관세 장벽이 완전히 또는 부분적으로 철폐될 것이다. 전자, 의약품, 자동차 업종에서도 비관세 장벽이 철폐될 것이다. 그리하여 한편으로는 이 업종에서 많은 유럽 기업들이 한국과의 경쟁에 맞서 불리한 상황에 처할 것이라는 우려를 표명하였으며, 그래서 특별 보호 조치가 취해져야 한다.

정답 1. ③

51 핵 안보 정상회의

Les 47 participants au sommet de la sécurité nucléaire de Washington se sont engagés à parvenir en quatre ans à une sécurisation des matériaux fissiles courant le risque d'être détournés par des terroristes. La déclaration finale du sommet fait de ce risque "l'une des menaces les plus redoutables" pour le monde. Pour pérenniser cette action de sécurisation, les États-Unis et le Canada ont appelé à la création d'un fonds de 10 milliards de dollars. Et le président américain a révélé qu'une deuxième édition du sommet aurait lieu en 2012 en Corée du Sud, un choix hautement symbolique étant donné que son voisin et ennemi, la Corée du Nord, s'est retrouvé au ban des nations pour s'être dotée de la bombe atomique. Le président sud-coréen a affirmé que Pyongyang serait invité à ce prochain rassemblement s'il s'engageait à abandonner son arsenal nucléaire, et a exhorté le régime nord-coréen à reprendre les pourparlers à six lors desquels il s'était engagé à renoncer à la bombe atomique en échange d'une aide économique et de garanties sur sa sécurité.

Q1 Pourquoi un fonds de 10 milliards de dollars va-t-il être collecté?

① pour assurer la sécurisation du nucléaire
② pour lutter pour le respect des droits de l'homme en Corée du Nord
③ pour reprendre les pourparlers à six
④ pour financer le sommet de la Sécurité nucléaire

어휘정리

sécurisation ⓕ 안전화, 안심시키기 matériaux ⓜ ⓟⓛ 재료 fissile ⓐ 핵분열의 détourner 유용하다, 빼돌리다 redoutable ⓐ 위험한, 두려운 étant donné que (+ ind.) …이기 때문에 au ban de …에서 추방된, 따돌림을 받는, 지탄 받는 se doter de …을 갖추다, 보유하다 exhorter (qn) à (+ inf.) …에게 …을 권하다, 설득하다 pourparlers ⓜ ⓟⓛ 회담 lors de (+ 명사) … 때에 en échange de …의 대가로, … 대신

본문해석

워싱턴 핵안보 정상회의 47개 참가국들은 4년 내로 테러리스트들의 수중에 넘어갈 위험이 있는 핵물질을 안전하게 확보하기로 약속했다. 정상회의의 최종 선언은 이 위험을 "세계에 가장 위험한 위협 중 하나"로 만들었다. 이 핵 안전 확보 활동을 지속시키기 위해, 미국과 캐나다는 100억 달러의 기금 마련을 촉구했다. 미 대통령은 제2차 정상회의가 2012년에 한국에서 개최될 것이라고 밝혔는데, 한국의 이웃이자 적국인 북한이 핵폭탄을 보유하고 있어 국가들로부터 지탄을 받고 있기 때문에 아주 상징적인 선택이다. 한국 대통령은 북한이 핵무기 포기를 약속한다면 다음 번 모임에 초대될 것이라고 말하였으며, 북한 정권에게 6자 회담 재개를 촉구하였다. 6자 회담 때 북한 정권은 경제 원조와 안전보장의 대가로 핵폭탄을 포기하기로 약속했었다.

정답 1. ①

52 서구의 몰락과 신흥 국가들의 대두

La conférence de Copenhague a ouvert une ère nouvelle en clôturant le monopole de l'Occident dans la gestion du capitalisme. La crise économique a non seulement affaibli l'Occident, mais elle a aussi ruiné sa crédibilité dans la régulation du capitalisme. Uni derrière la Chine, le monde émergent a fait savoir à Copenhague qu'il entendait traiter les enjeux environnementaux, mais qu'il refusait de leur sacrifier son développement et sa souveraineté. L'échec de Copenhague annonce des discussions très tendues autour des règles commerciales, des monnaies, de la régulation des marchés, de la protection des investissements et des droits de propriété, en bref, des normes du (ⓐ) universel. En témoigne le durcissement des relations entre les États-Unis et la Chine. Il est indispensable de créer de nouvelles institutions, à l'image du G20, et d'ouvrir les institutions existantes aux nouvelles puissances du Sud. La stabilisation et la régulation de l'économie mondiale ne peuvent s'effectuer sans l'appui du Sud.

Q1 Ce texte parle principalement d'un sujet à caractère :

① diplomatique ② technique
③ humanitaire ④ financier

Q2 문맥 상 ⓐ에 들어갈 적절한 단어는?

① pragmatisme ② capitalisme
③ protectionnisme ④ marasme

어휘정리

ère ⓕ 시대, 시기 / 기원, 서기 clôturer 마감(종결)하다, 폐막하다 monopole ⓜ 독점 ruiner 파산하다 / 손상(실추)시키다, 무너뜨리다 crédibilité ⓕ 신뢰성, 신빙성 régulation ⓕ 규제, 제어 sacrifier 희생시키다 propriété ⓕ 소유, 재산 en bref 간단히 말해서 témoigner de …을 증명하다 / (사물 주어) …의 증거(표시)이다 durcissement ⓜ 응고, 경화, 강화 / 경색 indispensable 필수불가결한, 꼭 필요한 à l'image de …의 형상을 본 따서 stabilisation ⓕ 안정화 s'effectuer 실행되다 appui ⓜ 지지, 지원

본문해석

코펜하겐 회의는 자본주의 경영에 있어 서구의 독점을 종식시키면서 새로운 시대를 열었다. 경제 위기는 서구를 약화시켰을 뿐 아니라, 자본주의 규제에 있어 서구의 신뢰를 실추시켰다. 중국 뒤에 모인 신흥 세계는 코펜하겐에서 환경 쟁점들을 논하기는 하겠지만, 그 환경 쟁점들에 자신의 발전과 주권을 희생시키기를 거부한다는 것을 보여주었다. 코펜하겐의 실패는 통상 규칙, 통화, 시장 규제, 투자 보호, 재산권, 간단히 말해 자본주의의 보편적 규범에 관한 아주 팽팽한 격론을 예고한다. 미국과 중국의 관계 경색이 그 증거이다. G20을 본 따서 새로운 기구들을 창설해야 하고, 남반구의 신(新) 강국들에게 기존의 기구들의 문호를 개방하는 것이 꼭 필요하다. 세계 경제의 안정화와 규제는 남반구 국가들의 지원 없이는 이루어질 수 없다.

정답 1. ④ 2. ②

53 유엔 인권위원회

La 7ème session du Conseil des droits de l'homme des Nations unies s'est ouverte à Genève. Les travaux des 47 pays membres se sont déroulés jusqu'au 28 mars. Dans son discours inaugural, le secrétaire général des Nations unies a appelé le Conseil à l'impartialité, à la suite de critiques l'accusant d'être excessivement concentré sur le conflit israélo-palestinien. Il a ainsi demandé aux 47 pays membres de s'écarter d'une pratique de toujours cibler les mêmes pays, les mêmes situations tout en négligeant des violations systématiques commises en d'autres coins du monde. Pour le patron de l'ONU, le Conseil doit échapper aux coalitions politiques de circonstance pour ≪à tout moment faire face à toutes les attaques aux droits de l'homme, quel que soit le lieu où elles se produisent≫

Q1 Quelle réunion s'est tenue à Genève?

① une réunion du conseil d'État
② une réunion de l'ONG (Organisation non gouvernementale)
③ une réunion du Conseil des droits de l'homme de l'ONU
④ une réunion du Conseil de Sécurité de l'ONU

어휘정리

session ⓕ (의회의) 회기, (대학의) 시험기간　travaux ⓜ ⓟⓛ 심의, 토의, 공사, 연구실적, 저작　se dérouler 전개되다, 진행되다　appeler (qn à qc /inf.) …을(에게) …하도록(에) 부르다, 요구하다, 소환하다　impartialité ⓕ 공정, 객관성　concentré sur …에 집중된, 농축된　s'écarter de 벗어나다　pratique ⓕ 관행, 관습 / (업무의) 수행, 시행　cibler 대상을 한정짓다　violation ⓕ 위반, 위배　échapper à …에서 벗어나다

coalition ⓕ 동맹연합, 제휴, 결탁 de circonstance 임시변통의, 때맞춘, 시사적인, 일시적인 faire face à …에 맞서다, 저항하다 attaque ⓕ 공격, 침해, 논박 quel que soit (+ 명사) …이건 간에

본문해석

유엔 인권위원회 7차 회의가 제네바에서 개막되었다. 47개 회원국의 토의가 3월 28일까지 진행되었다. 기조연설에서, 유엔 사무총장은 인권위가 이스라엘-팔레스타인 분쟁에 지나치게 집중되어 있다고 비난한 후에, 인권위에 공정성을 촉구했다. 이처럼 그는 세계 다른 곳에서 자행되는 조직적인 위반을 소홀히 하면서 항상 같은 국가, 같은 상황에 대상을 한정짓는 관행에서 벗어나라고 47개 회원국에 요청했다. 유엔 수장에게 있어서, 인권위는 "인권 침해가 일어나는 곳이 어디건 간에, 항상 모든 인권 침해에 맞서기" 위해 임시변통의 정치 결탁에서 벗어나야 한다.

정답 1. ③

스위스 제네바에 있는 유엔인권이사회(UNHRC) 본부

54 사형폐지

La peine de mort n'existe plus dans aucun des pays de l'Union européenne qui fait même, de son abolition dans le monde, l'un de ses combats. Les 27 pays de l'Union européenne ont ainsi soumis cette année à l'Assemblée générale des Nations unies une résolution demandant un moratoire universel de la peine capitale encore maintenue dans 68 pays et appliquée dans 25 d'entre eux. C'est dans l'esprit de cette mobilisation que l'Union souhaitait organiser une journée européenne contre la peine de mort, le 10 octobre, à la même date que la journée mondiale. Mais les 27 pays membres n'avaient pu réunir l'unanimité sur cette question au mois de septembre. La Pologne s'y était opposée sauf à l'élargir à une journée de défense de la vie, pour y inclure l'interdiction de l'euthanasie et de l'avortement.

Le 9 octobre 1981, la peine de mort était abolie en France. 25 ans plus tard, les Français sont majoritairement contre la peine capitale. 4 Français sur 10 se disent favorables au rétablissement de la peine de mort, 5 sur 10 y sont opposés. En réalité, la question ne fait plus débat. Elle avait pourtant déchaîné les passions pendant deux siècles. Le rétablissement serait presque impossible aujourd'hui. La France a notamment signé la Convention européenne des droits de l'homme qui lui interdit de rétablir la peine de mort, même en temps de guerre. De plus, si elle rétablissait la peine de mort, la France irait à l'encontre d'un mouvement planétaire en faveur de sa suppression.

어휘정리

peine de mort (= peine capitale) ⓕ 사형 abolition ⓕ 폐지 combat ⓜ 전투, 싸움, 투쟁 résolution ⓕ 결의, 결심 moratoire ⓐ 유예하는, 지불 유예의 / ⓜ (지불) 유예 명령 unanimité ⓕ 만장일치 sauf …을 제외하고, …이 아니라면 inclure 넣다, 동봉하다, 포함(내포)하다 euthanasie ⓕ 안락사 avortement ⓜ 낙태 débat ⓜ 토론, 언쟁, 말다툼 déchaîner (여론을) 불러일으키다, 유발하다, 휘몰아치게 하다, 사슬을 풀어주다 rétablissement ⓜ 복원, 복구, 복귀 convention ⓕ (개인 간의) 합의 / (국가 간의) 협약, 조약, 협정 à l'encontre de …에 반대하여(로) planétaire 행성의 / 전 세계의, 세계적 규모의 en faveur de (qc) …찬성하여, 고려하여 / (qn) …에게 호의적으로, 유리하게

본문해석

사형은 유럽연합 국가들 중 그 어떤 국가에서도 더 이상 존재하지 않으며, 심지어 유럽연합은 세계에서의 사형폐지를 투쟁 중의 하나로 삼고 있다. 이처럼 올해에 유럽연합 27개국은 아직도 68개국에서 유지되고 있고, 그 국가들 중 25개국에서 실행되고 있는 사형의 범세계적인 집행유예를 요구하는 결의안을 유엔총회에 제출했다. 바로 이러한 결속의 마음에서, 유럽연합은 '세계 사형반대의 날'과 같은 날인 10월 10일에 '유럽 사형반대의 날'을 주최하기를 원했다. 그러나 27개 회원국은 9월달에 이 문제에 대해 만장일치를 모을 수 없었다. 폴란드가 이 문제에 반대했는데, 안락사와 낙태 금지를 포함시키기 위해서 '생명보호의 날'로 확대하자고 하였다.

1981년 10월 9일, 사형이 프랑스에서 폐지되었다. 25년 후에, 프랑스인들은 과반수가 사형에 반대한다. 프랑스인 10명 중 4명이 사형 복원에 호의적이라고 말하며, 10명 중 5명이 사형에 반대한다. 사실상, 이 문제는 더 이상 논쟁이 되지 않는다. 하지만 이 문제는 2세기 간 격론을 불러일으켜 왔다. 오늘날 복원은 거의 불가능하다. 특히 프랑스는 전시(戰時)에 조차도, 사형 복원을 금지하는 '유럽인권 협약'에 조인했다. 게다가 프랑스가 사형을 복원한다면, 사형폐지를 지지하는 전 세계적인 움직임에 역행하는 것이다.

사형반대 집회

55 외교원칙

La France exerce depuis longtemps une influence au niveau international, même si cette influence est, de nos jours, moins importante que dans le passé. Il ne faut pas oublier qu'elle a été le premier pays à posséder un réseau d'ambassadeurs et que le français a été, jusqu'à la Première Guerre mondiale, la langue de la diplomatie.

Le premier principe qui guide la politique étrangère, sous l'impulsion du général de Gaulle, dans les années soixante, est celui d'indépendance. Ainsi, la France assure sa défense de façon autonome. Le second principe officiel est celui de la recherche de la solidarité avec les autres pays afin de favoriser le progrès de la paix, de la démocratie et du développement. La France est l'un des cinq membres permanents du Conseil de sécurité des Nations unies depuis sa création en 1945. Le siège de l'Unesco (Organisation des Nations unies pour l'éducation, la science et la culture) est à Paris. Des écrivains, des hommes politiques, des citoyens défendent en France les droits de l'homme depuis le siècle des Lumières (XVIIIe siècle), et la Déclaration des droits de l'homme et du citoyen a été rédigée en 1789. Plus récemment, en 1948, c'est à Paris que la Déclaration universelle des droits de l'homme a été adoptée.

Q1 Quand est-ce que le français a été la langue de la diplomatie?

① dans les années 60

② jusqu'à la première Guerre mondiale

③ depuis le siècles des Lumières

④ jusqu'à la deuxième guerre mondiale

Q2 Quand est-ce qu'a été adoptée la Déclaration universelle des droits de l'homme?

① en 1789　　② en 1945

③ en 1948　　④ au dix-huitième siècle

어휘정리

de nos jours 오늘날에는, 오늘날의　réseau ⓜ 그물, 조직망, 네트워크　diplomatie ⓕ 외교　impulsion ⓕ 추진, 촉진, 고무 (sous l'impulsion de …의 자극을 받아, …에 이끌려서)　autonome 독자적인, 자율적인　favoriser 혜택을 주다, 유리하게 작용하다　permanent 상설의, 상임의 / 항구적인, 영속적인　Conseil de sécurité ⓜ (국제연합의) 안전보장이사회　rédiger 작성하다

본문해석

오래전부터 프랑스는 국제적인 차원에서 영향력을 행사했다. 오늘날 이러한 영향이 과거에서 보다 덜 막강하다 할지라도 말이다. 프랑스가 대사(大使) 조직망을 보유한 최초의 국가였으며, 프랑스어가 제1차 세계대전까지 외교어였음을 잊어서는 안 된다.

1960년대에 드골 장군의 영향으로 대외 정책을 이끄는 제1 원칙은 자주의 원칙이다. 이처럼 프랑스는 독자적으로 자국 방위를 확고히 한다. 공식적인 제2 원칙은 평화, 민주주의 그리고 개발의 진보를 증진시키기 위한 타국과의 연대 추구의 원칙이다. 프랑스는 1945년 유엔 창설 이래로 유엔(국제연합) 안전보장이사회 상임이사 5개국 중의 하나이다. 유네스코 ('국제연합 교육과학문화기구') 본부는 파리에 있다. 프랑스에서 작가, 정치인, 국민들은 계몽의 세기 (18세기) 이래로 인권을 옹호해왔으며, '인간과 시민의 권리'(즉 '인권선언')는 1789년에 작성되었다. 더 최근인 1948년에 파리에서 '세계 인권선언'이 채택되었다.

정답 1. ②　2. ③

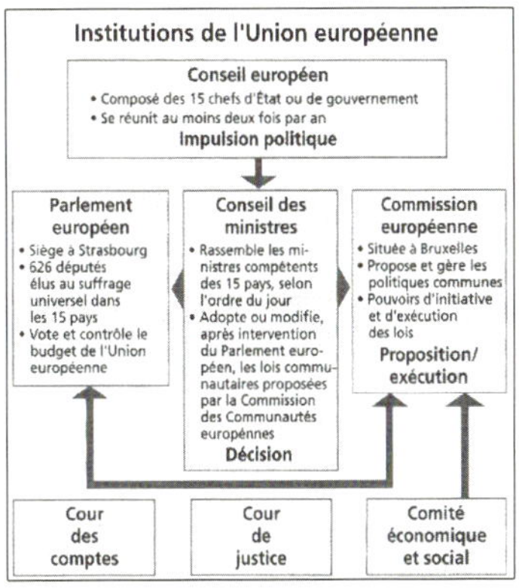

56 프랑스 행정구역

Le territoire français est divisé (ⓐ) plusieurs milliers de communes. À la tête de chacune d'elles, se trouve un maire chargé d'administer le territoire communal. Il est aidé dans son travail d'administration par un certain nombre de conseillers municipaux qui forment le conseil municipal. Celui-ci s'occupe des affaires de la municipalité. Il a la charge des questions d'ordre administratif. Les conseillers municipaux sont élus directement par les habitants de la commune âgés au moins de 18 ans. Tous les Français ayant atteint leur majorité sont électeurs. Les élections ont lieu tous les six ans. Les conseillers municipaux élisent l'un d'entre eux pour les présider, c'est le maire. La municipalité se réunit régulièrement pour discuter des affaires publiques.

Q1 괄호 ⓐ에 들어갈 전치사는?

① de ② par

③ à ④ en

Q2 윗 글의 내용과 일치하지 않는 것은?

① 시의회 의원 선거는 6년마다 열린다.

② 각 코뮌마다 시장이 있으며, 시장은 행정을 책임진다.

③ 시의회 의원과 시장은 주민들에 의한 직접 선거로 선출된다.

④ 프랑스에서 18세 이상의 국민들이 투표권을 가진다.

어휘정리

territoire ⓜ 영토 commune ⓕ (프랑스의) 최소 행정구(시, 읍, 면) maire ⓜ 시장 conseiller municipal ⓜ 시의원 municipalité ⓕ (자치의) 시, 읍, 면 élection ⓕ 선거, 선출 (ⓥ élire 선출하다, 선거하다 / électeur 유권자) majorité ⓕ 과반수, 대부분 / (법) 성년 avoir lieu …이 일어나다, 발생하다, 개최하다 présider 주재하다

본문해석

프랑스 영토는 수천 개의 코뮌으로 나뉘어져 있다. 각 코뮌의 수장으로는 그 지역의 행정을 담당하는 시장이 있다. 시장은 행정업무에 있어, 시의회를 구성하고 있는 여러 시의원들의 도움을 받는다. 시의회는 시 업무를 맡고 있으며, 행정 부문에 관한 문제를 관장하고 있다. 시의원은 최소 18세 이상의 코뮌의 주민들에 의해 직접 선거로 선출된다. 성년에 이른 모든 프랑스 국민이 유권자이다. 선거는 6년마다 시행된다. 시의원들은 그들을 주재하기 위해 일원 중에서 한 명을 선출하는데, 그가 바로 시장이다. 시 당국은 공적 업무에 대해 토의하기 위해 정기적으로 모임을 갖는다.

정답 1. ④ 2. ③

프랑스 행정구역 지도

57 프랑스 의회와 정치 체제

Le Parlement vote le budget qui prévoit les dépenses et les recettes annuelles de l'État. Ces dernières proviennent des impôts, c'est-à-dire de l'argent demandé aux citoyens.

Le Parlement vote aussi les lois, c'est-à-dire les règles que tous doivent suivre dans l'État. Les lois précisent aussi les droits de chacun dans la société. On appelle les institutions l'ensemble des structures politiques et sociales d'un pays.

Les députés qui partagent les mêmes opinions politiques forment (ⓐ). Dans une démocratie, tous les citoyens naissent et demeurent libres et égaux en droits. Il existe donc toujours plusieurs partis qui s'opposent les uns aux autres. Il y a ainsi une opposition politique. À l'Assemblée nationale et au Sénat, les membres des partis conservateurs (ⓑ) à droite, leurs opposants (ⓑ) à gauche.

La France est une république depuis plus de cent ans. On peut voir dans toutes les mairies de France, le buste de Marianne et le portrait du chef de l'État. L'hymne national de la France s'appelle la Marseillaise.

Q1 Qu'est-ce qui n'est pas mentionné dans le texte?

① 국가원수의 역할 ② 프랑스 국가(國歌)
③ 시청의 마리안 흉상 ④ 하원과 상원에서의 좌-우파의 좌석 배치

Q2 ⓐ와 ⓑ에 들어갈 적절한 표현은?

① un groupe - tournent ② une association - prennent
③ un parti - siègent ④ une partie - s'asseyent

어휘정리

parlement 의회　voter 투표하다 / (타동사) (투표로) 가결(표결, 의결)하다　budget ⓜ 예산　recette ⓕ 수입, 요리법　impôt ⓜ 세금　institution ⓕ 체제　parti ⓜ 정당　conservateur ⓐ 보수주의의 / ⓜ 보수주의자(파)　siéger 자리(의석)을 차지하다 / ~ à …에 본부(본사)를 두다　avoir l'habitude de …하는 습관이 있다　buste ⓜ 상반신, 흉상, 반신상　hymne ⓜ 찬가 / ~ national 국가

본문해석

의회는 국가의 매해 지출과 수입을 예상하여 짜여진 예산을 의결한다. 후자(수입)는 국민에게 거둬들인 돈인 세금에서 나온다.

의회는 국가의 모든 사람들이 따라야 하는 규칙인 법률을 의결하기도 한다. 또한 법은 사회 각 일원의 권리를 명시한다. 체제란 국가의 정치-사회 구조 전체를 부르는 것이다.

같은 정치적 의견을 갖고 있는 의원들은 정당을 만든다. 민주주의에서 모든 국민은 권리 상 자유롭고 평등하게 태어나서 살아간다. 그래서 항상 서로 의견을 달리하는 여러 정당이 존재한다. 이리하여 정치적 야당이 있다. 하원과 상원에서, 보수 정당 의원들은 오른쪽 의석에 앉고, 반대파 의원들은 왼쪽에 앉는다.

프랑스는 100여 년 전부터 공화정이다. 프랑스 모든 시청에서는 마리안 흉상과 국가원수의 초상화를 볼 수 있다. 프랑스 국가(國歌) 이름은 '라마르세예즈'이다.

정답 1. ① 2. ③

프랑스 국가악보

58 프랑스 선거

Les élections constituent le moment le plus important de la vie politique et démocratique. En France, elles ont lieu le dimanche et sont organisées en deux tours. Si, au premier tour, un candidat obtient plus de 50% des votes, il est élu. Dans le cas contraire, on vote une deuxième fois et le candidat qui obtient le plus grand pourcentage de voix est élu.

L'élection présidentielle est celle qui mobilise le plus les Français : elle est la plus passionnée, riche en coups de théâtre et rebondissements ; les journalistes politiques observent et analysent les stratégies et les tactiques des futurs ou possibles candidats ; les instituts de sondage donnent régulièrement les chances de l'un ou l'autre des candidats. Le moment clé de cette élection est l'unique débat entre les deux candidats qui s'opposent au deuxième tour de l'élection. Cette dernière se gagne parfois à quelques dizaines de milliers de voix près.

L'autre élection qui mobilise les Français est l'élection des maires des 36 000 communes de France où les problèmes de vie quotidienne, de cadre de vie, les passions locales passent avant les préoccupations nationales. La commune est la plus petite unité administrative de la République.

Q1 De quelles élections est-il question dans ce document? (plusieurs possibilités)

① des élections législatives

② des élections présidentielles

③ des élections municipales

④ des élections sénatoriales

어휘정리

tour ⓜ 차례, 순번 (le premier tour d'élections 1차 투표) vote ⓕ 표, 투표, 가결 voix ⓕ (선거의) 표, 목소리 mobiliser 동원하다 coup de théâtre ⓜ 반전 rebondissement ⓜ 예상치 못한 일, 새로운 전개 stratégie ⓕ 전략 tactique ⓕ 전술 chances ⓟⓛ 확률, 가능성 maire ⓜ 시장 cadre ⓜ (주변) 환경 / 틀, 배경

본문해석

선거는 정치 생활과 민주주의 생활의 가장 중요한 순간이다. 프랑스에서 선거는 일요일에 실시되며, 2번의 투표로 이루어진다. 1차 투표에서 한 후보가 50% 이상을 득표하면 선출된다. 반대의 경우에 2차 투표를 하게 되는데 최다득표자가 선출된다.

대통령 선거는 가장 많은 프랑스인이 참여하는 선거이다. 대통령 선거가 가장 열띠고, 반전과 돌발 사건들로 가득 차 있기 때문이다. 정치부 기자들은 차기 후보나 예비주자들의 전략과 전술을 주시하고 분석한다. 여론 조사 기관들은 정기적으로 두 후보의 당선 확률을 정기적으로 제공한다. 대통령 선거의 주요 순간은 2차 결선 투표에서 맞서는 두 후보 사이에 이루어지는 단 한 번의 토론이다. 때로는 이 결선 투표에서 약 몇 십만 표로 승리를 거두기도 한다.

프랑스인들을 동원하는 다른 선거는 프랑스의 36,000 코뮌의 시장 선거로써, 이 선거에서는 일상생활과 생활환경의 문제와 애향심이 국가적 현안보다 앞선다. 코뮌은 프랑스 공화국의 최소 행정 단위이다.

정답 1. ②, ③

59 프랑스의 정치제도

Le Chef d'État : C'est le président de la République, élu pour cinq ans au suffrage universel, à la majorité absolue. Il est chef de l'exécutif et il nomme et révoque le Premier ministre. Il peut dissoudre l'Assemblée nationale et soumettre des projets de loi importants à un référendum.

Le gouvernement : Le Premier ministre dirige l'action du gouvernement composé de ministres et de secrétaires d'État nommés et révoqués par le président sur proposition du Premier ministre. Il est responsable devant le Parlement avec qui il partage l'initiative des lois.

Le Parlement : Il est composé de deux chambres : l'Assemblée nationale et le Sénat. Les 577 députés de l'Assemblée nationale sont élus pour cinq ans au scrutin universel à deux tours. Les 321 sénateurs sont élus pour six ans au suffrage indirect par un collège composé des députés, conseillers généraux, maires et conseillers municipaux et renouvelables par la moitié tous les trois ans. Les projets de lois sont soumis aux deux chambres.

Q1 Qu'est-ce que le Parlement?

① l'Assemblée nationale
② le Sénat
③ l'Assemblée nationale et le Sénat
④ le conseil général et le conseil municipal

Q2 윗 글의 내용과 일치하지 않는 것은?

① 대통령은 상・하원을 해산할 수 있다.
② 대통령의 임명을 받는 총리는 정부의 활동을 지휘한다.
③ 의회는 상・하원 양원제이다.
④ 상원의원의 임기는 6년, 국회의원의 임기는 5년이다.

어휘정리

suffrage universel ⓜ 보통선거 exécutif ⓐ (법) 집행의, 행정의 / ⓜ 행정부 révoquer 해임하다, 파면하다/ 철회하다, 취소하다 dissoudre 해산하다/ 녹이다, 용해하다 soumettre 복종(종속)시키다 / (심사, 투표에) 회부하다, 부치다 référendum ⓜ 국민투표 secrétaire d'État ⓜ 정무차관 initiative ⓕ 시도 / 발의(권), 제창/ ⓟⓛ 솔선행위, 주도/ 주도권, 결정권 chambre ⓕ 의회 scrutin ⓜ 투표 sénateur ⓜ 상원의원 collège ⓜ (선거구 내의) 유권자, 투표자 집단 (collège électoral 선거인단) conseiller général ⓜ 도의원 renouvelable 교체하는, 갱신하는, 재생 가능한

본문해석

국가 원수 : 국가 원수는 보통선거로 절대 과반수를 얻어 5년 임기로 선출된 대통령이다. 대통령은 행정부의 수반이고, 총리를 임명하고 해임한다. 대통령은 국회를 해산하고, 주요 법안을 국민 투표에 부칠 수 있다.

정부 : 총리는 장관과 정무 차관으로 구성된 정부의 활동을 지휘하는데, 장관과 정무차관은 총리의 제청으로 대통령이 임명하거나 해임한다. 총리는 법안 발의권을 공유하고 있는 의회에 대해서 책임진다.

의회 : 의회는 양원, 즉 국회와 상원으로 구성되어 있다. 국회의 577명의 의원은 2회제 보통 선거방식을 통해 5년 임기로 선출된다. 321명의 상원은 국회의원, 도의원, 시장, 시의원으로 구성된 선거인단에 의한 간접선거를 통해 6년 임기로 선출되며, 3년마다 절반씩 교체된다. 법안은 양원의 투표에 부쳐진다.

정답 1. ③ 2. ①

프랑스 대통령관저(엘리제궁)

60 프랑스의 지방분권 정책

Il a fallu attendre 1972 pour que soient créées 22 autorités régionales, mais ce n'est qu'en 1982 qu'une loi a déterminé ≪les droits et libertés et la répartition des compétences des communes, des départements et des régions≫ qui ont obtenu alors une autonomie assez large. Les conseils régionaux, élus pour six ans, ont leur propre budget et s'occupent directement du développement économique, social et culturel de leur région.

Les départements et les communes ont la responsabilité des problèmes locaux de routes, de circulation, d'urbanisme et d'enseignement.

Q1 De quoi traite ce texte?

① la centralisation du pouvoir
② l'élection législative
③ le budget des départements
④ l'autonomie communale

어휘정리

autorité ⓕ 정부, 관청 / ⓟⓛ 당국 déterminer 결정짓다, 명확히 하다 répartition ⓕ 분배, 할당 / 분류 compétence ⓕ 권한, 관할(=autorité, pouvoir) commune ⓕ 코뮌 (프랑스의 최소 행정 단위) département ⓜ (행정 구역의) 도(道) région ⓕ (여러 도를 묶는) 지역권, 광역지방 autonomie ⓕ 자치(권), 자립, 자율 local 지방의, 국부의 urbanisme ⓜ 도시계획, 도시공학

본문해석

22개의 지방 행정 구역이 만들어지기 위해서는 1972년을 기다려야 했다. 하지만 ≪코뮌, 도(道), 광역지방의 권리와 자유, 권한의 분배≫가 법으로 정해져 비교적 폭넓은 자치권을 획득하게 된 것은 1982년에 이르러서였다. 6년 임기로 선출된 지방의회는 자체 예산을 가지고 있으며, 관할 지방의 경제, 사회, 문화적 발전을 직접적으로 맡고 있다.

도(道)와 코뮌은 도로, 교통, 도시계획, 교육 분야의 지방 문제에 대한 책임을 가진다.

정답 1. ④

프랑스 정치 · 행정 구조

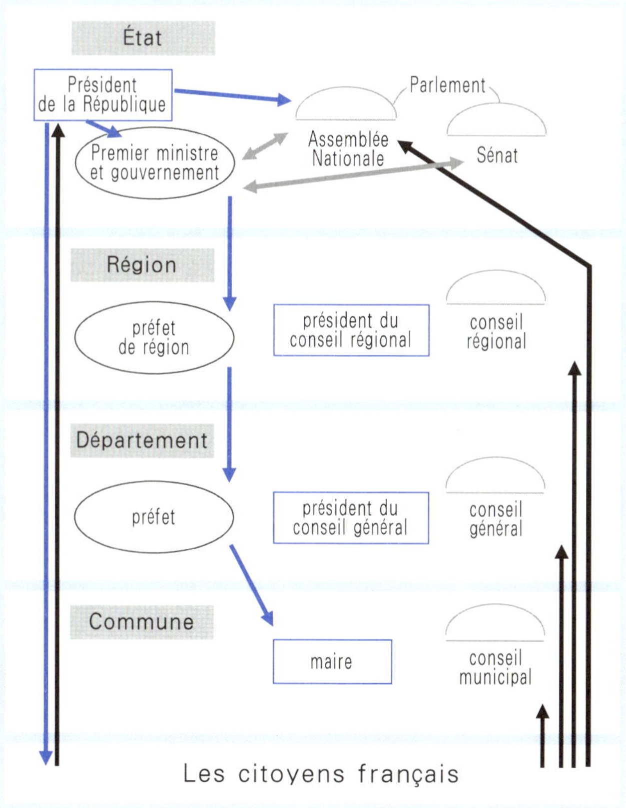

61 인종차별주의

Le racisme figure parmi les problèmes les plus importants de notre époque. Il se manifeste sous les formes les plus diverses. En effet, ≪du seul fait de son appartenance à une race, une religion et, plus récemment, une génération≫, un homme peut se voir accablé de critiques et de mépris. Mais il est significatif que cette intolérance ait été stigmatisée et combattue au cours des siècles.

D'abord, le racisme ne consiste pas à reconnaître les différences entre les peuples, mais à refuser ces différences. En effet, le fait de reconnaître ces différences serait plutôt un acte d'acceptation, de <u>tolérance</u>. ⓐ

Mais si le racisme se manifeste à propos de la race, il se trouve aussi dans le domaine de la religion. Le massacre de la Saint-Barthélemy en 1572 est là pour (　ⓑ　) témoigner.

Cependant le racisme ne se contente pas de se manifester au niveau racial et théologique. Il se manifeste également depuis quelques années à l'échelon des générations.

Q1 밑줄 친 ⓐ의 반대말은 intolérance 이다. 다음 단어들의 반대말을 만들 때, 이처럼 접두사 in-이 붙지 않는 것은?

① utile　　② capable
③ prudent　　④ cohérence

Q2 괄호 ⓑ안에 들어갈 대명사는?

① le　　② y
③ lui　　④ en

Q3 다음에 이어 나올 내용으로 가장 적당한 것은?

① 차별주의에 대한 각 세대의 다른 반응
② 세대 간 몰이해와 불신
③ 인종차별에 대한 비난과 추방운동
④ 여러 형태의 사회적 차별 제시

어휘정리

figurer 표시하다, 나타내다 / ⓥⓘ 모습을 모이다, 나타나다 racisme ⓜ 인종차별주의, (특정사회집단에 대한) 적의, 차별 appartenance (à) ⓕ 소속, 귀속 race ⓕ 인종 accabler 짓누르다, (욕설, 비난 따위를) 퍼붓다 stigmatiser 비난하다, 오명을 씌우다 combattre (qn) …와 싸우다 / (qc) …에 저항하다, 반대하다 tolérance ⓕ 관용 massacre ⓜ 학살 se contenter de 만족해하다 / (~ + inf. …으로 그치다) échelon ⓜ 계단, 단계, 등급

본문해석

차별주의는 우리 세기의 가장 중요한 문제들 중의 하나이다. 차별주의는 아주 다양한 형태로 나타난다. 실제로 ≪어떤 인종, 종교, 최근에는 어떤 세대에 속한다는 이유 하나만으로≫ 한 인간이 비난과 멸시를 받게 될 수 있다. 이러한 편협성은 여러 세기를 거쳐 비난받아왔고, 저항을 받았다는 것은 의미 있는 일이다.

우선 차별주의는 민족 간의 차이점을 인정하는 데 있는 것이 아니라, 이 차이점을 거부하는 데 있다. 사실상, 이 차이점을 인정한다는 사실은 오히려 용인과 관용의 행위일 것이다.

차별주의가 인종 문제에서 나타나고 있는 반면, 종교의 영역에서도 존재하고 있다. 1572년의 성바르톨로메오의 학살이 그것을 증명하고 있다.

그렇긴 해도 차별주의는 인종과 종교 차원에서 나타나는 것으로 그치지 않는다. 몇 년 전부터 차별주의는 세대 간에도 나타나고 있다.

정답 1. ③ 2. ④ 3. ②

62 난 민

Selon la convention de Genève, (ⓐ) est ≪une personne qui se trouve hors de son pays d'origine car elle craint d'y être persécutée du fait de sa race, de sa religion, de sa nationalité, de son appartenance à un certain groupe social ou de ses opinions politiques. Elle ne peut ou ne veut se réclamer de la protection de ce pays ou y retourner par crainte de subir des persécutions≫.

Le Haut Commissariat des Nations Unies pour les réfugiés (UNHCR), organisation internationale qui protège les réfugiés, demande aux États de faire la distinction entre réfugiés politiques et réfugiés économiques. Elle veut ≪éviter que le système de protection des réfugiés soit submergé par un flot de migrants obéissant à des motivations économiques≫.

Q1 괄호 ⓐ에 들어갈 적당한 어휘를 고르시오.

① un immigré ② un clandestin
③ un exilé ④ un réfugié

Q2 윗 글 중 첫 문단의 대답이 나올 수 있는 질문으로 적당한 것은?

① Le droit d'asile existe-il encore?
② Quelle distinction y a-t-il entre l'asile politique et l'asile économique?
③ Qu'est-ce qu'un réfugié?
④ Pourquoi doit-on protéger les immigrés?

어휘정리

convention ⓕ 협정, 협약, 조약　réfugié ⓝ 망명자, 난민 / ⓐ 피난한, 망명한　craindre de (+ inf.) …을 두려워하다　persécuter 박해하다, 핍박하다　du fait de (qc) … 때문에, …의 이유로　appartenance (à) ⓕ 소속, 부속 (ⓥ appartenir à)　réclamer 요청(요구)하다, 주장하다 (se réclamer de ~을 내세우다, 증언(보증)을 간청하다)　éviter que (+ sub.) …할 것을 피하다　submerger 침수시키다, (혼란의) 와중에 밀어 넣다　migrant ⓜ 이주민, 이동 동물(철새 따위)

본문해석

제네바 협정에 따르자면, 난민은 ≪자신의 인종, 종교, 국적, 어떤 사회단체에의 소속이나 정치적 의견 때문에, 박해받은 것이 두려워서 조국을 떠나 있는 사람이다. 그래서 난민은 조국의 보호를 간청할 수 없고 간청하기를 원치도 않으며, 박해를 받을까 두려워 조국으로 돌아갈 수도 없고 그러기를 원치도 않는다≫.

난민들을 보호하는 국제기구인 유엔 난민 고등 판무관실(UNHCR)은 정치적 난민과 경제적 난민을 구별할 것을 각 국가에 요구하고 있다. 이 기구는 난민 보호 제도가 경제적 동기에 의한 이주민들의 대량 발생에 의해 혼란에 빠지는 것을 피하고자 한다.

정답 1. ④　2. ③

63 〈국경없는 의사회〉

Le prix Nobel de la Paix 1999 a été attribué à l'association Médecins sans frontières. Cette association humanitaire avait été créée en décembre 1971, par de petits groupes de médecins français. Elle a été rapidement connue sous le signe MSF et a donné naissance à l'appellation ≪French doctors≫ dans le monde entier. Ces missionnaires de l'humanitaire, parfois au péril de leur vie, ont été présents dans presque tous les conflits du monde. L'organisation croître ⓐ peu à peu, des médecins de tous les pays rejoindre ⓑ les actions de MSF.

Au départ, c'était le besoin de soigner des malades et des affamés, la volonté de témoigner des horreurs vues au delà de nos frontières. Cette volonté, rapprochant médecins et journalistes, explique la formidable résonance médiatique dans l'opinion publique. En témoignant des dramatiques conséquences médicales et sanitaires des principaux conflits du globe, MSF a imposé, au fil du temps, l'humanitaire au cœur de l'action diplomatique. Pour l'heure, MSF devient, avec une centaine de permanents, la première organisation médicale d'aide d'urgence au monde.

Q1 Cette association a pour mission de :

① s'occuper des malades et des affamés
② se battre pour la paix mondiale
③ lutter contre la maltraitance envers les enfants
④ promouvoir les recherches médicales

Q2 밑줄 친 동사 ⓐ, ⓑ의 바른 변화는?

① est crue - ont rejoint ② a cru - ont rejoins
③ a crû - ont rejoint ④ a crue - ont rejoins

어휘정리

humanitaire ⓐⓝ 인도주의(의) donner naissance à …을 낳다, …을 일으키다, 초래하다 missionnaire ⓐⓝ 선교사(의), 포교자(의) au péril de sa vie(ses jours) 목숨을 걸고 au départ 처음에는, 초기에는 affamé ⓐⓝ 굶주린(사람) au delà de …의 저쪽으로 / 이상으로, …을 넘어서 résonance ⓕ 반향 sanitaire 보건의, 위생의 au fil de q.c …의 흐름을 따라 (au fil du temps 세월이 흐름에 따라) pour l'heure (구어) 지금으로서는, 지금은 permanent ⓐ 영속적인, 항구적인 / ⓝ (조합, 당의) 전임 직원, 전임 회원

본문해석

1999년 노벨 평화상은 '국경 없는 의사회'에 수여되었다. 이 인도주의 단체는 1971년 12월에 소그룹의 프랑스 의사들에 의해 창설되었다. 이 단체는 MSF라는 약자로 급속히 알려졌으며, 전 세계에 ≪프렌치 닥터≫라는 이름을 낳게 하였다. 이 인도주의 선교사들은 때로는 목숨을 걸고 세계의 거의 모든 분쟁지역에 모습을 드러내었다. 이 단체가 성장하여, 전 세계의 의사들이 MSF의 활동에 합류하였다.

초기에는, 환자와 굶주린 사람들을 돌보아야 하는 필요성과, 프랑스 국경 밖에서 일어나는 참사를 증언하려는 의지에서 생겨난 것이다. 의료 활동과 저널리즘을 접합시킴으로써, 이러한 의지는 미디어에서 여론 형성에 큰 반향을 불러일으켰다. 세계의 주요 분쟁지역의 의료-위생상의 비참한 상황을 증언함으로써, MSF는 시간이 흐름에 따라 인도주의를 주 의제로 삼는 외교 활동을 하도록 만들었다. 지금 MSF는 100여 명의 전임 회원을 가진 세계 제1의 긴급구조 의료 단체가 되었다.

정답 1. ① 2. ③

64 세계 속의 프랑스어

Le français est la deuxième langue étrangère enseignée après l'anglais. Il est parlé dans 37 pays et on estime que 120 millions de personnes sont francophones. Le français est parlé sur les cinq continents : en Afrique dans une vingtaine de pays ainsi qu'au Maghreb, en Amérique du Nord : au Québec et en Louisiane, en Europe : en Suisse, en Belgique, mais aussi en Guyane, en Nouvelle-Calédonie et dans l'Océan Indien.

Une organisation regroupe plusieurs pays qui ont en commun l'usage du français : les chefs des États francophones se réunissent régulièrement et collaborent dans le domaine de l'éducation et de la culture.

Q1 Quel est le sujet principal du document?

① les langues de 5 continents
② la francophonie
③ l'anglais
④ les langues étrangères

Q2 Quelle est l'affirmation exacte du texte?

① L'anglais est la première langue étrangère enseignée dans le monde.
② On parle anglais dans 37 pays.
③ Dans le monde, 12 000 personnes parlent français.
④ En Afrique, il y a une trentaine de pays francophones.

어휘정리

francophone (일상 언어로) 프랑스어를 사용하는, 프랑스어권(圈)의 continent ⓜ 대륙 Maghreb ⓜ 마그렙 (모로코, 튀니지, 알제리를 포함하는 북아프리카 지방) regrouper 통합하다, 결집하다 en commun 공동으로 collaborer 협력하다

본문해석

프랑스어는 영어 다음으로 많이 배우는 제2외국어이다. 프랑스어는 37개국에서 구사되고 있고, 1억 2천만 명이 프랑스어권이라고 추정된다. 프랑스어는 5대륙에서 쓰인다. 아프리카의 20여 개국과 북아프리카 마그렙, 북아메리카에서는 퀘벡과 루이지애나, 유럽에서는 스위스와 벨기에, 또한 남미의 기아나, 태평양의 뉴-칼레도니아, 인도양에서 상용된다.

프랑스어를 공동으로 사용하는 여러 국가들을 하나로 묶는 조직이 있다. 그래서 프랑스어권 국가원수들은 정기적으로 모임을 갖고, 교육과 문화 부문에서 협력을 도모한다.

정답 1. ② 2. ①

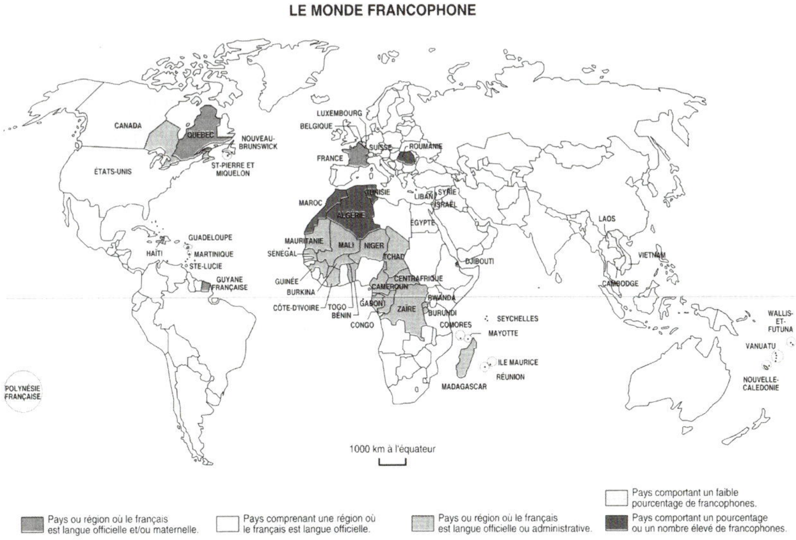

프랑스어권

65

유럽 통합과 유로화

L'unification européenne est devenue un processus irréversible avec l'introduction d'une monnaie commune. La monnaie est plus qu'un simple moyen de paiement. Elle a également quelque chose à voir avec notre identité politique et culturelle. On peut voir tout naturellement surgir un sentiment communautaire qui ne pourra que renforcer la cohésion des Européens. La construction de l'Union politique n'est pas encore achevée. Nous devons, dans les années à venir, élargir cet édifice et le doter d'un toit capable de résister aux intempéries. C'est dans notre intérêt à tous, car le monde du XXIe siècle recèle quantité de dangers nouveaux contre lesquels aucun pays européen ne peut plus se prémunir seul. Il ne s'agit pas seulement de sécurité militaire. Les risques économiques sont eux aussi énormes ; le meilleur moyen d'y faire face, c'est de disposer d'une monnaie commune solide. L'euro, c'est notre monnaie pour le XXIe siècle. L'introduction des pièces et des billets en euros doit en même temps être comprise comme une chance sur le chemin menant à un bel avenir. L'euro contribuera à la liberté, la paix et la prospérité sur notre continent.

어휘정리

unification ⓕ 통합, 통일 processus ⓜ 과정 avoir quelque chose à voir avec(qc/qn) …와 상관이 있다 surgir 솟아오르다, 나타나다 cohésion ⓕ 연대성, 단결력, 일관성 édifice ⓜ (대) 건조물, 기구, 조직 doter … (de) 지참금을 주다, …을 갖추게 하다 intempéries ⓕⓟⓛ 악천후 quantité de 다수의, 다량의 se prémunir contre …에 대비(조심)하다 contribuer à …에 공헌하다 prospérité ⓕ (경제적) 번영

본문해석

유럽 통합은 단일 화폐의 도입과 함께 돌이킬 수 없는 과정이 되었다. 화폐는 단순한 지불 방식 그 이상이다. 화폐는 또한 우리의 정치 · 문화적 정체성과 관련이 있다. 유럽인들의 연대성을 강화시킬 뿐인 공동체 감정이 나타나는 것을 자연스럽게 볼 수 있다. 정치 연합 건설은 아직 완성되지 않았다. 향후 몇 년 내로 우리는 이 대형 건조물(거대 조직)을 확장시키고, 악천후에 견딜 수 있는 지붕을 얹어야 한다(난관에 견뎌낼 수 있는 보호 장치를 갖추어야 한다). 그것은 우리 모두에게 이득이다. 21세기의 세계는 유럽의 그 어떤 국가도 더 이상 혼자서는 대비할 수 없는 수많은 새로운 위험을 내포하고 있기 때문이다. 그것은 단지 군사 안보만의 문제가 아니다. 경제적 위험 역시 매우 크기 때문에, 이에 대처할 수 있는 최선의 방법은 견고한 단일 화폐를 갖는 것이다. 유로화는 21세기를 위한 우리의 화폐이다. 동시에 유로화 동전과 지폐의 도입은 밝은 미래의 길로 들어서는 기회로 이해되어야 한다. 유로화는 우리(유럽) 대륙에서 자유, 평화, 번영에 공헌할 것이다.

66 아프리카와의 관계

Au 19ème siècle, la France a (ⓐ), c'est-à-dire occupé et exploité de nombreux pays africains, comme le Togo, le Mali, le Sénégal… Dans les années 1960, ces pays ont obtenu leur indépendance, mais, (ⓑ), la France a continué de jouer un rôle de premier plan dans ses anciennes colonies. Aujourd'hui encore, elle reste le premier client de l'Afrique, et son premier fournisseur. Ces relations privilégiées expliquent pourquoi les dirigeants africains et français se réunissent régulièrement.

Cependant, si la France a longtemps ≪chouchouté≫ l'Afrique, elle est aujourd'hui plus distante : le nombre de Français vivant sur le continent noir a diminué de presque moitié en 40 ans et les militaires ne sont plus que 5000 contre 8000 en 10 ans. Surtout, la France envoie aussi moins d'argent pour aider l'Afrique à sortir de la pauvreté. Et elle ferme de plus en plus ses frontières, privant les Africains qui le souhaitent de venir vivre et travailler sur son territoire.

Q1 ⓐ에 들어갈 적절한 동사는?

① attaqué ② commercé
③ colonisé ④ défendu

Q2 ⓑ에 들어갈 적절한 표현은?

① en réalité ② en effet
③ en outre ④ en conséquence

어휘정리

colonise 식민지로 만들다 de premier plan 가장 중요한, 으뜸가는 se réunir 모이다, (회의를) 개최하다 chouchouter (구어) 편애하다, 응석을 받아주다 distant (거리, 관계가) 먼, 거리를 유지하는, 냉담한 priver q.n de (+ inf.) …에게 …을 금하다, 박탈하다, 못하게 하다

본문해석

19세기에 프랑스는 토고, 말리, 세네갈 같은 여러 아프리카 국가들을 식민지화, 즉 점령하고 착취했다. 1960년대에, 이 국가들은 독립을 획득했지만, 사실상 프랑스는 계속해서 옛 식민지에서 가장 중요한 역할을 수행하였다. 오늘날에도 여전히 프랑스는 아프리카의 제1 수입국이며, 제1의 수출국이다. 이 각별한 관계는 아프리카와 프랑스 지도자들이 정기적으로 회동하는 이유를 설명한다.

하지만 프랑스가 오랫동안 아프리카를 ≪편애≫해 왔음에도 불구하고, 오늘날 관계가 더 소원해졌다. 아프리카 대륙에 살고 있는 프랑스인들의 숫자는 40년 만에 거의 절반으로 줄었으며, 군인은 10년 만에 8,000명이던 것에 반해 5,000명밖에 되지 않는다. 특히, 프랑스는 아프리카가 빈곤에서 벗어나는 것을 돕기 위해 더 적은 액수의 돈을 보낸다. 그리고 프랑스는 점점 더 국경을 봉쇄하여, 아프리카인들이 자국 영토에 일하고 거주하기 위해 오는 것을 막고 있다.

정답 1. ③ 2. ①

67 파리와 지방도시

La France est maintenant très urbanisée : près de 80% des habitants vivent dans une zone urbaine, grande ou petite, ancienne ou nouvelle. Les villes nouvelles sont, en général, situées à la périphérie des grandes villes. Paris a longtemps occupé une place unique. On opposait toujours la capitale à la province! La centralisation administrative, qui date de la Révolution française et de Napoléon Ier, existe toujours, mais l'écart entre Paris et les autres villes diminue. Les provinciaux ≪montent≫ moins à Paris parce que les autres villes ont changé. Elles offrent maintenant davantage d'emplois tertiaires, de possibilités culturelles, de loisirs et de formation. Elles ne sont plus isolées : le TGV, mais aussi le Thalys et l'Eurostar relient les métropoles régionales entre elles et l'Europe entière. Certaines villes attirent les Français par leur meilleure (ⓐ) : un environnement plus agréable, des déplacements moins fatigants, des entreprises plus petites, des logements moins chers. Cependant, Paris reste sans comparaison pour la vie nocturne, les événements culturels, la formation de haut niveau et l'offre d'emploi.

Q1 Que signifie ≪la périphérie≫?

① les quartiers éloignés du centre-ville
② le centre-ville
③ les quartiers défavorisés
④ les quartiers très fréquentés

Q2 ⓐ에 들어갈 알맞은 표현은?

① qualité de l'environement　　② qualité de vie
③ assistance sociale　　④ assistance financière

어휘정리

massivement 대거, 대량으로　urbain 도시의　périphérie ⓕ (도시의) 외곽 / 둘레, 테두리　centralisation ⓕ 중앙집권(화)　tertiaire ⓐ 3차의 / ⓜ 제3차 산업 (= secteur tertiaire)　sans comparaison 비할 데 없이, 단연　fatigant 피곤하게 만드는　nocturne 밤의, 야간의

본문해석

지금 프랑스는 아주 도시화되었다 : 주민의 약 80%가 대도시건 소도시건, 구도시건 신도시건, 도시 지역에 거주한다. 일반적으로 신도시들은 대도시 외곽에 위치해 있다. 파리는 오랫동안 유일한 위치를 차지했다. 수도는 항상 지방과 대립되곤 하였다. 프랑스 대혁명과 나폴레옹 1세 때의 행정상의 중앙집권화가 여전히 존재하지만, 파리와 타 도시 간의 격차가 줄어들고 있다. 타 도시들이 변했기 때문에 지방 사람들은 파리에 덜 ≪상경≫한다. 지금 타 도시들은 더 많은 3차 산업 직종, 문화적 기회, 여가, 교육을 제공한다. 타 도시들은 더 이상 고립되어 있지 않다. TGV 뿐 아니라, '탈리스'와 '유로스타'가 지방 주요도시 사이와 유럽 전역을 연결시키기 때문이다. 일부 도시는 더 나은 삶의 질 – 더 쾌적한 환경, 덜 피곤한 통근, 더 소규모 기업, 더 저렴한 주거 – 로 인해 프랑스인들을 끌어들인다. 하지만, 파리는 야간 생활, 문화 행사, 고수준의 교육, 구인(求人)에 있어서는 비교가 되지 않는다.

정답 1. ①　2. ②

68 유럽연합의 확대

Avec l'entrée de la Roumanie et de la Bulgarie en 2007, l'Union européenne compte 27 États membres. Avec cet élargissement, l'Union européenne fait 4,2 millions de kilomètres carrés (contre 3,9 millions à 25 membres). Elle compte près de 487 millions d'habitants (contre 457 millions à 25) : les Roumains sont en effet 22 millions et les Bulgares presque 8 millions. Cela fait de l'Union européenne, le plus vaste ensemble de population du monde derrière la Chine et l'Inde. La Roumanie et la Bulgarie sont deux pays très pauvres. Pour être admis à rentrer dans l'Union européenne, ils ont dû faire de gros efforts pour se moderniser et se montrer plus respectueux des droits de l'homme. Ils vont désormais bénéficier d'une somme d'argent très importante (35 milliards d'euros) pour poursuivre leur adaptation, c'est-à-dire construire des routes, des ports sur la mer Noire, moderniser les fermes, etc. En 2004, l'Union européenne avait accueilli 10 nouveaux membres. Avec la Roumanie et la Bulgarie, elle atteint le score record de 27 membres. Ce nombre devrait rester stable pour plusieurs années : la Croatie (prochain pays sur la liste) attend. La grande famille européenne a en effet besoin de faire une pause, pour réfléchir à la façon de fonctionner en étant si nombreuse!

Q1 윗글의 내용과 일치하지 않는 것은? (답 2개)

① 루마니아와 불가리아의 가입으로 유럽연합의 인구는 중국과 인도를 제치고 세계 최대가 되었다.

② 2004년에 유럽 연합은 10개 회원국을 새로 받아들였다.

③ 루마니아와 불가리아는 유럽 연합의 가입기준에 맞추기 위해 유럽연합의 지원을 받아 도로와 항만 인프라를 구축할 것이다.

④ 2008년에 곧 바로 크로아티아가 유럽 연합 신입회원국이 될 것이다.

⑤ 2007년 현재, 유럽 연합 회원국은 27개국이다.

어휘정리

compter 수를 세다, (숫자가) …이다 élargissement ⓜ 확장, 확대 carré 정사각형의, (수학) 제곱의 respectueux de …을 준수하는, 존중하는 bénéficier de …의 혜택을 받다 adaptation ⓕ 적응(시키기), 적합하게 맞추기 port ⓜ 항구 ferme ⓕ 농장, 농가 / ⓐ 단단한, 딱딱한, 굳센 stable 안정된, 지속적인 pause (일시적) 중지, 휴지, (짧은) 휴식 réfléchir à 깊이 생각하다, 숙고하다 fonctionner 가동하다, 작동하다, 움직이다

본문해석

2007년 루마니아와 불가리아의 가입으로, 앞으로 유럽 연합은 회원국이 27개국이다. 이러한 확대로 인해, 차후로 유럽 연합은 면적이 (25개 회원국일 때 390만 제곱킬로미터이던 것에 반해) 420만 제곱킬로미터이다. 유럽 연합의 인구는 (25개 회원국일 때 4억 5천 7백만 명이었던 것에 반해) 약 4억 8천 7백만 명이다. 실제로 루마니아인은 2,200백만 명이고, 불가리아인은 거의 8백만 명이기 때문이다. 이로 인해 유럽 연합은 중국과 인도 다음으로 세계에서 가장 광대한 인구 집단이 되었다. 루마니아와 불가리아는 아주 가난한 두 국가이다. 유럽 연합에의 가입이 허용되기 위해, 이 두 국가는 현대화하고 인권을 더 준수한다는 것을 보여주기 위해 상당한 노력을 해야만 했다. 앞으로 이들은 지속적으로 회원국의 기준에 맞추기 위해, 다시 말해 도로 건설과 흑해에서의 항만 건설, 농가의 현대화를 위해 350억 유로라는 아주 막대한 금액을 받게 될 것이다. 2004년에 유럽 연합은 10개 신입 회원국을 받아들였었다. 루마니아와 불가리아로 인해, 유럽 연합은 27개 회원국이라는 전례 없는 기록에 도달하게 된다. 이 숫자는 몇 년간은 지속될 것이다. (명부에 올라있는 다음 국가인) 크로아티아가 기다리고 있다. 사실상 유럽의 대가족은 너무도 수가 많아서, 운영 방식을 숙고하기 위해 잠시 숨을 돌릴 필요가 있다.

정답 1. ①, ④

69 '프랑코포니' 국제기구

À Bucarest en Roumanie, s'est déroulé le 11ème sommet de la Francophonie : 43 pays s'y sont réunis pour défendre la langue française. Elle a pour but de parler le français ou soutenir cette langue. Depuis 20 ans, cette organisation tente de promouvoir la langue française dans le monde. Organisatrice d'événements, de conférences, de rencontres, elle tente de faire connaître les écrivains et les auteurs de langue française. Elle agit aussi pour que les livres, les publications des chercheurs et des scientifiques soient traduits en français. En fait, l'Organisation de la Francophonie essaye de faire exister le français à côté de l'anglais qui est devenu la langue employée partout dans le monde. Mais certaines personnes reprochent à l'organisation de ne pas être assez efficace et de ne pas réussir à arrêter le déclin du français dans le monde. Ainsi, il est parfois difficile de trouver des chaînes françaises de bonne qualité dans de nombreux pays. Or, la télévision est le principal moyen de diffuser une langue. Un chantier d'envergure pour l'organisation financée à 80% par la France.

Q1 D'après le texte, quel est l'objectif de la Francophonie?

① Elle a pour objectif d'améliorer les relations entre les pays membres.

② Elle a pour objectif de promouvoir la langue française.

③ Elle a pour objectif de collaborer dans le domaine politique.

④ Elle a pour objectif de développer les échanges culturels

Q2 Pour quelle raison cette organisation est-elle condamnée?

① Parce qu'elle ne fait pas face à la crise économique.

② Parce qu'elle ne participe pas à la lutte contre l'inégalité.

③ Parce qu'elle se montre inefficace pour la promotion du français.

④ Parce qu'elle n'assume pas bien son rôle sur la scène internationale.

어휘정리

se dérouler 전개되다, 열리다 sommet ⓜ 꼭대기, 정상(회담) défendre 옹호하다, 지키다, 지지하다 soutenir 지지하다, 옹호하다, 지원하다 promouvoir 촉진하다, 장려하다 faire connaître 알리다 écrivain ⓜ 작가 agir 행동하다, 처신하다 publication ⓕ 출판(물) reprocher à q.n de + inf. (…에게 …하는 것을) 비난하다, 나무라다 déclin ⓜ 쇠퇴 diffuser 전파하다, 퍼뜨리다, 방송하다 chantier ⓜ 작업장, 공사(작업) 현장 envergure ⓕ 크기, 규모 / (지적 · 정신적) 역량, 포용력 (d'envergure 대규모의)

본문해석

루마니아의 부쿠레슈티에서 제11차 '프랑코포니' 국제기구 정상회담이 개최되었다. 43개국이 프랑스어를 옹호하기 위해 이곳에 모였다. 이 기구는 프랑스어를 구사하거나 프랑스어를 옹호하는 것을 목표로 삼는다. 20년 전부터 이 기구는 전 세계에서 프랑스어를 장려하려고 노력한다. 행사, 회의, 만남을 주최하는 이 기구는 프랑스어 작가와 저자들을 알리려고 노력한다. 또한 이 기구는 도서나, 연구자나 과학자들의 출판물이 프랑스어로 번역되도록 활동한다. 실제로, '프랑코포니' 기구는 전 세계 도처에서 사용되는 언어가 된 영어 옆에 프랑스어를 공존시키려고 애쓴다. 하지만 몇몇 사람들은 이 기구가 충분히 효율적이지 못하고, 세계 속에서 프랑스어의 쇠퇴를 막지 못하였다고 질책한다. 이처럼, 많은 국가에서 고화질의 프랑스어 채널을 찾기가 때로는 힘들다. 그런데, 텔레비전은 한 언어를 전파하는 주요 수단이다. 이것은 프랑스가 80%의 재원을 충당하는 이 기구가 담당할 대규모 사업이다.

정답 1. ② 2. ③

프랑스어권 국가들

70 유럽연합 대통령 선출

Les dirigeants des 27 pays s'étaient réunis à Bruxelles pour un ordre du jour exceptionnel et inédit jusqu'ici : la désignation d'une sorte de président et de chef de la diplomatie. Finalement, le premier président du Conseil européen a été désigné après une courte délibération. C'est le Premier ministre belge, Herman Van Rompuy, qui inaugurera cette fonction, assisté par la travailliste britannique Catherine Ashton, nommée à la tête de la diplomatie européenne. Tous deux auront pour mission de faire davantage entendre la voix du Vieux Continent sur la scène internationale.

Q1 Pourquoi la réunion a eu lieu à Bruxelles?

① pour discuter de la politique diplomatique de l'UE
② pour élire le président et le chef de la diplomatie de l'UE
③ pour régler les problèmes financiers de l'UE
④ pour discuter de l'entrée d'un nouveau pays membre

Q2 Qui est la femme anglaise mentionnée dans le texte?

① la présidente du Conseil européen
② la présidente du Parlement européen
③ le chef de la diplomatie de l'UE
④ un eurodéputé travailliste

어휘정리

ordre du jour ⓜ 의제 inédit 전대미문의, 간행(발행)되지 않은 désignation ⓕ 지명 délibération ⓕ 토의, 심의 inaugurer 낙성식(개막식)하다 / 개시(창시)하다, 막을 열다 faire entendre 소리를 내다, 들려주다 / 말하다, 표현하다

본문해석

유럽연합 27개국 정상들이 지금까지 한번도 없었던 이례적인 의제 – 일종의 대통령과 외무장관 지명 – 를 위해 브뤼셀에 모였다. 마침내 최초의 유럽연합 이사회 상임 의장이 짤막한 심의 후에 지명되었다. 벨기에 총리인 헤르만 반 롬퓌이는 유럽 외교 대표에 지명된 영국 노동당원 캐서린 애슈톤의 보좌를 받아 이 직위에 첫 취임할 것이다. 이 두 사람은 국제무대에서 '구대륙'의 목소리를 더 높이는 임무를 맡게 될 것이다.

정답 1. ② 2. ③

헤르만 반 롬퓌이

71 영세농 보호 대책

L'ONU a appelé les États à prendre d'urgence des mesures d'aide aux petits producteurs agricoles écrasés par une chaîne agroalimentaire de plus en plus concentrée autour de multinationales. Face à cette concentration, les petits producteurs se trouvent en position (ⓐ) pour fixer leurs prix et subissent souvent les abus des acheteurs, contre lesquels ils ne sont pas suffisamment protégés. Cette situation les relègue à une "agriculture de subsistance". Les États doivent donc soutenir leurs petits producteurs et inciter les grands groupes à changer leurs prix et normes, qui sont de plus en plus contraignants. L'ONU propose "sept pistes" de mesures pouvant améliorer considérablement le sort des producteurs familiaux. Il s'agit notamment de renforcer les droits syndicaux des travailleurs agricoles avec plus d'inspection du travail, de créer des coopératives ou encore des structures publiques chargées d'acheter les récoltes à des prix rémunérateurs pour les producteurs et de les revendre à des prix abordables à la population.

Q1 ⓐ에 들어갈 적절한 단어는?

① d'infériorité ② de supériorité
③ de prédominance ④ d'autonomie

Q2 밑줄 친 ≪des prix rémunérateurs≫를 대신할 수 있는 표현은?

① des prix intéressants ② des prix modérés
③ des prix raisonnables ④ des prix élevés

어휘정리

appeler (qn) à (qc/inf.) …에게 …을 촉구(호소)하다 écraser 짓누르다, 짓밟다, 압도하다 agroalimentaire ⓐ 농산물가공의 concentration ⓕ 집중(화), 기업 집중, 밀집 지역 infériorité ⓕ 열등, 하위 abus ⓜ 남용, 악용 reléguer (열악한 상황에) 밀어 넣다, 떨어뜨리다 / 쫓아 보내다 subsistance ⓕ 생계, 존속 contraignant 강제(구속)하는 inspection ⓕ 감독, 시찰, 면밀한 조사 coopérative ⓕ 협동조합 récolte ⓕ 수확(물) rémunérateur ⓐ 돈벌이가 되는, 수지가 맞는

본문해석

유엔은 점점 더 다국적 기업화되는 농산물 가공 체인에 고통 받는 영세농들에게 긴급 원조 대책을 세워줄 것을 각 국에 촉구했다. 이 기업 집중화에 맞서 영세농들은 가격 결정에 있어 열등한 위치에 놓여 있으며, 자주 구매자들의 권력 남용을 감수하게 되는데 구매자들에 맞서 그들은 충분히 보호받지 못한다. 이 상황은 영세농들을 "자급자족 농업"으로 밀어 넣는다. 그래서 각 국은 자국의 영세농들을 지원해야 하며, 대 그룹들이 점점 더 강압적으로 제시하는 가격과 기준을 바꾸도록 유도해야 한다. 유엔은 가족농들의 운명을 현저히 향상시킬 수 있는 "7가지 방향"의 대책을 제안한다. 특히 더 강화된 노동 감독을 통한 농업 노동자들의 노조권을 강화시키는 것이며, 생산자들에게 이익이 남는 가격으로 농작물을 구매하여 국민들에게 저렴한 가격으로 되파는 임무를 맡은 공공 조직이나 협동조합을 세우는 것이다.

정답 1. ① 2. ④

72

유럽 공동 과학기술 연구

L'Union européenne s'occupe de recherche et de technologie depuis sa création. Avec l'entrée en vigueur, en 1987, de la réforme des traités et le lancement du programme d'achèvement du marché intérieur, cette action a toutefois pris une toute nouvelle dimension. Télécommunication, technologies industrielles, biotechnologie, énergie : l'UE est aujourd'hui présente dans tous les secteurs clés où la technologie détermine de plus en plus la compétitivité de l'industrie. Cancer, SIDA, vieillissement : l'action s'étend également au domaine de la santé où les progrès sont étroitement liés aux avancées de la médecine. Accumulation du gaz carbonique dans l'atmosphère, réchauffement du climat et pollution des eaux : c'est aussi largement à l'échelle européenne que tous les problèmes d'environnement sont étudiés.

어휘정리

entrée en vigueur ⓕ 발효　traité ⓜ 조약, 협정　lancement ⓜ 실시, 개시　achèvement ⓜ 완성　biotechonolgie ⓕ 생명공학　compétitivité ⓕ 경쟁력　avancée ⓕ 발전, 전진　carbonique 탄소의　à l'échelle (+ 형용사) … 차원의

본문해석

유럽 연합은 창설 이후로 과학탐구와 기술 연구에 관여하고 있다. 1987년 조약 개정의 발효와 내수 시장의 (단일화) 완성 프로그램의 실시로 인하여, 이 활동은 완전히 새로운 국면을 맞게 되었다. 오늘날 유럽 연합은 정보 통신, 산업 기술, 생명공학, 에너지 등, 모든 핵심 부문에 참여하고 있으며, 이 부문에서 과학 기술이 점점 더 기업 경쟁력을 결정하고 있다. 그 활동은 암, 에이즈, 노화와 같은 보건 분야로도 확대되고 있으며, 이 분야에서 과학 진보는 의학 발전과 긴밀하게 연결되어 있다. 또한 유럽 차원에서, 대기 중의 탄소가스의 축적, 기후 온난화, 수질 오염과 같은 모든 환경 문제들이 광범위하게 연구되고 있다.

73 〈국경없는 의사회〉의 모금 운동

≪Médecins sans frontières≫ lance une campagne auprès du grand public sur Internet. C'est une campagne de collecte de fonds innovante, qui propose aux internautes de s'associer quotidiennement à ses actions sur le terrain. MSF est une organisation d'aide médicale indépendante, financée majoritairement par des donateurs privés : 77% de son budget correspond à des ressources privées. L'indépendance financière de MSF est un choix. Elle lui permet d'être autonome par rapport aux institutions, aux pouvoirs politiques, diplomatiques et économiques et de décider librement de ses actions. Disposer de fonds tout au long de l'année lui permet ainsi de pouvoir réagir immédiatement, sans attendre des financements institutionnels.

어휘정리

collecte ⓕ 모금 fonds ⓜ 기금 internaute ⓝ 네티즌 s'associer à 협력하다, 제휴하다, 참여(동참)하다 financer 자금을 조달하다 donateur ⓝ 기부자 ressources ⓕⓟⓛ 재원 autonome 자율적인 institution ⓕ 제도, 기관, 체제 tout au long de … 동안 내내, …을 따라서 réagir 대응하다

본문해석

"국경 없는 의사회"는 인터넷상에서 일반 대중에게 캠페인을 벌이고 있다. 이는 "국경 없는 의사회"의 현장 활동에 매일 동참할 것을 네티즌들에게 제안하는 혁신적인 모금 캠페인이다. MSF는 독립적인 의료 지원 단체로써, 대부분 개인 기부자들로부터 자금을 지원받는다. 그래서 예산의 77%가 사적 재원에 해당한다. MSF의 재정적 독립은 선택사항이다. 이 재정적 독립은 MSF로 하여금 국가 기관들, 정치-외교-경제 당국에 대하여 독립적일 수 있게 해주며, 자유로이 활동을 결정할 수 있게 해준다. 이처럼 일 년 내내 자금을 보유함으로써, 국가기관의 자금 지원을 기다리지 않고 즉각적으로 대응할 수 있게 해준다.

■ 프랑스 제5공화국 역대 대통령

샤를 드골
(1958~1969)

조르주 퐁피두
(1969~1974)

발레리 지스카르 데스텡
(1974~1981)

프랑수아 미테랑
(1981~1995)

자크 시라크
(1995~2007)

니콜라 사르코지
(2007~2012)

프랑수아 올랑드
(2012~2017)

에마뉴엘 마크롱
(2017~)

Chapitre

4

santé, alimentation et loisirs

건강 · 음식 · 여가

74 농약 과다사용

Les fruits, légumes et céréales que l'on consomme contiennent de plus en plus de pesticides. Pour repousser les insectes, les plantes ou les microbes qui nuisent à leurs cultures, les agriculteurs emploient des pesticides. Ces substances répandues sur les champs sont des produits chimiques. Or, les scientifiques ne connaissent pas encore très bien les effets de ces produits sur la santé. Pour ces raisons, l'utilisation de ces substances est réglementée. Toutefois, un rapport montre que près de la moitié des fruits, des légumes et des céréales vendus en France, contiennent des traces de pesticides plus importantes que celles autorisées. De plus, un quart des légumes et des fruits testés contiendrait de 2 à 8 pesticides différents. De nombreuses organisations écologistes en Europe désirent que les réglementations sur les pesticides soient plus strictes et que l'utilisation des pesticides soit mieux contrôlée.

Q1 Ce document parle d'un sujet à caractère :

① géographique ② scientifique
③ touristique ④ écologique

Q2 시판 되는 과일과 야채 중, 허용치를 웃도는 잔류농약을 함유하고 있는 제품의 비율은 대략 얼마나 되는가?

① 1/2 ② 1/3
③ 1/4 ④ 2-8%

어휘정리

contenir 포함(함유)하다 pesticide ⓜ 살충제 repousser 떼밀다, (공격, 적을) 물리치다, 격퇴하다, (날짜) 연기하다 insecte ⓜ 곤충, 벌레 (insectes nuisibles 해충) microbe ⓜ 세균 substance ⓕ 물질 trace ⓕ 발자국, 흔적 (trace de + 무관사 명사 : 미량의, 잔류의) écologiste ⓐ 환경보호의 / ⓝ 환경 보호론자 réglementation ⓕ 규정 stricte 엄중한, 엄밀한

본문해석

사람들이 섭취하는 과일, 야채, 곡물은 점점 더 많은 농약을 함유하고 있다. 농사에 해를 끼치는 해충, 잡초, 세균을 퇴치하기 위해, 농민들은 농약을 사용한다. 밭에 살포한 이 물질은 화학제품이다. 그런데, 과학자들은 건강에 대한 이 제품의 영향에 대해 아직 잘 모른다. 이러한 이유로 해서, 이 물질의 사용이 규제되어 있다. 그렇긴 해도, 한 보고서는 프랑스에서 판매된 과일, 야채, 곡물의 약 절반이 허용치보다 더 많은 잔류농약이 함유되어 있음을 보여준다. 게다가 검사를 받은 야채와 과일의 4분의 1이 둘에서 네 가지의 다른 농약을 함유하고 있다. 유럽의 많은 환경보호 단체들은 살충제에 대한 규정이 더 엄중하고, 살충제의 사용이 더 잘 통제되기를 바란다.

정답 1. ④ 2. ①

75 신종 인플루엔자

Le Mexique et les États-Unis sont touchés par le virus de la grippe A, qui se transmet d'homme à homme. De nombreux pays craignent une pandémie. À Mexico, la plupart des habitants restent chez eux, les autres se protègent du virus de la grippe porcine avec des masques chirurgicaux. Cette maladie affecte les élevages de porcs. Elle se transmet de l'animal à l'homme et de personne à personne. Au total, une centaine de cas mortels provoqués par la grippe porcine ont été enregistrés au Mexique. Plusieurs dizaines de cas ont été decelés aux États-Unis. Trois cas ont été confirmés en Europe. L'OMS (Organisation mondiale de la santé) a alerté la communauté internationale sur le risque pandémique. De nombreux pays à travers le monde se mobilisent pour contenir cette menace. Certains ont annoncé des mesures préventives telles que la pratique d'examens médicaux sur tous les passagers en provenance du Mexique, la France en fait partie. D'autres ont décrété l'état d'urgence sanitaire, comme les États-Unis. Dans ce cas-là, les autorités disposent de moyens exceptionnels pour protéger la santé de la population.

Q1 D'après le texte, quelle mesure a été prise aux États-Unis?

① la pratique d'examens médicaux
② l'avertissement sur le risque pandémique
③ la décrétion de l'état d'urgence sanitaire
④ la mise en place des mesures préventives

어휘정리

virus ⓜ 바이러스 se transmettre 전달(전파, 전염)되다 grippe ⓕ 독감 (la grippe A 신종 인플루엔자) craindre 두려워하다 pandémie ⓕ 대유행(전염)병 porcin ⓐ 돼지의 chirurgical ⓐ 외과의 affecter 영향을 미치다, 작용하다 / 가장하다 au total 전부 합해서, 총계, 총액 mortel ⓐ 죽음의, 치명적인 déceler 알아내다, 간파하다 / 검출하다 / (주어 사물) 나타나다 se mobiliser 동원되다 contenir (주어 사람) 제지(억제)하다 / (주어 사물) 포함(내포)하다 en provenance de …에서 오는(출발한) examen ⓜ 검사, 검진, 시험 faire partie de …에 속하다 décréter (법령) 공포(포고)하다 état d'urgence ⓜ 비상사태 disposer de 보유(소유)하다

본문해석

멕시코와 미국은 인간에게서 인간으로 전염되는 신종 인플루엔자 바이러스로 인해 피해를 받았다. 많은 국가들이 대유행병을 우려하고 있다. 멕시코시티에서, 대부분의 시민들은 자택에 머물러 있고, 다른 이들은 외과용 마스크로 돼지 독감 바이러스로부터 자신을 보호하고 있다. 이 병은 돼지 사육에 타격을 준다. 이 병은 동물에서 인간으로, 사람에게서 사람으로 전염된다. 전부 합해서, 돼지 독감으로 발생된 백여 건의 치명적 사례가 멕시코에서 접수되었다. 수십 건의 사례가 미국에서 보고되었다. 세 건이 유럽에서 확인되었다. 세계보건기구는 국제 사회에 대유행병을 경고하였다. 전 세계에서 많은 국가들이 이 위협을 저지하기 위해 나서고 있다. 일부 국가들은 멕시코에서 출발한 모든 승객들에 대한 의료 검진 같은 예방책들을 발표하였으며, 프랑스도 그러한 국가들에 속한다. 미국처럼 다른 국가들은 보건 비상사태를 공포하였다. 이러한 경우에, 당국은 국민 건강을 보호하기 위해 예외적 수단을 취한다.

정답 1. ③

76 알츠하이머

De la perte de la mémoire jusqu'à la folie, la maladie d'Alzheimer est une maladie (ⓐ) qui touche surtout ceux de plus de 65 ans. Environ un million de personnes devraient en souffrir. Il est impossible de guérir de cette maladie mais des traitements médicaux peuvent en retarder les effets. Pour cela, il faut être soigné le plus rapidement possible. Or, de nombreuses personnes ignorent qu'elles sont malades et sont soignées trop tard. Le gouvernement a donc décidé de proposer une consultation médicale gratuite pour toutes les personnes de plus de 70 ans. Les malades sont soignés chez eux, ce qui est plus confortable pour eux et nettement moins coûteux pour l'État.

Q1 À qui s'adresse la consultation gratuite proposée par le gouvernement?

① à toutes les personnes de plus de 65 ans
② à toutes les personnes de plus de 70 ans
③ à toute la population
④ à tous les enfants

Q2 ⓐ에 들어갈 적절한 표현은?

① physique ② mentale
③ imaginaire ④ sentimentale

어휘정리

mémoire ⓕ 기억　folie ⓕ 광증, 정신이상　souffrir de …으로 고통 받다
traitement ⓜ 치료 / 취급, 대우　retarder 늦추다　consultation ⓕ 진료, 상담

본문해석

기억상실에서 정신이상까지, 알츠하이머 질병은 특히 65세 이상의 사람들이 걸리는 정신병이다. 약 백만 명이 이 병으로 고통을 받는다. 이 병에서 회복되는 것은 불가능하지만, 의학적 치료가 그 증세를 늦출 수 있다. 이를 위해 가능한 빨리 치료를 받아야 한다. 그런데, 많은 사람들이 자신이 아프다는 것을 몰라서, 너무 늦게 치료를 받는다. 그래서 정부는 70세 이상의 모든 사람들에게 무료 진료를 제공하기로 결정하였다. 환자들은 재택 치료를 받게 되는데, 환자들은 더 안락하고 국가는 비용을 훨씬 더 절감한다.

정답 1. ② 2. ②

77 에이즈

Le premier décembre est la Journée mondiale de lutte contre le sida. Pour cette Journée, des milliers de manifestations sont organisées partout dans le monde par des associations afin d'informer sur le sida et sur les réalités de cette maladie incurable. Deux millions de personnes en meurent toujours chaque année. Ces chiffres alarmants nous rappellent que le sida est une maladie grave dont on ne guérit pas. Cette maladie est provoquée par le virus VIH qui détruit les globules blancs chargés de défendre l'organisme. Sans défense, le malade multiplie les infections jusqu'à la mort.

Un traitement appelé ≪trithérapie≫ permet de retarder de plusieurs années le déclenchement de la maladie, mais il ne permet pas de guérir. Il n'existe toujours pas de vaccin, même si la recherche concentre ses efforts pour en trouver un. La seule solution pour faire reculer le sida, c'est la prévention : informer les populations. Savoir comment le virus se transmet permet de s'en protéger. On sait ainsi qu'il se transmet lors des rapports sexuels. L'utilisation de préservatifs peut donc sauver la vie.

Q1 Quelle solution est proposée pour faire reculer le sida dans le texte?

① les traitements médicaux
② la collecte des fonds
③ l'organisation des manifestations
④ la prévention et l'information sur le sida

어휘정리

lutte contre ⓕ …에 대한 투쟁, 퇴치　sida ⓜ 에이즈　alarmant 걱정스러운, 우려할 만한　globule ⓜ 혈구　guérir ⓥⓣ 치료하다, 고치다 / ⓥⓘ (병·환자가) 낫다, 치유되다 (guérir de …에서 회복되다)　infection ⓕ 전염, 감염　trithérapie ⓕ 3중 투약법, 칵테일 요법　retarder 늦추다, 지연시키다　déclenchement ⓜ (행동·현상의) 발생, 유발 / (공격의) 개시 / 작동, 시동　reculer 물러서다 / 줄어들다, 감소하다 / 연기하다, 뒤로 미루다　se transmettre 전달되다, 전염되다　se protéger de …로부터 자신을 보호하다　préservatif ⓜ 콘돔, 피임 기구

본문해석

12월 1일은 '세계 에이즈의 날'이다. 세계 에이즈의 날을 위해, 수천 개의 행사가 에이즈와 이 불치병의 현실에 대해 알려주기 위해 여러 단체들에 의해 세계 전역에서 개최된다. 매년 200만 명이 여전히 에이즈로 사망하고 있다. 이 우려스러운 수치는 에이즈가 치유되지 않는 중병이라는 것을 우리에게 상기시킨다. 이 병은 장기(臟器)를 보호하는 백혈구를 파괴하는 VIH 바이러스에 의해 발병된다. 저항력이 없으면, 환자는 감염이 계속되어 죽음에 이른다.

≪3중투약법≫이라 불리는 한 치료가 발병을 몇 년간 늦출 수 있게 해주지만, 치유하지는 못한다. 백신을 찾으려는 노력에 연구가 집중되어 있지만, 백신은 여전히 존재하지 않는다. 에이즈를 저지할 유일한 해결책은 예방으로, 국민에게 홍보하는 것이다. 바이러스가 어떻게 전염되는지 아는 것이 바이러스로부터 자신을 보호하게 해준다. 이처럼 바이러스는 성관계 때 전염된다는 것을 알고 있다. 그래서 콘돔 사용이 생명을 구할 수 있다.

정답 1. ④

78 포도주

Le vin n'est pas seulement un produit agricole ; c'est aussi une œuvre d'art. Chaque cru a sa personnalité, et il existe en France des règles pour le servir et pour le déguster.

Le vin ordinaire dit ≪de table≫ est de plus en plus délaissé ; sa consommation a presque diminué de moitié depuis 1970. Dans le même temps, celle des vins fins a presque triplé. Au total, la consommation de vin a diminué d'un quart en trente ans.

Le vin est aujourd'hui concurrencé par d'autres produits, comme les boissons gazeuses et, surtout… l'eau. Si les Français restent en effet les plus gros consommateurs de vin, peu de personnes savent qu'ils détiennent aussi le record mondial de la consommation d'eau minérale. La France est un pays heureux où l'on dispose à la fois de vignes et de sources pour étancher sa soif!

Q1 Par quel terme peut être remplacé le mot souligné, ≪délaissé≫?

① bouleversé ② défavorisé
③ démesuré ④ abandonné

Q2 윗 글의 내용과 일치하는 것은?

① 포도주는 단순 농산물이 아니라서 유통에 많은 규정을 두고 있다.
② 1970년 이후 30년간 포도주 소비가 15% 증가하였다.
③ 탄산음료와 생수의 등장으로 프랑스인의 포도주 소비가 현격하게 줄어들었다.
④ 값 싼 포도주는 소비자들에게 외면 받는 반면, 고급 포도주의 소비는 세 배 증가하였다.

어휘정리

cru ⓜ (특정 포도원의, 산지의) 포도주 déguster 맛을 보다, 시음하다 délaissé 버려진, 버림받은 tripler 3배로 증가하다 au total 전부 합해서 / 결국, 요컨대 concurrencer (와) 경쟁하다, 겨루다 vigne ⓕ 포도나무, 포도밭 étancher la soif 갈증을 풀다

본문해석

포도주는 단순 농산품이 아니라, 예술품이다. 각 지역 포도주마다 특성을 지니고 있으며, 프랑스에는 포도주를 식탁에 내거나 시음에 법도가 있다.

≪테이블 와인≫이라 불리는 대중적인 포도주는 점점 더 외면을 당하여, 1970년 이후로 소비가 거의 반으로 줄었다. 동시에 고급 포도주의 소비는 거의 3배로 증가하였다. 전체적으로 포도주 소비는 30년 동안에 4분의 1로 줄었다.

요즘 포도주는 탄산음료와 특히 물 같은 다른 제품들의 경쟁을 받고 있다. 사실 프랑스 사람들이 최대의 포도주 소비자이면서도, 세계 제1의 광천수 소비자라는 기록을 보유하고 있는지 알고 있는 사람이 별로 없다. 프랑스는 갈증을 해소하기 위한 수원(水源)과 포도원을 동시에 갖고 있는 행복한 나라이다.

정답 1. ④ 2. ④

79 식량가격 폭등

La nourriture est un besoin humain universel. Mais quand les prix des produits alimentaires s'envolent, l'ajustement est bien plus difficile pour les pays pauvres que pour les riches. Dans les pays pauvres, des troubles politiques liés à la famine sont une possibilité bien réelle. Plus de la moitié de la population vit dans les villes et la nourriture compte pour plus d'un quart des dépenses des ménages. Dans les pays riches, les consommateurs pourraient se serrer la ceinture, mais seulement de façon imagée. La faim n'est pas un grand risque. Le principal danger résultant d'une hausse de 70% du blé et du soja au cours des six derniers mois est le taux d'inflation. Dans les pays riches, même ce risque est limité, car les dépenses alimentaires représentent moins de 10% des budgets des ménages et les matières premières en représentent une petite proportion.

어휘정리

s'envoler 날아오르다, (가격) 급등하다 ajustement ⓜ 조정, 조절, (규격) 맞추기 famine ⓕ 기근, 기아, 굶주림 se serrer la ceinture 허리띠를 졸라매다 résulter de (…의) 결과이다, 기인(유래)하다 soja ⓜ 콩 budget ⓜ 예산 les matières premières ⓕ ⓟⓛ 원재료, 원자재

본문해석

식량은 보편적인 인간 필수품이다. 그러나 식품 가격이 급등할 때, 잘사는 나라에서보다 가난한 나라에서 가격 조정이 훨씬 더 힘들다. 빈민국에서, 기아와 연결된 정치 소요는 정말로 실질적인 가능성이다. 인구의 절반 이상이 도시에 살고 있고, 식비가 가계지출의 4분의 1 이상이 든다. 잘 사는 나라에서, 소비자들은 허리띠를 졸라맬 수 있겠지만, 단지 비유적으로 그러하다. 기아는 큰 위험이 아니다. 지난 6개월간 밀과 콩 값의 70% 인상에서 기인한 근본적인 위험은 인플레이션 비율이다. 잘사는 나라에서는 이 위험마저도 제한적인데, 식비 지출이 가계의 10% 이하이며, 식재료가 가계의 작은 비율을 차지하기 때문이다.

80 광우병

La maladie de la vache folle est une maladie nerveuse qui touche certains animaux et qui, dans certains cas, peut se transmettre à l'homme, provoquant sa mort. Cette maladie était vraisemblablement due à la manière de nourrir les vaches, avec des farines animales qui pouvaient, elles-mêmes être contaminées. Aujourd'hui ces farines sont totalement interdites. Jusqu'à présent lorsqu'une bête était atteinte de cette maladie, tout le troupeau était abattu afin qu'aucune contamination ne puisse avoir lieu. Mais il est possible d'épargner les animaux nés après le premier janvier 2002, car tout risque de contamination par voie alimentaire peut être exclu pour les bovins nés après cette date.

어휘정리

nerveux 신경의 se transmettre 전달(전염)되다 dû à …에 기인한 nourrir 먹이를 주다 farine animale ⓕ 육골분 abattre 도살하다 / 쓰러뜨리다, 베어버리다 / 죽이다, 제거하다 (ⓜ abattage) troupeau ⓜ 가축 떼 épargner 살려주다, 면제해주다 par (la) voie (+형용사) …을 통하여, …의 수단(경로)으로 bovin ⓐ 소(과)의 / ⓜ ⓟⓛ 소과(科) 동물

본문해석

광우병은 몇몇 동물이 걸리는 신경질환이며, 몇몇 경우에는 인간에게 전염되어 죽음을 유발할 수 있는 신경질환이다. 이 병은 필시 그 자체가 오염되었을 수도 있는 육골분으로 소를 먹이는 방식에서 기인하였다. 오늘날 이 육골분은 완전히 금지되었다. 지금까지 한 동물이 이 병에 걸렸을 때, 그 어떤 전염도 발생하지 못하도록 가축 떼 전체가 도살되었다. 그러나 2002년 1월 1일 이후에 태어난 동물들을 살려주는 것이 가능한데, 이 날짜 이후에 태어난 소에 대해서는 먹이의 경로를 통해 전염될 모든 위험이 배제될 수 있기 때문이다.

81 프랑스의 식습관

D'une façon générale, la table est une des préoccupations essentielles de la ménagère, un des principaux plaisirs des Français. Les repas se déroulent selon une régularité quasi-rituelle, que trouble d'ailleurs de plus en plus le rythme de la vie moderne.

Le petit déjeuner, le goûter et le dîner se prennent normalement à la maison ; quant au déjeuner, pendant la semaine de travail, on le prend en général, soit au restaurant, soit à la cantine de l'entreprise. Le restaurant, comme le café, est un lieu de vie sociale, où l'on rencontre des amis pour le plaisir de partager un repas.

Beaucoup de travailleurs déjeunent dans la cantine d'entreprise. On ne s'attend pas à y manger correctement. Cette méfiance commence vis-à-vis de la cantine du lycée pour les demi-pensionnaires, continue avec le restaurant universitaire des étudiants, et se poursuit dans les cantines d'entreprise. Il est vrai qu'on y mange pour beaucoup moins cher qu'au restaurant, mais cela est dû en large partie au fait que l'État ou les comités d'entreprise versent des subventions.

Q1 Trouvez le mot qui résume le mieux le rôle social du restaurant et du café.

① la convivialité ② l'éducation alimentaire
③ la solidarité ④ la communication

Q2 윗 글의 내용과 일치하지 않는 것은?

① 회사 식당에 대해 호의적이지 않은 이유는 제대로 된 식사를 기대하기 어렵기 때문이다.

② 식당이나 카페는 만남의 장소로서 식사의 기쁨을 나눌 수 있게 해준다.

③ 식사문제는 가정마다 주요 관심사 중의 하나이다.

④ 국가나 회사가 대학 식당과 직장 식당에 재정 지원을 함에도 불구하고 식사 가격은 아직 비싸다.

어휘정리

ménagère ⓕ 주부 régularité ⓕ 일정함, 규칙성, 합법성 rituel 의식의, 예식의 partager 공유하다, 나누다, 함께 하다 s'attendre à + inf. 기대하다 correctement 정확하게, 단정하게 / 꽤 괜찮게 méfiance ⓕ 불신, 의심 demi-pensionnaire ⓝ (식사를 한번만 하는) 반 기숙생 comité d'entreprise ⓜ (노사 대표가 참여한) 기업 운영 위원회 verser (액체) 따르다, 붓다 / 지불하다 subvention ⓕ 보조금, 지원금

본문해석

일반적으로 식사는 주부의 주요 관심사이며, 프랑스인들의 주요 즐거움 중의 하나이다. 식사는 거의 예식과도 같은 규칙에 따라 진행되지만, 점차적으로 현대 생활의 리듬이 이러한 규칙을 깨뜨리고 있다.

아침과 간식과 저녁은 보통 집에서 먹는다. 일반적으로 점심은 주중(週中)에는 식당이나 사내 식당에서 먹는다. 카페처럼 식당은 사회생활의 장으로써, 식사를 함께 하는 즐거움을 위해 친구를 만나는 곳이다.

많은 근로자들이 사내 식당에서 점심을 먹는다. 거기서 제대로 된 음식을 먹으리라고 기대하지 않는다. 이러한 불신은 급식학생들에게 있어 고등학교 교내 식당에 대해 시작해서, 대학 식당에서 계속되며, 사내 식당에서도 여전히 지속된다. 구내식당에서는 일반 식당보다 훨씬 싼 가격으로 먹을 수 있는 것이 사실이지만, 이것은 국가와 기업운영위원회가 상당 부분 보조금을 지원하기 때문이다.

정답 1. ① 2. ④

82 프랑스인과 스트레스

48% des Français disent souffrir de nervosité, 30% d'insomnie, 46% de mal au dos. Leur consommation de tranquillisants ou somnifères est deux fois plus élevée que celle des Américains, trois fois plus que celle des Britanniques ou des Néerlandais.

La fatigue et le stress sont des indicateurs de l'état de la société. L'accumulation de difficultés ou de frustrations dans la vie professionnelle, familiale ou personnelle en est la cause principale. Dans la vie moderne, chacun doit jouer plusieurs rôles dans une même journée, assumer tour à tour les responsabilités d'employé ou de patron, de parents ou d'époux. L'obligation de résultat, la surcharge de travail, les problèmes de communication ou la solitude sont souvent épuisants dans une société qui ne pardonne pas les faiblesses ou les erreurs. Les nuisances de l'environnement (bruit, pollution, agressivité ambiante) ajoutent à cette difficulté.

Q1 Dans quel pays, on consomme le plus de tranquillisants et de somnifères?

① en France ② aux États-Unis

③ en Angleterre ④ aux Pays-Bas

Q2 피곤과 스트레스의 원인으로 언급되지 않은 것은?

① 직장에서의 막중한 책임과 과중한 업무

② 현대 사회에서의 고독감

③ 대인관계와 의사소통의 어려움

④ 과정을 중시하는 사회 가치에 대한 중압감

어휘정리

nervosité ⓕ 신경과민　insomnie ⓕ 불면(증)　tranquillisant ⓜ 신경 안정제　indicateur ⓜ 지표, 지수/ 고발자, 밀고자/ 안내서, 정보지　frustration ⓕ 실망, 낙심 / (심리) 욕구 불만　surcharge ⓕ 과중, 과다, 초과　épuisant 지치게 하는(= fatigant)　nuisance ⓕⓟⓛ 공해　ambiant 주위의, 주변의

본문해석

프랑스인의 48%가 신경과민증으로 고통 받고 있고, 30%가 불면증으로, 46%가 등 통증으로 고통 받고 있다고 말한다. 프랑스인의 안정제와 수면제 복용은 미국인보다 2배 더 높고, 영국인이나 네덜란드인보다 3배가 더 높다.

피곤과 스트레스는 사회의 건강상태를 나타내는 지표이다. 직장과 가정 또는 개인생활에서의 어려움과 욕구 불만의 축적이 그 주요 원인이다. 현대 생활에서 저마다 하루에 여러 역할을 수행해야 하며, 종업원이나 고용주, 부모나 배우자로서의 책임을 돌아가며 맡게 된다. 결과에 대한 책임, 과중한 업무, 의사소통의 어려움은 나약함과 실수를 용서하지 않는 사회에서 지치게 만든다. 이러한 어려움에 환경 공해 – 소음, 오염, 폭력적인 주변 환경 – 요소가 추가된다.

정답 1. ① 2. ④

83 병원에서

M Bonjour, monsieur Durand. Alors, qu'est-ce qui ne va pas?

D Je me sens très fatigué et nerveux. J'ai des migraines.

M Des migraines … Je vais prendre votre tension … 130/80, c'est parfait. Vous vous sentez un peu stressé en ce moment? Vous avez des soucis chez vous, au bureau?

D Non, je n'ai pas de soucis, ni chez moi, ni au bureau. Je penserais plutôt que c'est la pollution.

M La pollution, oui bien sûr, ça peut être ça. Vous avez mal aux yeux, à la gorge? Vous avez pris votre température?

D Je n'ai pas mal aux yeux ni à la gorge et je n'ai pas de fièvre. Seulement une grande fatigue et des migraines.

M Vous dormez bien?

D Non, pas très bien. Il faudrait que vous me donniez quelque chose pour mieux dormir.

M D'accord. Cette fatigue, comment la ressentez-vous?

D C'est difficile à dire… J'ai du mal à me concentrer au travail. J'ai des trous de mémoire.

M Je vais vous donner du magnésium, en hiver, on (ⓐ) manque souvent, et des pilules pour dormir. Si dans une quinzaine de jours ça ne va pas mieux, vous reviendrez me voir.

Q1 Où se passe cette conversation?

① dans une pharmacie

② dans un cabinet médical

③ dans une salle de conférence

④ dans un bureau

Q2 Quelle est l'affirmation inexacte?

① Le patient a des soucis personnels et professionnels.
② Le patient souffre d'insomnie, de fatigue et de maux de tête.
③ Le patient suppose que ses symptômes sont dus à la pollution.
④ Le médecin prescrit du magnésium et du somnifère.

Q3 괄호 ⓐ에 들어갈 알맞은 대명사는?

① le ② la
③ en ④ y

어휘정리

nerveux 신경의, 신경질적인 migraine ⓕ (편)두통 (donner la ~ à q.n …을 골치 아프게 만들다) tension ⓕ (줄 따위의) 팽팽함, (정신적, 관계 따위의) 긴장, 혈압 se remettre à + inf. 다시 …하기 시작하다 se concentrer 정신을 집중하다, 몰두하다 / (주어 사물) 집중되다, 집결하다 manquer de …이 없다, …을 갖지 않다 (~ de +inf. …할 뻔하다) pilule ⓕ 환약, 알약 / (경구용) 피임약

본문해석

M : 안녕하세요, 뒤랑 씨. 자, 어디가 불편하신가요?
D : 아주 피곤하고, 신경이 예민합니다. 두통도 있구요.
M : 두통이라… 혈압을 재 봐야겠군요. 130/80 이라… 아주 좋습니다. 요즘 스트레스를 좀 받습니까? 집이나 사무실에 걱정거리라도 있나요?
D : 아니요. 집에도 사무실에도 걱정거리가 없습니다. 그보다는 공해 때문이라고 생각합니다.
M : 물론 공해 때문일 수도 있지요. 눈이나 목이 아픕니까? 체온을 재보셨나요?
D : 눈도 목도 아프지 않고, 열도 없습니다. 다만 많이 피곤하고 두통이 있습니다.
M : 잠은 잘 주무시나요?
D : 잘못 잡니다. 잠을 잘 잘 수 있게 약을 주세요.
M : 그러죠. 피곤함은 어떻게 느끼십니까?
D : 표현하기 힘들어요… 일을 할 때, 정신을 집중하기 힘듭니다. 건망증도 있구요.
M : 마그네슘을 드리죠. 겨울에는 마그네슘이 결핍되기 쉽거든요. 그리고 수면제를 드릴게요. 보름 쯤 후에도 호전되지 않으면, 다시 오십시오.

정답 1. ② 2. ① 3. ③

84 항생제 남용방지 캠페인

L'assurance maladie lance un vaste programme d'information et de prévention auprès des médecins et des patients en vue d'un meilleur usage des antibiotiques afin de limiter la résistance des bactéries aux antibiotiques et refréner des prescriptions onéreuses et inutiles. Sur le thème ⟨les antibiotiques, ce n'est pas automatique⟩, une grande campagne télévisée de sensibilisation de l'opinion démarre aujourd'hui. C'est une démarche de santé publique pour une mission de prevention, il s'agit également d'optimiser la dépense consacrée à la santé. Selon un rapport, la France, avec 80 millions de prescriptions par an, détient le record d'Europe de la consommation d'antibiotiques. Six mois durant et 12 jours par mois, des spots publicitaires sur les six chaînes de télévision chercheront à faire reculer le préjugé selon lequel l'antibiotique est la solution à une maladie virale.

Q1 D'après le texte, pourquoi une campagne de sensibilisation est lancée à la télévision?

① pour prévenir des maladies virales
② pour limiter des prescriptions inutiles des antibiotiques
③ pour faire prescire plus d'antibiotiques
④ pour combattre les préjugés pour des antibiotiques

어휘정리

antibiotique ⓜ 항생제 résistance ⓕ 내성, 저항 bactérie ⓕ 박테리아 refréner 억제하다, 자제시키다 onéreux 비용이 드는, 비싼 sensibilisation ⓕ 관심 끌기, 예민하게 만들기 santé publique ⓕ 보건 행정, 공중위생 optimiser 최적화하다, 가장 효과적으로 활용하다 consacré à …에 할애된 spot ⓜ (TV프로그램 사이에 삽입하는) 짧은 상업광고, 스포트 광고 reculer 감소하다, 줄어들다 (=diminuer) préjugé ⓜ 편견, 선입관 viral 바이러스성의

본문해석

의료보험은 항생제에 대한 세균의 내성을 줄이고 비싸고 불필요한 처방을 억제하기 위해, 항생제의 보다 나은 사용을 위하여 의사와 환자들에게 대대적인 정보와 예방 프로그램을 개시한다. ≪항생제는 필수적이 아니다≫라는 주제에 대해서, 대규모 여론조성 TV 캠페인이 오늘 시작된다. 이것은 예방 임무를 위한 공중 보건 운동이며, 또한 건강에 할당된 비용을 최적화하는 것이기도 하다. 한 보고서에 따르자면, 매년 8,000만 건의 처방으로 인해 프랑스는 항생제 소비에 있어서 유럽 기록을 보유하고 있다. 6개월 동안 내내, 매달 12일씩, 6개 TV 채널에서의 스포트 광고는 항생제가 바이러스성 질병의 해결책이라는 편견을 없애기 위해 노력할 것이다.

정답 1. ②

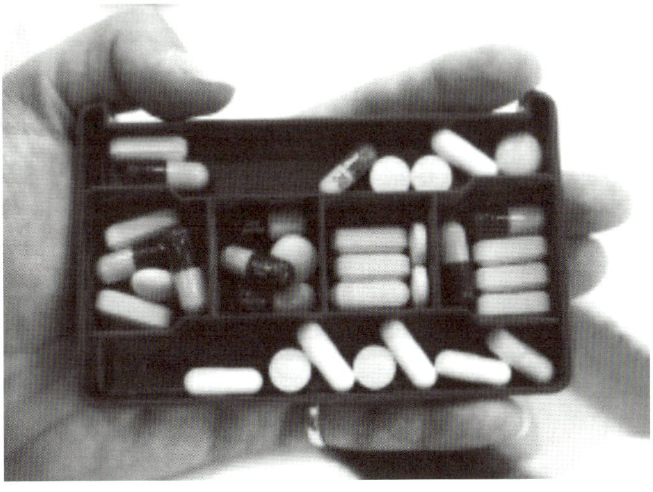

85 중세 식사풍속 이야기

Au XIVe siècle, les seigneurs faisaient souvent de grands banquets dans leurs châteaux. À cette époque-là, il n'y avait pas d'assiettes individuelles. Les invités manger ⓐ dans des plats prévus pour plusieurs personnes. Ils se servaient avec les doigts puis ils s'essuyer ⓑ sur un morceau de pain. On placer ⓒ le pain au début du repas entre deux convives, puis on le partageait en signe de civilité - d'où l'origine des mots ≪compagnon≫ et ≪copain≫. Les cuisiniers découpaient toute la nourriture dans les cuisines : il fallait éviter de laisser sur la table des objets dangereux, car les rixes éclataient très facilement. De même les serveurs présentaient toujours les plats face aux convives qui craindre ⓓ des coups de couteau dans le dos. À la fin du repas, on distribuait 20 à 30% du banquet aux pauvres.

Q1 친구나 동반자라는 용어가 생겨나게 된 유래는?

① 함께 접시를 사용한 사실에서
② 연회에서 식사 예절을 지키며 음식을 나누었던 점에서
③ 두 손님 옆에 놓인 빵을 함께 나누어 먹었던 사실에서
④ 음식을 가난한 사람들과 함께 나누어 먹었던 사실에서

Q2 밑줄친 동사 ⓐ, ⓑ, ⓒ, ⓓ의 반과거 형태가 올바르게 짝지어진 것은?

① mangaient - s'essuyaient - plaçait - craigneaient
② mangeraient - s'essuiaient - placait - craignaient
③ mangeaient - s'essuiaient - plaçait - craigneaient
④ mangeaient - s'essuyaient - plaçait - craignaient

Q3 연회용 음식을 부엌에서 미리 잘라 가지고 왔던 이유는?

① 손님들이 쉽게 음식을 먹을 수 있도록 하기 위해
② 싸움에 사용될 위험한 물건을 식탁 위에 놓지 않기 위해
③ 당시에는 식탁에서 칼을 사용하지 않았기 때문에
④ 동양 요리의 영향을 받아서

Q4 윗 글의 내용과 일치하지 않는 것은?

① 중세 14세기에는 귀족들의 연회에서 개인 접시를 사용하지 않았다.
② 손님들은 식탁에서 칼과 포크를 사용하지 않고 손으로 먹고서 빵 조각에 손을 닦았다.
③ 당시에는 연회 중에 싸움이 자주 일어났다.
④ 하인은 항상 손님의 오른쪽에서 음식 시중을 들었다.

어휘정리

seigneur ⓜ 영주, 제후, 귀족 banquet ⓜ 연회 s'essuyer (물기 따위를) 닦다, 씻어내다 convive ⓝ 회식자, 손님(=commensal) en signe de …의 표시로, …을 나타내기 위하여 civilité ⓕ 예의 compagnon ⓜ 친구, 동료 rixe ⓕ 싸움, 난투극 (=bagarre)

본문해석

14세기에 영주들은 자신의 성에서 자주 대 연회를 베풀었다. 이 시기에는 개인 접시가 없었다. 초대 손님들은 여러 사람용의 접시로 먹었다. 그들은 손으로 음식을 먹은 다음, 빵 조각에 손을 닦았다. 식사가 시작될 때 두 손님 사이에 빵을 놓았고, 예의의 표시로 빵을 같이 먹었는데, 여기서 ≪동료≫와 ≪친구≫라는 말이 유래하였다. 식탁에 위험한 물건들을 놓지 않기 위하여 요리사들은 모든 음식을 부엌에서 작게 잘랐다. 아주 쉽사리 싸움이 일어났기 때문이다. 마찬가지로 하인들은 등에 칼을 맞을까 두려워하는 손님들 정면에서 항상 음식을 권하였다. 식사가 끝나면 연회 음식의 20~30%를 가난한 사람들에게 나누어주었다.

정답 1. ③ 2. ④ 3. ② 4. ④

86 영양 개념의 변화

Dans les années 1970, tous les nutritionnistes s'accordaient à dire que rien n'était meilleur pour la santé et pour la ligne qu'un steak-haricots verts : c'était le menu recommandé par les diététiciens et aussi par les revues féminines. Le steak donnait de l'énergie, du muscle et … pas de graisse. En revanche, étaient à ⓐ proscrire les plats en sauce, le beurre, le lait, les féculents, l'huile, bref tout ce qui favorisait l'apparition du cholestérol. Mais vers la fin des années 1990, on a découvert que la viande regorgeait ⓑ de ≪graisses animales≫. Le mot fait peur, il évoque cholestérol et cancers divers.

Q1 밑줄 친 ⓐ의 뜻은 무엇인가?

① appartenaient à ② étaient en train de
③ recommandaient ④ devaient

Q2 밑줄 친 ⓑ을 대신할 수 있는 동사는?

① manquait ② abondait
③ aidait ④ fabriquait

Q3 문맥의 흐름상, 뒤이어 나올 내용으로 가장 적절한 것은?

① 육류는 여전히 건강과 미용에 좋다고 생각한다.
② 채소와 곁들여 먹는 육류는 건강에 필수적이다.
③ 사람들은 더 이상 고기를 애호하지 않고, 의심의 눈으로 바라본다.
④ 앞으로는 완전한 채식주의로 돌아서게 된다.

어휘정리

nutritionniste ⓝ 영양학자, 영양사　haricots verts ⓜ ⓟⓛ (식용) 깍지 콩　s'accorder à + inf. 동의하다, 일치하다　diététicien ⓝ 영양사, 영양학자　proscrire 금지하다　féculent ⓜ 전분질, 당질 / ⓐ 전분질(녹말)을 함유한　regorger de q.c …으로 가득하다, 넘칠 만큼 많다　graisse ⓕ 지방, 비계, 기름　cancer ⓜ 암

본문해석

1970년대에 모든 영양학자들은 스테이크와 깍지 콩보다 건강이나 몸매에 더 좋은 것은 없다고 이구동성으로 말하였다. 그래서 그것은 영양학자나 여성 잡지들이 권장하는 메뉴였다. 스테이크는 에너지를 제공하고 근육을 만들어 주는 것으로, 지방분은 없다고 하였다. 반면에 소스를 곁들인 요리, 버터, 우유, 당질, 기름, 간단히 말해 콜레스테롤의 생성을 조장하는 모든 것은 금지되어야 했다. 그러나 1990년대 말쯤에, 고기는 ≪동물성 지방≫이 가득하다는 사실을 발견하였다. 이 단어는 사람들을 두렵게 만들며, 콜레스테롤과 여러 가지 암들을 상기시킨다.

정답 1. ④　2. ②　3. ③

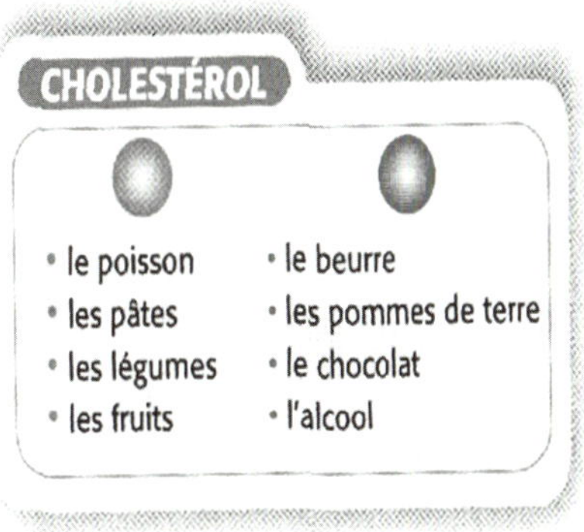

87 여행상품 광고 메일

Vous aimez les voyages? Vous aimez l'aventure? Alors, lisez ce message!

AVENTURE GLOBAL vous invite à faire le tour du monde en bateau, à bord d'un magnifique voilier. La mer des Caraïbes, les plages du Pacifique Sud et les mythiques îles de la Méditerranée vous attendent! N'hésitez plus et prenez contact avec nous, vous allez vivre l'expérience la plus inoubliable de votre vie.

Enregistrez-vous immédiatement et participez à notre grand tirage au sort ≪la croisière de vos rêves≫. Vous recevrez sans obligation d'achat notre catalogue de voyages à des prix sans concurrence.

Si ça vous intéresse, *cliquez ici*.

※ Vous venez de recevoir ce courriel sur votre ordinateur. Répondez aux questions.

Q1 De quel genre de texte s'agit-il?

① d'un message publicitaire
② d'une lettre amicale
③ d'un article de presse
④ d'une brochure touristique

Q2 ≪AVENTURE GLOBAL≫ est le nom :

① d'un film
② d'un bateau

③ d'une agence de voyages

④ d'un tirage au sort

어휘정리

bord ⓜ 배, (여타의) 교통수단 voilier ⓜ 범선, 요트 tirage au sort ⓜ 추첨, 제비뽑기 obligation ⓕ 의무, 책무 sans concurrence 경쟁상대가 없는, 남이 따를 수 없는 cliquer 클릭하다

본문해석

여행 좋아하세요? 모험을 좋아하세요? 그러면, 이 메시지를 읽으세요!

≪AVENTURE GLOBAL≫은 멋진 요트로 선상 세계 일주에 당신을 초대합니다. 카라이브 해, 남태평양 해변들, 지중해 신화의 섬들이 당신을 기다리고 있습니다! 더 이상 주저하지 마시고 저희에게 연락주시면, 당신 생애에서 가장 잊지 못할 경험을 하시게 될 겁니다.

즉시 등록하시고, ≪당신 꿈의 크루즈 여행≫이라는 본사 경품행사에 응모하세요. 구입하실 필요 없이 파격적인 가격으로 여행 카탈로그를 받게 될 겁니다.

관심이 있으시면, 여기를 *클릭하세요*.

정답 1. ① 2. ③

88 의 복

Dès notre naissance, un vêtement nous protège contre le froid, contre le chaud. Mais aussi, il nous caractérise et nous distingue (ⓐ) par sa couleur (rose pour les filles, bleu ou blanc pour les graçons), (ⓑ) par sa marque de fabrique, donc par son prix(riches ou pauvres). Petit enfant, on apprend à porter les habits que nous mettent nos parents et puis, plus grand, on demande à avoir les mêmes vêtements que ceux de nos compagnons d'école. Tout ça est une question de mode.

Le vêtement devient ainsi l'obsession de la vie quotidienne. On s'habille tantôt (ⓒ) son plaisir, tantôt (ⓓ) nécessité : elle échange un jean contre une jupe et elle peut se présenter chez un futur employeur. Il met une cravate et un veston et il peut prétendre à un emploi dans une banque. Sur la plage, on est presque nue; au travail, on doit se couvrir. Des couleurs lui sont réservées. D'aurtres lui sont interdites. Mais tout cela n'est-il pas en train de changer?

Q1 괄호 ⓐ에 공통으로 들어갈 알맞은 말은?

① ainsi　　② soit
③ ou　　④ et

Q2 괄호 ⓒ, ⓓ에 들어갈 전치사가 바르게 연결된 것은?

① contre - pour　　② de - en
③ pour - par　　④ par - contre

어휘정리

caractériser 특징짓다, 특색을 드러내다 marque de fabrique ⓕ 상표 apprendre à + inf. …하는 것을 배우다 demander à + inf. (주어가 사람) …하기를 바라다, (주어가 사물) …할 필요가 있다 compagnon ⓜ 동반자, 동료, 친구 obsession ⓕ 망상, 편집상태, 강박관념 échanger q.c contre q.c …을 …으로 교환하다 employeur ⓜ 고용주 prétendre à + ⓝ 열망하다 se couvrir 옷을 입다, 모자를 쓰다

본문해석

태어날 때부터 의복은 추위와 더위로부터 우리를 보호해준다. 또한 의복은 우리의 특성을 나타내며, 색깔 (여자는 분홍색, 남자는 파란색이나 흰색)을 통해서나, 상표, 즉 가격 (부자인가 가난한가)을 통해서 우리를 구별시킨다. 어린 시절, 우리는 부모님이 입혀주는 옷으로 의복 착용법을 배우게 되고, 더 자라면 학교 친구들과 똑같은 옷을 사달라고 조른다. 이 모든 것이 유행의 문제이다.

이처럼 의복은 일상생활의 강박관념이 되었다. 사람들은 때로는 즐거움을 위해 옷을 입거나, 때로는 필요성에 의해 옷을 입는다. 그래서 여자는 진바지 대신 치마를 갈아입고, 미래의 취직할 회사에 면접을 보러간다. 남자는 넥타이를 매고 양복을 입고서, 은행에 일자리를 얻으려 한다. 해변에서는 거의 옷을 걸치지 않는다. 한편 직장에서는 옷을 입어야 한다. 사람들에게는 옷의 색이 정해져 있으며, 어떤 색은 금지되어 있다. 하지만 이 모든 것이 변하고 있지 않는가?

정답 1. ② 2. ③

89 유전자변형식품 문제

Quels sont les risques éventuels des OGM? Les gènes introduits dans les OGM pourraient se diffuser à d'autres plantes ou organismes. Cela pourrait avoir une conséquence sanitaire: la diffusion de gènes de résistance aux antibiotiques accroîtrait la capacité des organismes infectieux à survivre aux antibiotiques, ce qui constitue déjà un problème médical de plus en plus préoccupant. Un autre risque de la diffusion de gènes pourrait être écologique: en renforçant la résistance aux pesticides, elle pourrait favoriser l'expansion d'autres plantes que celles cultivées, diminuant la biodiversité globale et appauvrissant les écosystèmes.

Quels sont les avantages éventuels des OGM? Les OGM pourraient accroître significativement la productivité des espèces modifiées, améliorant ainsi le revenu des agriculteurs, et permettant aussi de répondre aux besoins alimentaires croissants d'une population mondiale qui va passer désormais de 6 milliards d'habitants à près de 9 milliards. Les OGM pourraient également avoir un effet écologique favorable en diminuant la quantité de pesticides utilisés, qui affectent la santé des agriculteurs et polluent l'environnement. Enfin, ils pourraient permettre de créer des aliments ayant des propriétés médicales.

Q1 유전자 변형 생명체가 가져올 수 있는 장점이 아닌 것은?

① 유전자 변형 작물의 생산력을 증가시켜서, 농민들의 수입을 증가시킨다.
② 생산력 증대로 지구의 식량난을 해소할 수 있다.
③ 살충제의 사용을 줄이게 함으로써 환경보호에 이바지한다.
④ 유전자 변형 식품을 섭취함으로써 건강을 증진시킨다.

어휘정리

éventuel 잠재적인 OGM(organisme génétiquement modifié) 유전자 변형 작물, 유전자 재조합 식품, GMO gène ⓜ 유전자 se diffuser 퍼지다, 확산되다 sanitaire 보건의, 위생의 résistance ⓕ 저항, 내성 antibiotique ⓐ 항생(물질)의 / ⓕ 항생 물질, 항생제 infectieux 전염하는, 전염성의 pesticide ⓐ 살충의 / ⓜ 살충제 écosystème ⓜ 생태계 productivité ⓕ 생산성, 생산력 propriété ⓕ 특성, 속성

본문해석

'유전자 변형 작물'(GMO)의 잠재적인 위험은 무엇인가? GMO 안에 주입된 유전자는 다른 식물이나 생물로 퍼져나갈 수 있다. 이는 보건 문제에 영향을 줄 수 있다. 항생제에 대한 내성을 가진 유전자의 확산은 항생제에도 생존하는 전염체의 힘을 증대시킬 수 있으며, 이것은 점점 더 위급한 의학적 문제를 이미 제기하고 있다. 이러한 유전자의 확산에 대한 다른 위험은 환경보호 차원에서이다. 살충제에 대한 내성을 증강시킴으로써, 이 유전자의 확산은 재배 작물이 아닌 다른 작물들의 번식을 조장할 수 있으며, 지구상의 생물 다양성을 줄어들게 함으로써 생태계를 빈약하게 만들 것이다.

GMO의 잠재적인 장점은 무엇인가? GMO는 변형 종(種)의 생산력을 상당히 증가시킬 수 있으므로, 농민들의 수입을 향상시키고, 차후로 약 60억에서 90억에 달할 전 세계인구의 증가하는 식량의 요구를 해결해줄 것이다. 또한 GMO는 농민의 건강을 해치고 환경을 오염시키는 살충제의 사용량을 줄임으로써 환경보호에 긍정적인 효과를 가져 올 수 있다. 마지막으로 GMO는 의학적 특성을 지닌 음식물을 만들게 해줄 것이다.

정답 1. ④

유전자변형식품 반대 켐페인

90 휴가정보

Pendant les vacances, vous voyagez et le soir, vous êtes contents de trouver un hôtel où vous allez passer la nuit.

Les hôtels sont classés: une étoile ou deux étoiles ? Vous payez la chambre entre 70 euros et 90 euros. N'attendez pas un grand confort! À partir de trois étoiles, vous avez le droit d'être exigeants, mais vous payez plus cher, environ 180 euros pour la chambre. Enfin, les hôtels à 4 étoiles vous assurent le luxeⓐ international et la cuisine exceptionnelle.

Pour les plus jeunes qui voyagent sans leurs parents, il y a bien sûr les Auberges de jeunesse, mais elles n'ont pas assez de place pour tout le monde. Vous pouvez aussi camper : il y a des campings à une, deux, trois étoiles. Ou bien, vous pouvez dormir sur la plage ou dans un pré, ≪à la belle étoile≫.

Q1 Trouvez l'intention du texte.

① convaincre les autres ② prévenir des gens
③ donner des informations ④ raconter ses vacances

Q2 Choisissez une mauvaise réponse.

① On doit payer entre 70 euros et 90 euros pour une chambre dans un hôtel à deux étoiles.
② Une chambre dans un hôtel à trois étoiles est à environ 180 euros.
③ ≪Dormir à la belle étoile≫ veut dire dormir en plein air.
④ ≪Dormir à la belle étoile≫ signifie dormir dans un camping sous la tente.

어휘정리

exigeant 까다로운, 많은 것을 요구하는 auberge ⓕ 식당 겸 여인숙, 주막 (~ de jeunesse 유스호스텔) camper 캠핑하다 pré ⓜ 목초지, 풀밭, 초원

본문해석

바캉스 기간 중에 여러분은 여행을 할 것이고, 저녁에는 밤을 지낼 호텔을 찾게 되면 만족스러울 것이다.

호텔은 등급이 나뉘어져 있는데, 1성급이나 2성급을 원하십니까? 이 경우, 여러분은 60유로에서 100유로 사이에서 방 값을 지불해야 하는데, 대단한 안락함을 기대해서는 안 될 것이다. 3성급 호텔부터 많은 것을 요구할 권리를 가지게 되지만, 더 비싼 값을 지불해야 한다. 가격은 대략 180유로 정도 된다. 마지막으로 4성급 호텔은 국제적 수준의 호화로움과 특별 요리를 보장한다.

부모님을 동반하지 않고 여행하는 어린 청소년들에게는 물론 유스호스텔이 있다. 하지만 모든 사람들이 묵을 만큼 자리가 충분치 않다. 또한 캠핑을 할 수 있다. 1, 2, 3성급 캠핑장이 있다. 아니면 해변이나 풀밭에서 노숙할 수도 있다.

정답 1. ③ 2. ④

91 관광안내소에서

A Qu'est-ce qu'un syndicat d'initiative?

B C'est une association qui s'occupe des manifestations culturelles et du patrimoine d'une petite ville.

A Quel rôle est-ce qu'il joue dans la vie culturelle?

B Il joue un rôle important, puisqu'il organise des concerts, des représentations théâtrales, des expositions d'artistes locaux. Il peut aussi proposer des cours de théâtre, de musique, de danse …

A Les personnes qui y travaillent sont bénévoles?

B Oui. (ⓐ). Et il faut qu'elles soient très motivées. Il faut qu'elles fassent partager leur intérêt pour la vie culturelle et le patrimoine pour leur ville.

A Quelle différence y a-t-il entre un syndicat d'initiative et un office du tourisme?

B C'est essentiellement une différence de taille. Le syndicat d'initiative se trouve surtout dans les villages ou les petites villes. L'office du tourisme joue à peu près le même rôle, mais dans des villes importantes. Et les employés sont salariés.

Q1 Où se trouvent les syndicats d'initiative?

① dans une grande ville ② dans une petite ville
③ dans une entreprise ④ dans un théâtre

Q2 Trouvez l'affirmation exacte.

① Un syndicat d'initiative a pour mission de s'occuper des manifestations culturelles et du patrimoine d'une grande ville.

② Les bénévoles des syndicats d'initiative sont des gens peu motivés.
③ Dans un office du tourisme, les responsables sont des volontaires.
④ Dans un office du tourisme, les responsables sont des salariés.

Q3 Quelle est la phrase qu'on peut mettre entre parenthèses ⓐ pour expliquer ≪les bénévoles≫?

① Elles touchent des salaires
② Elles travaillent sans être payées.
③ Elles sont des amateurs peu efficaces.
④ Elles sont fonctionnaires.

어휘정리

syndicat d'initiative ⓜ 관광 안내소 patrimoine ⓜ 세습(상속) 재산, 문화유산 bénévole ⓝ 자원 봉사자 motivé 동기가 부여된, 의욕적인 office du tourisme ⓜ 관광 협회

본문해석

A : '관광 안내소'가 무엇입니까?
B : 소도시의 문화 행사와 문화유산을 관장하는 단체입니다.
A : 이 단체는 문화생활에 있어서 어떤 역할을 하고 있습니까?
B : 음악회, 연극 상연, 지방 예술가들의 전시회를 주최하기 때문에 중요 역할을 맡고 있습니다. 연극, 음악, 댄스 등의 강의를 열기도 합니다.
A : 거기서 일하는 사람들은 자원 봉사자들입니까?
B : 네. (그들은 돈을 받지 않고 일합니다). 하지만 아주 의욕적이어야 합니다. 그들은 본인이 갖고 있는 도시의 문화생활과 문화유산에 대한 관심을 전해주어야 합니다.
A : '관광 안내소'와 '관광 협회'의 차이점이 무엇입니까?
B : 순전히 규모의 차이입니다. '관광 안내소'는 시골 마을이나 소도시에 있습니다. '관광 협회'도 거의 같은 역할을 하고 있지만, 주요 대도시에 자리하고 있습니다. 그리고 직원은 봉급을 받습니다.

정답 1. ② 2. ④ 3. ②

92 여행사에서

A Mais, ça doit être beaucoup plus long.

B Bonjour. Je pars pour Paris. Je dois être là-bas lundi.

C Apparemment, non. Il n'y a pas de vols directs samedi ou dimanche. La seule possibilité, c'est de prendre une correspondance.

D Effectivement, c'est plus long. Mais, si vous voulez partir samedi…

E Bon, je vais regarder… Ça va être difficile. Il n'y a que trois vols Air Europe par semaine. Le lundi, le mercredi et le vendredi.

F Je ne vais pas passer mon week-end dans un avion, quand même. Faites-moi une réservation pour le vol du lundi.

G La compagnie, ça m'est complètement égal. Il n'y a pas d'autres compagnies?

Q1 Où se passe ce dialogue?

① à bord d'un avion ② au commissariat
③ à l'hôtel ④ dans une agence de voyages

Q2 Mettez ce dialogue dans l'ordre exacte. Trouvez la bonne réponse.

① E - B - C - G - A - D - F ② F - D - A - C - G - E - B
③ B - E - G - C - A - D - F ④ G - C - B - E - A - D - F

어휘정리

apparemment 언뜻 보아, 아마도, 십중팔구는 vol ⓜ 비행, 비행 편 / 절도 correspondance ⓕ 갈아타기, 환승 effectivement 실제로, 정말로 égal 무관심한, 중요하지 않은 (ça m'est égal 내게는 상관없다, 중요하지 않다) compagnie ⓕ 회사, 단체, 극단, 동행, 동석

본문해석

A : 하지만 아주 오래 걸릴 텐데요.

B : 안녕하세요. 파리에 가려고 하는데, 월요일까지는 도착해야 합니다.

C : 아마 없을 겁니다. 토요일과 일요일에는 직항편이 없습니다. 유일한 방법은 중간에 갈아타는 겁니다.

D : 사실 시간이 더 걸리지요. 하지만 손님이 토요일에 떠나시기를 원하신다면 …

E : 알겠습니다. 한번 보지요 … 힘들 겁니다. 유럽 항공은 일요일에 3개 비행 편밖에 안 됩니다. 월요일, 수요일, 금요일.

F : 그렇기는 해도 주말을 비행기에서 보낼 수는 없지요. 월요일 비행 편으로 예약해주십시오.

G : 항공사는 아무래도 상관없습니다. 다른 항공사는 없나요?

정답 1. ④ 2. ③

93 과일과 야채 섭취

Tout le monde reconnaît qu'ils sont bons pour la santé et pourtant leur consommation reste très faible dans notre pays. Les fruits et les légumes sont les héros d'une campagne d'information lancée par le gouvernement.

Depuis 30 ans, plus de 250 études scientifiques ont démontré que la consommation régulière de fruits et de légumes diminuait les risques d'avoir le cancer, une maladie très grave. Manger plus de légumes, c'est aussi limiter les possibilités de devenir obèse. Aujourd'hui, plus d'un enfant sur 10 est trop gros parce qu'il se nourrit mal : trop de sucres, de produits gras… Les mérites des fruits et des légumes sont reconnus dans toutes les familles et pourtant, moins de la moitié des Français en mange suffisamment, notamment les jeunes. Les médecins recommandent ainsi de manger 5 fruits ou légumes par jour.

Ils peuvent être frais, surgelés, en conserve, crus ou cuits, mangés en entrée ou en dessert. Quelle que soit leur préparation, ils restent toujours bons pour la santé. La campagne d'information du gouvernement dans les journaux jusqu'à fin décembre donne ainsi des renseignements très pratiques pour cuisiner ces légumes et ces fruits.

Q1 De quoi traite ce texte?

① de l'environnement ② de l'agriculture

③ de la santé ④ de l'économie

어휘정리

héros ⓜ (사건 따위) 주역, 중심인물 lancer une campagne 캠페인을 벌이다 démontrer 증명하다 / (사물 주어) 보여주다, 나타내다 (= montrer) obèse ⓐⓝ 비만한 (사람) mérite ⓜ 장점, 이점, 미덕, 공적, 재능 surgelé 냉동된 conserve 저장한 음식, 통조림 entrée ⓕ (요리) 전식(前食), 앙트레

본문해석

모든 사람들이 과일과 야채가 건강에 좋다는 것을 인정하지만, 그 소비는 우리나라에서는 매우 미약하다. 과일과 야채는 정부가 시행하는 홍보 캠페인의 중심 주제이다. 30년 전부터 과일과 야채의 규칙적 섭취가 중병인 암에 걸릴 위험을 줄인다는 것이 250편 이상의 과학 연구에 의해 증명되었다. 더 많은 야채를 먹는 것은 비만이 될 가능성을 줄이는 것이기도 한다. 오늘날 10명 중 1명 이상의 어린이가 설탕과 지방 음식의 과잉 섭취로 인한 영양 불균형으로 비만이다. 즉 설탕과 지방 음식의 과잉 섭취 때문이다. 과일과 야채의 장점은 모든 가정에서 인정되고 있지만, 프랑스인의 절반 이하만이 과일과 야채를 충분히 섭취하고 있는데, 특히 젊은이들이 충분히 섭취하지 않는다(프랑스인의 절반 이상이 과일과 야채를 충분히 먹고 있지 않는데, 특히 젊은이들이 그러하다). 이처럼 의사들은 매일 5개의 과일이나 야채를 먹을 것을 권고하고 있다. 과일과 야채는 신선하게, 냉동 상태로, 통조림으로, 날로 또는 익혀서, 전식으로 또는 후식으로 섭취될 수 있다. 조리방법이 어떻건 간에, 과일과 야채는 항상 건강에 좋다. 12월 말까지 신문 지면에서의 정부의 홍보 캠페인은 야채와 과일을 조리하는 데 매우 실용적인 정보를 제공한다.

정답 1. ③

15 millions de Français dînent comme ce jeune couple en regardant le journal télévisé de 20 heures.

94 프랑스인의 식사

Le petit-déjeuner: pas trop petit quand même!

Après la nuit, et pour commencer une nouvelle journée, le petit-déjeuner est important. Il devrait apporter 25% des besoins alimentaires de la journée. Trop de personnes l'oublient! Pour tout le monde, enfants comme adultes, la composition du petit-déjeuner doit rester la même: un produit céréalier, un produit laitier, un fruit frais et une boisson.

Le déjeuner: le repas clé de la journée

Le déjeuner apporte un moment de détente. Il devrait se composer d'une entrée de légumes crus ou cuits, d'un plat avec de la viande, du poisson ou des œufs et des légumes ou des féculents, d'un produit laitier et d'un fruit ⋯, sans oublier le pain. Mais on peut aussi, de temps en temps, choisir un plat un peu plus lourd comme de la charcuterie ou un gâteau au dessert. En général, il vaut mieux diminuer notre consommation de graisses. Les Français en mangent trop.

Le dîner : léger ⋯

C'est le moment où l'on retrouve la famille et les bons petits plats. Pourtant, pour passer une bonne nuit, le dîner devrait être plus léger que le déjeuner. L'équilibre avec le déjeuner est une règle à suivre. Un plat de viande n'est pas obligatoire et on peut choisir de manger des légumes. Certaines personnes plus âgées prennent une soupe, mais il ne faut pas non plus avoir faim en sortant de table!

Q1 Dans quelle rubrique pourrait-on lire ce document?

① Faits divers ② Santé
③ Sport ④ Courrier des lecteurs

어휘정리

besoins ⓜⓟⓛ 생리적 욕구 laitier 우유의 boisson ⓕ 음료 détente ⓕ 휴식, (긴장의) 이완 se composer de …으로 구성되다 cru 날 것의 féculent ⓜ 전분 charcuterie ⓕ 돈육 가공품, 돈육점

본문해석

아침 식사 : 그래도 너무 적지 않게!

밤을 지낸 후, 새로운 하루를 시작하기 위해 아침식사는 중요하다. 아침은 하루 필요 영양분의 25%를 제공해야 한다. 너무도 많은 사람들이 이 사실을 잊고 있다. 모든 사람에게, 어른과 마찬가지로 아이들에게 아침식사의 구성은 동일해야 한다. 즉 곡류, 유제품, 신선한 과일, 음료로 이루어진다.

점심 : 하루의 핵심 식사

점심은 휴식의 시간을 가져다준다. 점심 식사는 생야채나 익힌 야채의 전식, 육류나 생선, 계란, 야채, 탄수화물이 나오는 요리, 유제품, 과일 … 로 이루어져야 한다. 빵을 잊어서는 안 된다. 그러나 또한 때때로 돈육 가공품 같은 열량이 약간 더 높은 요리나, 후식에 케익을 선택할 수 있다. 일반적으로 우리의 지방 섭취를 줄이는 편이 낫다. 프랑스인들은 지방을 너무 많이 섭취한다.

저녁 : 가볍게 …

가족을 다시 만나서 맛있는 조촐한 요리를 먹는 시간이다. 하지만 편안한 밤을 보내기 위해서, 저녁 식사는 점심보다 더 가벼워야 한다. 점심과의 균형은 지켜야 할 규칙이다. 고기 요리는 필수적이 아니며, 야채를 선택할 수도 있다. 일부 노년층은 스프를 먹지만, 식사를 마칠 때 배가 고파서도 안 된다.

정답 1. ②

95 바캉스

Il y a seulement 20 ou 30 ans, le rêve des Français était de partir en vacances durant trois ou quatre semaines dans un lieu unique. Désormais beaucoup de ceux qui partent en vacances, seulement 60% des Français, ne partent qu'une ou deux semaines durant l'été. Le séjour moyen est ainsi fixé à dix jours. Aujourd'hui, les Français fragmentent leurs vacances, grâce à la réduction du temps de travail et à l'aménagement des horaires… mais aussi en raison de la modification de la famille due principalement aux divorces suivis de remariages. D'ailleurs nous partons plus souvent en week-end, des week-ends parfois rallongés d'un jour ou deux. L'an dernier, 51% des Français sont partis au moins une fois en week-end et 14% au moins 10 fois.

Pourtant, comme il y a 30 ans, le temps des vacances est synonyme de soleil, de retrouvailles familiales ou entre amis. Pour le second point, cette année encore, 70% des vacanciers auront été hébérgés dans leur famille ou chez leurs amis durant les vacances. Quant au premier point, le Soleil, il aura fait grise mine à peu près partout, sauf sur la Côte d'Azur, qu'on soit partis en juillet ou en août!

Q1 프랑스인이 바캉스를 일 년 중 여러 기간으로 분할해서 사용하는 이유로 언급되지 않은 것은?

① 노동시간 단축　　② 일과조정의 가능성

③ 소득 감소　　④ 이혼과 재혼에 따른 가족 구성의 변화

어휘정리

fragmenter 분할하다, 토막 내다 aménagement ⓜ 조정, 수정, 정비, 개조 divorce ⓜ 이혼 rallonger 길어지다 (=s'allonger) synonyme ⓐⓜ 동의어(의), 유의어(의) / 같은 뜻의, 마찬가지의 (être synonyme de q.c) retrouvailles ⓕⓟⓛ 재회 héberger 투숙시키다 faire grise mine …을 쌀쌀맞게 대하다, 불만스런 낯으로 대하다

본문해석

20~30년 전에 프랑스인들의 꿈은 단 한 장소에 3~4주간 바캉스를 떠나는 것이었다. 이후로 바캉스를 떠나는 많은 사람들, 즉 프랑스인의 60% 만이 여름에 1~2주간만 바캉스를 떠난다. 이처럼 평균 체류기간은 10일로 한정되었다. 오늘날 프랑스인들이 바캉스를 나누어서 사용하는데, 노동시간 단축과 일과표 조정 덕분일 뿐 아니라, 주로 이혼과 그에 따른 재혼에 따른 가정의 변화 때문이다. 게다가 하루나 이틀 늘어난 주말에 더 자주 떠난다. 작년에 프랑스인의 51%가 적어도 한 번 주말여행을 떠났고, 14%가 적어도 열 번 떠났다.

하지만 30년 전처럼, 바캉스 시간은 태양, 가족과 친구 간의 재회와 마찬가지이다. 두 번째 사항(가족과 친구와의 재회)에 있어서, 올해 역시 피서객의 70%가 바캉스 동안 가족이나 친구들 집에서 묵었다. 첫 번째 사항인 태양에 대해 말하자면, 7월에 떠났든, 8월에 떠났든 '코트다쥐르' 해안을 제외하고는 거의 전역에서 찌푸린 날씨가 되었다.

정답 1. ③

96 고비용의 건강 지출

En France, les dépenses de santé sont en partie (ⓐ) par la Sécurité sociale. Or, devant l'augmentation des dépenses, cet organisme a de plus en plus de mal à accomplir sa mission. Elle dépense plus d'argent qu'elle n'en reçoit. C'est pourquoi, le gouvernement demande, depuis plusieurs années, à tous les professionnels de la santé de (ⓑ), c'est-à-dire d'ordonner moins d'analyses, prescrire moins de médicaments, etc.

Cette année encore, les recommandations du gouvernement n'ont donc pas abouti. Mais les professionnels de la santé se défendent d'être des irresponsables. Pour eux, les augmentations enregistrées sont inévitables. D'une part, parce que les Français vivent de plus en plus vieux. Il faut donc les soigner plus longtemps. D'autre part, la population augmente. Il faut donc soigner plus de personnes. Enfin, grâce aux progrès de la médecine, les médicaments sont de plus en plus élaborés. Ils coûtent donc plus cher.

• Sécurité sociale : organisme chargé de rembourser une partie des dépenses de santé des Français. Pour cela, chaque travailleur verse de l'argent, une cotisation, à la Sécurité sociale. C'est cet argent qui sert à rembourser les dépenses de ceux qui sont malades.

Q1 괄호 ⓐ에 들어갈 적절한 표현은?

① remboursées ② recueillies

③ demandées ④ soignées

Q2 괄호 ⓑ에 들어갈 적절한 표현은?

① dépenser davantages
② faire des économies
③ recommander plus de consultations
④ multiplier des examens médicaux

어휘정리

en partie 부분적으로 rembourser 환불하다, 환급하다 ordonner 처방하다 prescrire 처방하다, 규정(명령)하다 aboutir 성공하다 (=réussir) / (à) 도착하다, 이르다 irresponsable ⓐⓝ 무책임한 (사람) enregistré 기록된 élaboré 공들여 만들어진, 제작된 chargé de …을 맡은, 적재한 verser 지불하다, 납부하다, (액체) 붓다 cotisation ⓕ (사회보장기관에 내는) 납입금 servir à …에 쓰이다, 사용되다 Sécurité sociale ⓕ 사회보장(제도), 사회보장공단

본문해석

프랑스에서, 의료비는 '사회보장공단'에 의해 일부 환급받는다. 그런데 이러한 건강 비용의 증가 앞에서, 이 기관은 자체의 임무를 수행하기가 점점 더 어렵다. 사회보장기관은 걷어 들이는 것보다 지출이 더 많다. 그래서 몇 해 전부터, 정부는 모든 전문 의료인들에게 비용을 절감해줄 것을 요청하고 있다. 즉 의료 검사와 의약품 처방을 줄여줄 것을 요청하고 있다.

그런데 올해에도 역시 정부의 권고는 이루어지지 않았다. 그러나 의료인들은 자신들이 무책임한 존재라는 것을 부인한다. 그들에게 있어서, 기록된 (의료비의) 증가는 필연적이다. 한편으로, 프랑스인들이 점점 장수하기 때문이다. 그러므로 그들을 더 장기간 치료해야만 한다. 다른 한편, 인구가 증가하기 때문이다. 그러므로 더 많은 사람들을 치료해야만 한다. 마지막으로 의학의 발달로 인하여 점점 더 약효가 좋은 의약품이 나오기 때문이다. 그러므로 그 약들의 가격이 더 비싸다.

• **사회보장공단** : 프랑스인들의 건강 비용의 일부분을 환급해주는 일을 맡고 있는 기관. 이를 위해 각 근로자들은 사회보장공단에 납입금을 내야 한다. 바로 이 돈이 아픈 사람들의 건강 비용을 환급하는 데 사용된다.

정답 1. ① 2. ②

97 유기농 재배

Les produits de l'agriculture biologique s'installent peu à peu dans les habitudes des Français. Une personne sur 5 en achète au moins une fois par mois.

Depuis quelques années, certains agriculteurs, soucieux de la qualité des produits et de l'environnement, ont choisi de pratiquer une agriculture dite "biologique". Ils travaillent sur de petites superficies. Ils élèvent les animaux au grand air. Ils n'utilisent pas d'engrais chimiques et ne traitent les cultures contre les maladies et les insectes qu'en cas de nécessité.

Les produits issus de ce type d'agriculture sont vendus sur certains marchés, ainsi que dans les supermarchés avec l'étiquette "AB" (agriculture biologique). Ces produits ont des saveurs plus riches. Mais surtout, ils séduisent de plus en plus les consommateurs inquiets des effets de leur alimentation sur leur santé. Ainsi, selon un sondage, 1 Français sur 5 a acheté un ou plusieurs produits "bio" au cours des 4 semaines écoulées. Les aliments les plus vendus sont les produits laitiers (lait, yaourts…) et les œufs. Viennent ensuite le pain, les pâtes, les biscuits, les céréales et la viande de bœuf.

Malgré ce nouvel engouement, la France est très en retard par rapport aux autres pays européens. Elle fut pourtant l'un des premiers pays à pratiquer l'agriculture biologique dans les années 1980. Mais aujourd'hui, elle ne se classe qu'au 13e rang dans ce domaine. L'agriculture "bio" ne représente que 1% des terres cultivées.

Q1 Quels sont les produits bio les plus recherchés?

① le pain ② la viande
③ les produits laitiers ④ les céréales

어휘정리

biologique 무공해의, 생물학의 soucieux de …에 관심을 갖는, 우려하는 superficie ⓕ 면적, 표면 au grand air 야외에서, 풀어 놓고 insecte ⓜ 곤충 saveur ⓜ 맛, 풍미 engouement ⓜ 열풍

본문해석

유기농산물이 조금씩 프랑스인들의 습관에 자리 잡고 있다. 5명 중 1명이 적어도 한 달에 한 번 유기농산물을 구입한다.

몇 년 전부터 농산품의 품질과 환경에 관심을 갖는 농민 중 일부가 소위 "유기농" 재배를 하기로 결정했다. 그들은 소규모 경작을 한다. 그들은 가축을 방목하며, 화학 비료를 사용하지 않으며, 필요한 경우에만 병충해 퇴치 농법을 사용한다.

이런 유형의 재배로 생산된 제품들은 일부 시장이나 "AB"(유기농 재배)라는 상표를 달고 슈퍼마켓에서 판매된다. 이 농산품들은 더 풍부한 풍미를 지닌다. 그러나 특히 이 농산품들은 음식이 건강에 미치는 결과를 우려하는 소비자들을 점점 더 매료시킨다. 이처럼, 여론 조사에 따르면, 5명 당 1명의 프랑스인들이 4주 동안 하나 또는 여러 개의 유기농산물을 구입한다. 가장 많이 판매되는 음식은 유제품(우유, 요구르트…)과 계란이며, 다음이 빵, 파스타, 비스킷, 곡물, 소고기이다.

이러한 새로운 열풍에도 불구하고, 프랑스는 다른 유럽 국가들에 비해 아주 뒤져 있다. 하지만 프랑스는 1980년대에 유기농법을 시행한 최초 국가들 중 하나였다. 그러나 오늘날, 프랑스는 이 분야에서 13위에 위치해 있다. "유기농" 재배는 경작지의 1%에 불과하다.

정답 1. ③

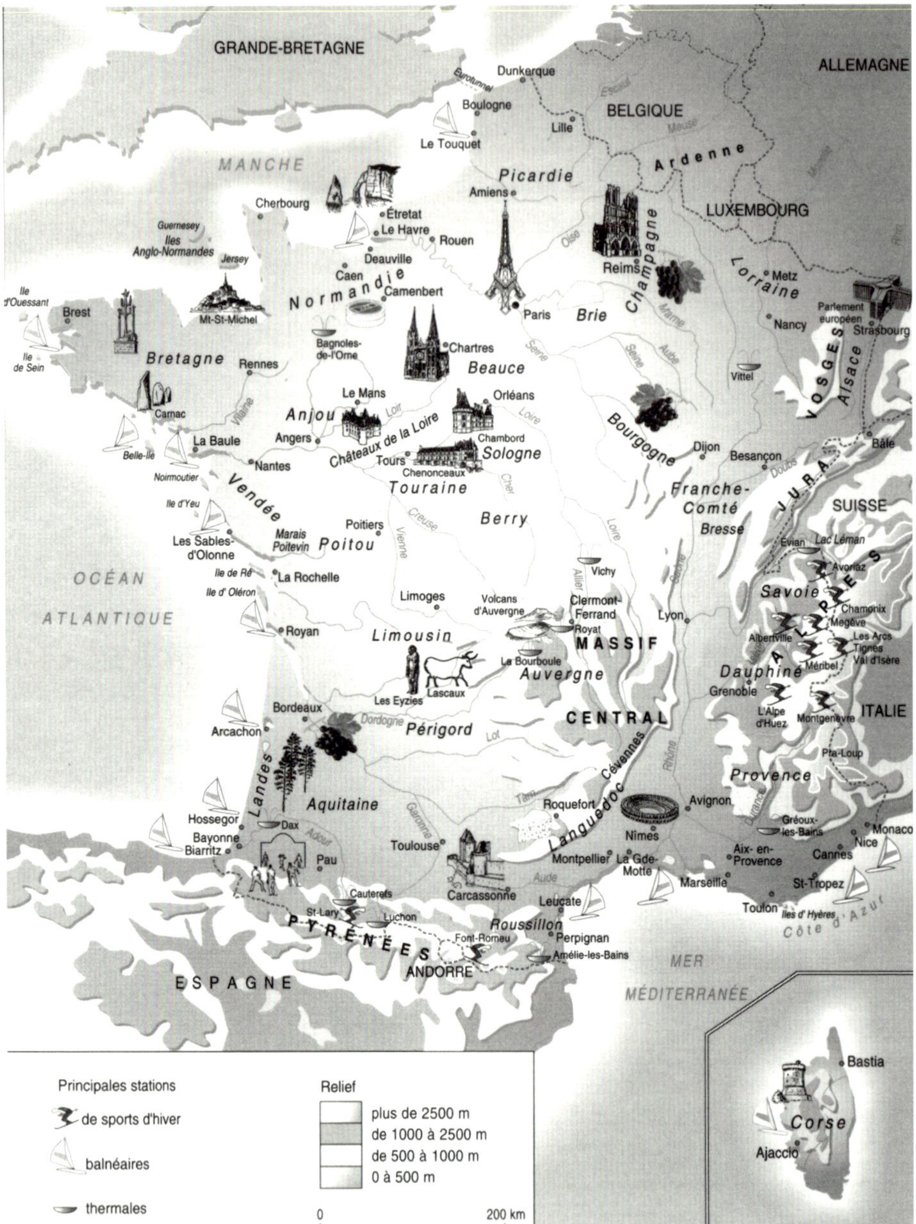
GRANDE-BRETAGNE
ALLEMAGNE
BELGIQUE
LUXEMBOURG
SUISSE
ITALIE
ESPAGNE
ANDORRE
Monaco
MANCHE
OCÉAN
ATLANTIQUE
MER
MÉDITERRANÉE
Eurotunnel
Dunkerque
Boulogne
Le Touquet
Lille
Ardenne
Picardie
Amiens
Cherbourg
Étretat
Le Havre
Rouen
Deauville
Caen
Camembert
Normandie
Guernesey
Iles Anglo-Normandes
Jersey
Ile d'Ouessant
Brest
Mt-St-Michel
Ile de Sein
Bretagne
Rennes
Bagnoles-de-l'Orne
Chartres
Paris
Brie
Reims
Champagne
Lorraine
Metz
Nancy
Parlement européen
Strasbourg
Vosges
Alsace
Vittel
Beauce
Carnac
La Baule
Belle-Ile
Noirmoutier
Nantes
Angers
Anjou
Le Mans
Orléans
Châteaux de la Loire
Chambord
Sologne
Tours
Chenonceaux
Touraine
Bourgogne
Dijon
Besançon
Bâle
Franche-Comté
Bresse
Jura
Vendée
Ile d'Yeu
Les Sables-d'Olonne
Marais Poitevin
Poitou
Poitiers
Berry
Ile de Ré
La Rochelle
Ile d' Oléron
Royan
Limoges
Limousin
Volcans d'Auvergne
Clermont-Ferrand
Royat
Vichy
Lyon
Evian
Lac Léman
Avoriaz
Savoie
Chamonix
Megève
Albertville
Les Arcs
Tignes
Val d'Isère
Méribel
Alpes
Dauphiné
Grenoble
L'Alpe d'Huez
Montgenèvre
Massif Central
La Bourboule
Auvergne
Les Eyzies
Lascaux
Bordeaux
Arcachon
Périgord
Landes
Aquitaine
Cévennes
Languedoc
Roquefort
Avignon
Provence
Pra-Loup
Gréoux-les-Bains
Nice
Cannes
Aix-en-Provence
Marseille
St-Tropez
Toulon
Iles d' Hyères
Côte d'Azur
Hossegor
Dax
Bayonne
Biarritz
Pau
Toulouse
Nîmes
Montpellier
La Gde-Motte
Carcassonne
Leucate
Cauterets
St-Lary
Luchon
Pyrénées
Font-Romeu
Roussillon
Perpignan
Amélie-les-Bains
Bastia
Corse
Ajaccio
Principales stations
de sports d'hiver
balnéaires
thermales
Relief
plus de 2500 m
de 1000 à 2500 m
de 500 à 1000 m
0 à 500 m
0
200 km

프랑스 관광·유적지도

Chapitre 5

femmes, éducation et famille

여성 · 교육 · 가족

98 모성보호

Sur le plan social, l'État a souhaité que les maternités ne soient pas un handicap professionnel pour les femmes : elles ne perdent ni leur salaire ni leur emploi pendant leur congé de maternité de seize semaines. À partir du deuxième enfant, elles peuvent bénéficier d'un congé parental d'un an, rémunéré, pour élever leurs enfants. Élever un enfant étant un métier, les femmes qui ont élevé trois enfants et qui n'ont pas pu avoir une autre activité professionnelle ont droit à une retraite. Dans le cadre de l'égalité hommes-femmes, les hommes peuvent aussi bénéficier d'un congé parental et ont droit désormais à un congé de paternité de deux semaines. Les communes qui veulent faciliter la vie des couples avec enfants ont mis en place des crèches qui accueillent les enfants toute la journée et des halte-garderies pour celles ou ceux qui font leurs courses. L'accueil à l'école maternelle à partir de deux ans est aussi une manière de permettre de concilier la vie professionnelle et la vie familiale. Enfin, la vie familiale a ses symboles : la fête des Mères et la fête des Pères, et bien sûr la fête de Noël qui est celle de tous les enfants.

Q1 Les pères peuvent avoir un congé de paternité de(d') :

① deux semaines ② seize semaines
③ un mois ④ un an

어휘정리

maternité ⓕ 모성, 모성애 bénéficier de …의 혜택을 받다 rémunéré 봉급을 받는 congé parental ⓜ 육아 휴가 avoir droit à (+ qc) …을 받을 권리(자격)가 있다 (pension de) retraite ⓕ 퇴직연금 (toucher sa retraite 퇴직연금을 받다) dans le cadre de … 의 범위 내에서, …의 일환으로 paternité ⓕ 부성, 부성애 commune 코뮌(프랑스 최소 행정단위로 시, 읍, 면, 리에 해당) mettre en place 설치(설립)하다, 배치(배열)하다, (정책을) 확립(실시)하다 crèche ⓕ (3세 미만의) 탁아소, 유아방 accueillir 접대하다, 맞이하다, 받아들이다, (주어 사물) 수용하다 halte-garderie ⓕ (아이를 부정기적으로 잠시 맡기는) 임시 탁아소 faire ses courses 장을 보다 école maternelle ⓕ 유치원 concilier 화해시키다, 조정하다, 양립시키다

본문해석

사회복지 차원에서, 정부는 여성에게 모성(母性)이 불리한 조건이 되지 않기를 바랐다. 그래서 여성은 16주간의 출산 휴가 동안에 봉급도, 일자리도 잃지 않는다. 둘째 아이부터, 여성은 자녀를 키우기 위하여 1년간의 유급 육아휴가를 받을 수 있다. 자녀 양육이 하나의 직업이 되었기 때문에, 3명의 자녀 양육으로 다른 직업 활동을 할 수 없었던 여성들은 퇴직연금을 받을 권리가 있다. 남녀평등의 일환으로, 남성들 역시 육아휴가를 받을 수 있으며, 앞으로는 2주간의 부성휴가를 받을 권리가 있다. 자녀를 가진 부부의 생활을 용이하게 하기를 바라는 코뮌들은 하루 종일 아이들을 맡아주는 유아방과, 장을 보는 어머니나 아버지들을 위한 임시 탁아소를 설립하였다. 2살부터의 유치원 입학 역시 직업생활과 가정생활을 양립하도록 해주는 방식이다. 마지막으로, 가정생활은 그 상징을 가지는데, 그것은 어머니날, 아버지날, 그리고 물론 모든 아이들의 축제인 크리스마스 축제이다.

정답 1. ①

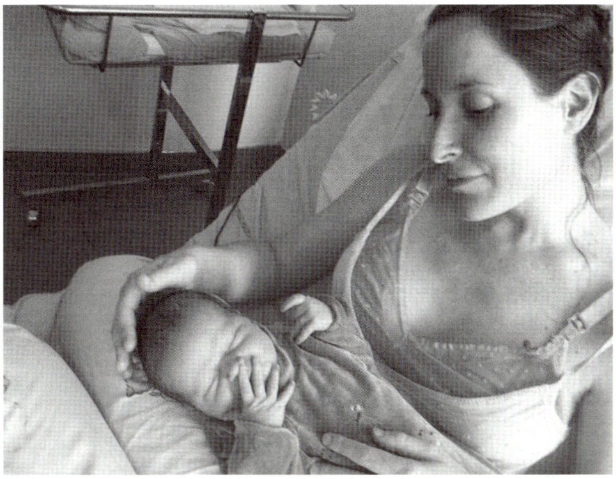

99 프랑스의 의무교육

En France, l'école est obligatoire de 6 ans à 16 ans, mais la plupart des enfants vont à l'école maternelle à partir de 3 ans, ils entrent à l'école primaire (ⓐ) une durée de cinq ans. Ils travaillent toutes les matières avec un maître ou une maîtresse, (ⓑ) 8 heures et demie du matin (ⓒ) 4 heures et demie de l'après-midi. De midi à 13 heures, beaucoup d'enfants déjeunent à la cantine mais certains déjeunent chez eux. Les enfants travaillent tous les jours sauf le mercredi, le samedi après-midi et le dimanche. Vers 12 ans, les enfants entrent au collège, et après au lycée. Ils y restent au minimum (ⓓ) 16 ans, mais la plupart y restent jusqu'au baccalauréat qui est le diplôme de fin d'études secondaires.

Q1 괄호 ⓐ, ⓑ, ⓒ, ⓓ안에 들어갈 적절한 전치사를 차례대로 나열한 것은?

① pour - à - à - à
② pendant - de - à - jusqu'à
③ pendant - de - à - pendant
④ pour - de - à - jusqu'à

Q2 윗 글의 내용과 일치하는 것을 고르시오.

① 프랑스 의무교육은 12살까지이다.
② 프랑스 초등학교는 6년제이다.
③ 모든 학생들이 교내 식당에서 점심을 먹는다.
④ 프랑스 초등학교에서는 수요일에 수업이 없다.

어휘정리

maternel 어머니의, 모계의 (école maternelle 유아원) primaire 초등의, 최초의 (école primaire 초등학교) matière ⓕ 물질 / 재료, 소재, 주제 / (학교의) 교과, 과목 cantine ⓕ 구내식당 collège ⓜ 중학교 lycée ⓜ 고등학교 baccalauréat ⓜ 대학입학 자격 (시험)

본문해석

프랑스의 의무교육은 6살부터 16살까지이다. 하지만 대부분의 아이들은 3살부터 유아원에 가며, 5년간 초등학교에 다닌다. 아이들은 오전 8시 반부터 오후 4시 반까지 선생님과 함께 전 과목을 공부한다. 정오에서 오후 1시까지 많은 아이들이 교내 식당에서 점심을 먹지만, 몇몇 아이들은 집에서 점심을 먹는다. 아이들은 수요일, 토요일 오후, 일요일을 제외한 매일 수업을 받는다. 12살 아이들은 중학교에 들어가고, 다음에는 고등학교에 들어간다. 최소한 16세까지 중-고등학교 과정을 밟지만, 대부분의 아이들은 중등교육 졸업장인 대학입학자격시험 때까지 남는다.

정답 1. ④ 2. ④

100 대학생 이야기

Je m'appelle Claude Didier. Je suis étudiant de première année en psychologie à Nanterre. J'ai fait mes études secondaires dans un lycée de la région parisienne, et en juin dernier j'ai passé mon bac en lettres, langues et philosophie. Pendant ma dernière année au lycée, j'ai fait de la psycho et je me suis tout de suite passionné pour cette matière, probablement parce que j'avais un prof vraiment très fort, très dynamique, très cultivé. Pendant les grandes vacances j'ai lu des tas de bouquins de psycho et j'ai décidé de me lancer et de faire une licence.

Cette année je dois passer 8 U.V.(Unités de valeur), et je ne suis pas le seul. Les cours sont bondés! Dans le cours du mercredi matin, nous sommes au moins 400 dans un énorme amphi. Le prof arrive sur l'estrade, comme un acteur, et pendant une heure et demie il parle dans un micro pendant que nous, assis sur les gradins, prenons des notes comme des fous. Quelquefois, si c'est trop barbant, on lit le journal (discrètement!) ou on fait des mots-croisés. Le prof ne peut rien voir! Je trouve qu'il est difficile de s'habituer à l'anonymat et à la passivité qui caractérisent les cours magistraux.

Je me sens un peu perdu cette année. Je n'ai pas eu le temps de me faire des copains à la Fac. Il n'y a pas beaucoup de contact entre les étudiants, et il n'y a pas d'endroit où nous puissions nous rencontrer après le cours et nous parler en prenant un café. En plus, la Fac est loin de Paris, et après le cours tout le monde rentre chez soi. Ça me déçoit un peu, car j'avais imaginé une ambiance très différente et j'avais espéré me faire de bons copains.

Q1 Pourquoi Claude s'est-il passionné pour la psychologie pendant sa dernière année au lycée?

① Parce qu'il a obtenu une meilleure note en psychologie.
② Parce que son père est un professeur de psychologie.
③ Parce qu'il avait un problème familial à cette époque-là.
④ Parce qu'il avait un prof de psychologie très compétent.

Q2 Qu'est-ce qu'il a fait l'été dernier?

① un grand voyage en Asie.
② lire des livres de psycho.
③ un stage d'informatique.
④ un petit boulot.

Q3 Claude se plaint :

① de l'absence de relations amicales.
② du manque de liberté.
③ de l'incompétence des professeurs.
④ de l'insuffisance des bourses

어휘정리

matière ⓕ 과목, 분야 fort 우수한, 뛰어난, 유능한 / 힘센, 튼튼한 cultivé 경작된, 교양이 있는 bouquin ⓜ 책 se lancer (과감히) 뛰어 들다, 투신하다 licence ⓕ 학사, 학사 학위 / 허가, 면허, 특허 U.V. (대학의) 이수 단위 bondé 만원인, 가득 찬 (=plein) estrade ⓕ 단, 연단, 교단 gradin ⓜ 계단식 좌석 prendre des notes 필기하다 barbant 지루한(=ennuyeux) mots-croisés ⓟⓛ 크로스워드 퍼즐, 글자 맞추기 anonymat ⓜ 익명 magistral 교사의 (cours magistraux 교사가 직접 하는 강의) écevoir 실망시키다 ambiance ⓕ 분위기

본문해석

내 이름은 클로드 디디에로서, 낭테르 대학의 심리학과 1학년 학생이다. 나는 파리 지역 고등학교에서 중등교육을 받았고, 지난 6월에는 문학-어학-철학 분야의 바칼로레아 시험을 보았다. 고등학교 마지막 학년 동안, 심리학을 했는데, 곧바로 이 과목에 빠져들었다. 아마도 아주 유능하고, 활기 차고, 학식이 풍부한 선생님이 계셨기 때문이다. 여름 방학 동안 나는 심리학책을 많이 읽었고, 심리학 학사학위를 하기로 결정하였다.

올해 나는 8학점을 들어야 하는데, 나 혼자만 그런 것은 아니다. 강의실은 학생들로 가득 차 있다. 수요일 아침 수업에, 우리는 대형 계단식 강의실에 적어도 400명 정도 된다. 교수님은 교단에 배우처럼 올라오시고, 1시간 반 동안 마이크로 강의를 하신다. 그 동안 우리는 계단식 좌석에 앉아서 미친 듯이 필기를 한다. 때로는 너무 지루해서 (몰래!) 신문을 읽거나 글자 맞추기를 한다. 교수님은 아무것도 볼 수 없다. 주입식 강의의 특성인 익명성과 수동성에 익숙해지기 어렵다고 생각한다.

올해 나는 조금 외톨이처럼 느꼈다. 대학에서 친구들을 사귈 시간이 없었다. 학생들 사이에 접촉이 많지 않으며, 강의가 끝난 후에 만나서 커피를 마시며 담소를 할 장소가 없다. 게다가 대학은 파리에서 멀기 때문에 강의가 끝나면 모든 학생들이 집으로 돌아간다. 나는 약간 실망스럽다. 나는 아주 다른 분위기를 상상했었고, 좋은 친구들을 사귈 수 있기를 바랐기 때문이다.

정답 1. ④ 2. ② 3. ①

101 남녀 불평등

Pendant très longtemps, les femmes n'étaient pas libres dans toutes les sociétés, avaient moins de droits que les hommes. Elles ne pouvaient pas choisir leur métier, elles n'avaient pas le droit de vote, elles ne choisissaient pas leur mari. Depuis le début du 20ème siècle, cette situation a tant changé que les femmes ont acquis de nombreux droits. Mais, de nombreuses inégalités persistent entre hommes et femmes dans tous les domaines. Les femmes sont beaucoup moins nombreuses que les hommes à la tête des entreprises et en politique. Les filles ont moins accès à l'enseignement que les garçons. Les exemples en sont nombreux. La Journée internationale de la femme est l'occasion de parler de toutes ces inégalités.

어휘정리

métier ⓜ 직업 tant … que (결과절) 너무 …해서 …하다 acquérir 획득하다, 취득하다 persister 존속하다 avoir accès à (qc) …에 접근하다, (지위를) 획득할 가능성이 있다 l'occasion de (+ 무관사 명사 / inf.) ⓕ 계기, 원인, 구실, 정황

본문해석

아주 오랫동안, 모든 사회에서 여성들은 자유롭지 못하고, 남성들보다 권리를 갖지 못하였다. 여성들은 자신의 직업을 선택할 수 없었고, 투표권이 없었으며, 남편을 선택할 수 없었다. 20세기 초 이후로, 이러한 상황이 너무도 변하여 여성들이 많은 권리를 획득했다. 그러나 모든 영역에서 남녀 간에 많은 불평등이 존속하고 있다. 기업 대표나 정계에 여성들이 남성들보다 수가 훨씬 더 적다. 여자아이들이 남자아이들보다 교육을 받지 못한다. 그 예들은 수없이 많다. '세계 여성의 날'은 이 모든 불평등에 대해 말하는 계기이다.

102 미래의 외국어 교육

L'école obligatoire a été inventée à la fin du XIXe siècle pour apprendre à tous les enfants à lire, écrire et compter. Vaste ambition. Mission (en gros) accomplie. Mais voilà : au XXIe siècle, ça ne suffit plus. À ces trois objectifs, il est temps d'en ajouter un autre : parler au moins une langue étrangère.

Parce que la circulation des hommes, des idées et des marchandises est mondiale ; parce que nous devons vivre dans un espace politique et humain, l'Europe, (ⓐ) coexistent vingt-trois langues officielles, (ⓑ) qui, dans le siècle qui vient, ne parlera qu'une seule langue sera un handicapé social. Un espéranto existe bien, c'est l'anglais, pas celui de Byron, mais celui du business, d'Internet et de la vie quotidienne, mais ce n'est déjà plus une langue étrangère. Il faut apprendre une autre langue et tous les chercheurs s'accordent à dire qu'on n'apprend jamais aussi bien une langue étrangère que par nécessité. Cette nécessité est là!

Pour la société française, c'est une révolution culturelle à accomplir. Manifestement, les parents, si préoccupés de l'avenir de leurs enfants, y sont prêts … Sortons de l'esprit des gens l'idée que l'apprentissage d'une langue étrangère est une chose difficile. Non, c'est stimulant. Et facile! À condition de s'y prendre à temps et de la bonne manière.

Ne regardons pas <u>les polyglottes</u> comme des phénomènes dotés de plusieurs cerveaux quand ils sont simplement des gens qui ont appris à user d'une compétence qui appartient à tous.

Q1 Quelle est l'affirmation qui ne correspond pas au texte?

① Désormais, il faudra parler plus d'une langue pour bien s'adapter à la société actuelle.

② Il y a 23 langues officielles différentes au sein de l'UE.

③ On apprend bien une langue si on y est obligé.

④ Les polyglottes ne sont pas toujours des gens exceptionnellement doués.

Q2 Que signifie ≪les polyglottes≫?

① les gens éloquents　② les gens intelligents

③ les gens plurilingues　④ les gens bavards

Q3 괄호 ⓐ, ⓑ에 들어갈 관계 대명사와 지시 대명사와 올바르게 연결된 것은?

① où - celle　② qui - celle

③ que - celui　④ où - celui

Q4 최소한 외국어 1개 이상을 해야 하는 이유로 언급된 것이 아닌 것은?

① 전 세계인 간의 국제 교류가 빈번하기 때문에

② 무역이 전 세계적으로 행하여지기 때문에

③ 12개의 공식 언어가 공존하는 유럽에 살기 때문에

④ 에스페란토어가 아직 세계적으로 통용되지 않기 때문에

Q5 Choisissez le rôle que l'auteur n'attribue pas à l'anglais.

① 문학 언어　② 일상생활 언어

③ 사업상 언어　④ 인터넷 언어

어휘정리

en gros 대체로, 대강 / 도매로, 도매의 / 큰 글자로 objectif ⓜ 목표 circulation ⓕ 순환, 교류, 교역, 교통 s'accorder à + inf. 의견이 일치하다 manifestement 분명히 apprentissage ⓜ 학습, 견습, 실습 stimulant 자극적인, 흥분시키는, 활력을 주는 / ⓜ 자극물, 활력소 s'y prendre 착수하다 / 행동(처신)하다 à temps 늦지 않게, 때 맞추어 polyglotte ⓐ 다언어로 쓰여진, 여러 언어에 능통한 (=mutilingue, plurilingue) / ⓝ 여러 언어에 능통한 사람 doter de 지참금을 주다 / (을) 갖추게 하다 (=équiper, munir) / 주다, 부여하다 compétence ⓕ 능력(=capacité) / 권능, 권한 / 권위자, 전문가 / (언어) 언어 능력 appartenir à …에 속하다, …의 것이다 / …에 소속하다, …의 일원이다 / …에 고유(특유)한 것이다 / …에게 마땅히 주어져야 한다

본문해석

의무교육은 모든 아이들에게 읽기, 쓰기, 셈하기를 가르치기 위해 19세기 말에 만들어졌다. 대체로 이 임무는 완수되었다. 하지만 21세기에서 이것은 이제 충분치 않다. 이 3가지 목표에 최소한 1개의 외국어를 구사해야 한다는 다른 목표를 덧붙여야 할 때이다.

인적 교류, 사상과 물류 교류가 전 세계적으로 이루어지고 23개의 공식어가 공존하는 유럽이라는 정치-인적 공간에서 살아야만 하기 때문에, 다음 세기에 1개 국어만 하는 사람은 사회적인 장애인이 될 것이다. 물론 국제 통용어인 영어가 존재하는데, 영어는 바이런 같은 문학어로서의 영어가 아니라, 비즈니스, 인터넷, 일생 생활의 언어로써 이미 외국어가 아니다. 영어 외의 다른 언어를 배워야만 하는데, 모든 연구자들은 필요성에 의해서가 아니면 외국어를 배울 수 없다고 이구동성으로 말한다. 이 필요성이 바로 여기에 있지 않은가!

프랑스 사회에서 이것은 완수해야 할 문화 혁명이다. 분명 자녀의 미래를 걱정하는 부모들은 이 혁명을 맞을 준비가 되어있다. 외국어 습득은 어려운 것이라는 생각을 사람들의 머리에서 없애야 한다. 반대로 흥미롭고 쉬운 것이다. 제때 좋은 방식으로 시작한다는 조건하에서 그러하다.

다국어 능통자를 여러 개의 뇌를 소유한 희귀한 인간으로 보지 말자. 이들은 모든 사람들이 보유하고 있는 능력의 활용법을 배운 사람에 지나지 않는다.

정답 1. ③ 2. ③ 3. ④ 4. ④ 5. ①

103 여성과 정치

En France, pendant longtemps, la politique était une affaire d'hommes. Les femmes n'y avaient pas accès. Jusqu'en 1944, elles ne pouvaient ni voter ni se présenter aux élections. Depuis, des efforts ont été faits pour que les femmes soient autant représentées que les hommes en politique. La loi la plus importante à ce sujet est la loi sur la parité. Elle a été votée en 2000 et oblige les partis politiques à présenter autant de candidats hommes que femmes. Mais cette loi du 06 juin 2002 n'est pas respectée. Et la France est très mauvaise élève en matière de parité. Seul 10% des membres du Parlement (Sénat et Assemblée nationale) sont des femmes, et seul 1 chef de région sur 22 est une femme : Ségolène Royal. Cette dernière s'est présentée en 2007 pour tenter d'être la première femme présidente de la République française.

어휘정리

se présenter 출마하다, 출두하다 parité ⓕ 동일, 유사, 평등 en matière de (+ 무관사 명사) …의 분야에서 obliger (qn à +inf.) …하도록 강요하다 région ⓕ (행정) 광역 지방 (여러 도를 묶는 지역권으로 프랑스 최대 행정단위) / 지방, 지역, 일대

본문해석

프랑스에서, 오랫동안, 정치는 남성들의 일이었다. 여성들은 정치에 관여할 수 없었다. 1944년까지, 여성들은 투표를 할 수도, 선거에 출마할 수도 없었다. 그 이후로, 여성들을 남성들만큼 정치에 참여시키기 위한 많은 노력들이 행하여졌다. 이 주제에 대한 가장 중요한 법이 '평등법'이다. 이 법은 2000년에 가결되었고, 정당들이 남성과 여성 후보들을 동수로 출마시키도록 강요한다. 하지만 이 2002년 6월 6일 법은 지켜지지 않고 있다. 프랑스는 평등의 분야에서 아주 '성적이 나쁜 학생'이다. 의회(상원과 하원)의 의원 중 10% 만이 여성이며, '광역지방' 의장 22명 중 1 명만이 여성인데, 세골렌 루와얄이다. 그녀는 프랑스 공화국 최초의 여성 대통령이 되기 위하여 2007년에 출마했다.

104 여성과 가사노동

Une femme peut avoir la même profession qu'un homme mais dans la répartition des tâches ménagères, une inégalité (ⓐ) dans notre société : c'est la femme qui fait le ménage, le lavage, le repassage, le rangement (1 heure par jour). C'est elle qui connaît le prix de la nourriture et, dans la majorité des cas, c'est elle qui fait la cuisine (1 heure 30). La femme s'occupe des enfants (pour la santé, l'habillement, la révision des leçons, l'amusement) mais aussi des courses et de la couture (en tout 2 heures). Elle n'a presque pas un moment à elle. La participation de l'homme ne dépasse pas 20 minutes par jour. Son domaine, c'est en général le bricolage, la voiture, le classement des factures …

Q1 Choisissez une bonne réponse.

① L'égalité des sexes existe dans notre société.

② C'est la femme qui s'occupe principalement des ménages domestiques.

③ L'homme s'occupe toujours de ses enfants.

④ L'homme participe volontairement aux tâches ménagères

Q2 문맥으로 보아 괄호 ⓐ에 들어갈 가장 알맞은 동사는?

① baisse ② diminue

③ craque ④ persiste

어휘정리

occuper (장소를) 점유하다, 차지하다 / (직위, 직책을) 맡고 있다 / (시간을) 소비하다, 보내다　répartition ⓕ 분배　tâche ⓕ 일, 과업, 직무　persister 고집하다, 고수하다, 끈질기게 …하다 / (주어 사물) 지속하다, 오래 끌다　nourriture ⓕ 양식, 음식　révision ⓕ 재검토, 수정, 개정, 복습　couture ⓕ 재봉, 바느질　en tout 어느 모로 보나, 모든 면에서 (=à tous égards) / 전부 (=au total)　bricolage ⓜ (자질구레한) 공작, 작업, (취미 삼아 하는) 만들기, 목공일(DIY)　facture 송장, 계산서

본문해석

여자는 남자와 동등한 직업을 가질 수 있지만, 우리 사회에서는 가사 노동의 분배에 있어서 불평등이 여전히 존재하고 있다. 살림, 빨래, 다림질, 집안 정돈을 하는 것은 여자이다(매일 1시간). 식품의 가격을 알고 있는 것도 여자이고, 대부분의 경우 요리를 하는 것도 여자이다(1시간 30분). 여자는 아이를 돌보며(건강, 의복, 학과 복습, 놀아주기), 뿐만 아니라 장을 보고 바느질도 한다(통산 2시간). 여자는 자신만의 시간을 거의 갖지 못한다. 남자의 가사 노동 참여는 매일 20분을 넘지 않는다. 남자의 영역은 일반적으로 취미용 목공일, 자동차, 세금 영수증 정리… 등이다.

정답 1. ② 2. ④

105 부모와 자녀 간 대화의 어려움

Parce que l'adolescent commence à prendre des orientations différentes de celles de ses parents. Jusque-là, tout était partagé : les valeurs, les sentiments. Il y a un double travail de deuil à faire. Les parents doivent accepter que leur enfant ne fasse pas forcément ⓐ ce qu'ils souhaiteraient. Quant à l'adolescent, il s'affranchit peu à peu de la protection de ses parents. Mais cette démarche l'angoisse en même temps. Il va donc adopter des positions excessives pour affirmer son individualité. Et la communication devient tendue.

Q1 Quelle est la question qui peut être introduite comme réponse à ce texte?

① Pourquoi les parents évitent de communiquer avec les adolescents?
② Comment se comporter face aux adolescents?
③ Pourquoi les relations avec les adolescents sont-elles parfois si difficiles?
④ À qui se confient les adolescents?

Q2 밑줄 친 ⓐ와 같은 뜻의 부사가 아닌 것은?

① inévitablement ② nécessairement
③ absolument ④ patiemment

어휘정리

adolescent 청소년 partagé 분할된 / 분열된, 갈라진 / (감정, 의견 따위가) 공유된 forcément 반드시, 필연적으로 s'affranchir de 해방되다, 면제되다, 벗어나다 angoisser 불안(번민)에 빠뜨리다, 번민하게 하다 (=tourmenter) adopter 채택하다, 취하다, 따르다 / (투표로) 가결하다, 통과시키다 individualité ⓕ 개성, 개체성, 개성적 특징 tendu 팽팽한, 긴장된, 긴박한, 부드럽지 못한

본문해석

청소년은 부모의 방향과 다른 방향을 취하기 시작하기 때문이다. 지금까지는 가치관이나 감정 등 모두 것에 대해 의견을 같이 했다. 양자 간의 단절 과정이 이루어져야 한다. 부모는 자녀가 부모가 원하는 것을 반드시 하지 않는다는 것을 받아들여야 한다. 청소년은 조금씩 부모의 보호에서 벗어난다. 그러나 이러한 과정은 동시에 청소년을 불안하게 만든다. 그래서 청소년은 자신의 개성을 주장하기 위해 극단적인 입장을 취할 것이다. 그래서 대화가 부드럽게 이루어지지 않는다.

정답 1. ③ 2. ④

106 전통 여성상과 여성 평등

L'image que l'on se fait de la femme française vient trop souvent des œuvres littéraires du dix-neuvième siècle. On y voit les parents décider du mariage de leur fille. Il n'était pas ≪comme il faut≫, il y a un siècle, d'apprendre un métier aux jeunes filles ; elles n'en ont pas besoin, puisqu'elles doivent se consacrer aux soins du ménage, à l'éducation des enfants, aux plaisirs mondains et surtout au bonheur de leur mari. Leur raison d'être, c'est de se marier, et elles ne deviennent jamais vraiment majeures ; elles passent de l'autorité des parents à celle du mari. C'est un fait que la femme se trouvait en France au milieu du XIXe siècle dans une situation d'infériorité par rapport à l'homme. Et ceci à tous les égards : sur le plan culturel, économique, politique et juridique. À travers le XXe siècle, les Françaises ont dû lutter pour conquérir l'égalité, et cette conquête a été plus lente en France que dans certains autres pays.

Q1 Choisissez une description fausse sur les femmes françaises.

① Elles n'avaient pas le droit de décider de leur propre mariage.
② Elles n'avaient pas beaucoup d'occasions d'exercer un métier.
③ Elles avaient une véritable autonomie.
④ Elles passaient tout leur temps à s'occuper de la famille.

Q2 윗 글 바로 다음에 올 수 있는 내용으로 가장 적절한 것은?

① 여성인구의 대폭증가 ② 여성의 종교적 집착
③ 여성의 결혼반대 운동 ④ 여성의 지위 향상을 위한 투쟁

어휘정리

comme il faut ⓐ 훌륭한, 품위 있는 / ⓐⓓ 훌륭히, 정확하게 décider de(sur) …에 대해서 결정을 하다 se consacrer à …에 몸 바치다, 헌신하다, 몰두하다 ménage ⓜ 가정, 세대 mondain 사교계의, 속세의 C'est un fait 그것은 정말이다, 명확한 사실이다 infériorité ⓕ 열등, 하위, 하급 juridique 법적인, 법률(상)의, 재판(상)의 conquérir 정복하다, 쟁취하다

본문해석

프랑스 여성에 대해 갖는 이미지는 흔히 19세기 문학 작품에서 나온 것이다. 19세기 문학 작품에서 부모가 딸의 결혼에 대해 결정짓는 것을 볼 수 있다. 1세기 전에 여자에게 직업을 가르치는 것은 올바른 일이 아니었다. 여자는 그럴 필요가 없었다. 여자는 살림, 자녀 교육, 사교생활의 즐거움, 특히 남편의 행복에 헌신해야 하기 때문이다. 여자의 존재 이유는 결혼하는 것이며, 여자는 부모의 슬하에서 남편의 슬하로 넘겨지기 때문에 결코 진정한 성인이 되지 못하였다. 19세기 중엽 프랑스에서 여자가 남자에 비해 열등한 상황에 있었다는 것은 사실이다. 이것은 모든 면에서, 즉 문화, 경제, 정치, 법률적인 면에서 그러하다. 20세기를 통해서 프랑스 여성들은 평등을 쟁취하기 위해 투쟁해야 했으며, 이러한 쟁취는 다른 나라들보다 프랑스에서 더디게 이루어졌다.

정답 1. ③ 2. ④

107 1가구 1자녀

Parmi les enfants nés dans les années 1960, un enfant sur treize ou quatorze était enfant unique. Aujourd'hui, nous nous dirigeons vers une proportion d'un enfant sur dix. Dans l'histoire de la population française, de tels chiffres ne sont pas exceptionnels. Si l'on remonte au début du siècle, être enfant unique était une situation relativement courante, mais pour d'autres raisons: dans beaucoup de familles, la mortalité infantile et la guerre n'avaient souvent épargné qu'un seul enfant. Parmi les personnes nées dans les années 1920, une sur huit environ était enfant unique.

Par rapport aux milieux populaires et bourgeois, les classes moyennes font moins d'enfants. Par exemple, parmi les enfants des femmes nées dans les années 1960 (ⓐ) le père exerçait une profession intermédiaire, près de 12% étaient enfants uniques.

De nos jours, le choix de l'enfant unique répond non à des facteurs génétiques, mais plutôt à des comportements d'imitation des parents: ainsi les enfants uniques, hommes ou femmes, deviennent plus fréquemment des pères et des mères d'enfant unique.

Q1 괄호 ⓐ에 들어갈 알맞은 관계 대명사는?

① qui ② avec qui
③ pour lesquelles ④ dont

Q2 윗 글의 내용과 일치하지 않는 것은?

① 20세기 초, 높은 유아 사망률과 전쟁으로 인해 독자(獨子)가 흔했다.

② 1920년대에 독자의 비율이 가장 낮았다.
③ 중류층 가정이 상류층과 하층 가정에 비해 자녀 출생률이 가장 낮다.
④ 오늘날 한 자녀 가정이 많은 것은 유전적 요인보다는 부모를 본뜬 행동에서 기인한 것이다.

어휘정리

relativement 비교적, 상당히, 꽤 / 상대적으로, …에 비해서 courant 흔한, 일상적인 mortalité ⓕ 집단사(死), (통계) 사망률 infantile 어린이의, 소아의 épargner (재해가) 피해를 입히지 않다 / (사람을) 너그럽게 봐주다/ 저축하다, 예금하다 intermédiaire 중간의, 중개의 / ⓜ 중개, 중매 génétique 유전의

본문해석

1960년대에 출생한 아이들 중에서 13~14명 당 1명의 아이가 한 자녀였다. 오늘날, 우리는 10명 당 1명의 비율로 나아가고 있다. 프랑스 인구사에서 이러한 숫자는 특별한 것이 아니다. 20세기 초로 올라가면, 한 자녀는 비교적 흔한 상황이었지만, 다른 이유에서 그러하였다. 즉 많은 가정에서 (높은) 유아 사망률과 전쟁으로 한 자녀만 남게 되었기 때문이었다. 1920년대에 출생한 사람들 중에서 8명 중 1명이 한 자녀였다.

하층민과 부르주아에 비해서 중산층이 자녀가 더 적다. 예를 들어, 아버지가 중간 관리자였던 1960년대 출생 여성들의 자녀들 가운데, 약 12%가 한 자녀였다.

요즈음 한 자녀 선택은 유전적인 요인에 따르는 것이 아니라, 그보다는 부모를 모방하는 행동에 따른 것이다. 이처럼 외동아들이나 외동딸은 본인도 종종 한 자녀의 부모가 된다.

정답 1. ④ 2. ②

108 프랑스의 가정

Les Français se marient tard. Le premier mariage est à 27 ans en moyenne pour les femmes et à 29 ans pour les hommes. Et ils divorcent beaucoup. Mais la famille est la première valeur pour 94% d'entre eux. La majorité des couples a moins de deux enfants, ce qui n'est pas suffisant pour renouveler les générations. Déjà, un quart des Français a plus de 65 ans!

Beaucoup de femmes travaillent et apportent de l'argent au ménage. Le mari et la femme (ⓐ) les décisions importantes ensemble. Mais l'égalité n'existe pas encore pour les travaux domestiques …

Q1 Choisissez la phrase qui ne correspond pas au texte.

① La famille est la première valeur pour les Français.
② Le partage du travail ménager est complètement égalitaire.
③ Il faut, au moins, deux enfants par couple pour renouveler les générations.
④ Le taux de personnes âgées est relativement élevé.

Q2 문맥상 괄호 ⓐ에 들어갈 알맞은 동사는?

① mettent ② prennent
③ rejettent ④ partagent

어휘정리

en moyenne 평균적으로 divorcer 이혼하다 majorité ⓕ 다수, 대다수, 과반수, 성년 renouveler 교체하다, 갱신하다 ménage ⓜ 가정, 세대 égalité ⓕ 같음, 동등, 평등 domestique 가족의, 가정의 (= familial, ménager) / 국내의 (vol ~ 국내선) / ⓝ 하인

본문해석

프랑스 사람들은 늦게 결혼한다. 평균적으로 첫 결혼은 여자의 경우 27살, 남자의 경우 29살에 한다. 그리고 프랑스 사람들은 이혼도 많이 한다. 하지만 가정은 그들 중 94%에게 있어서 제1의 가치이다. 대다수의 부부들은 2명 이하의 자녀를 두고 있는데, 이는 세대교체를 위해 충분치 않다. 벌써 프랑스 인구의 4분의 1이 65세 이상이다.

많은 여성들이 일을 하고 있고 가정에 돈을 벌어온다. 남편과 부인은 함께 주요 결정을 내리지만, 가사 노동에서는 아직도 평등이 존재하지 않는다.

정답 1. ② 2. ②

109 아동학대

Des millions d'enfants dans le monde sont victimes de mauvais traitements. L'Unicef souhaite que des mesures urgentes soient prises pour empêcher de tels drames. Maltraiter un enfant, cela peut signifier le battre, l'insulter, ne pas lui donner assez de choses à manger, le forcer à faire des choses qui ne sont pas de son âge et l'obliger à travailler comme un adulte. La maltraitance peut ainsi prendre des formes nombreuses et complexes. Dans le monde, des millions d'enfants subissent des mauvais traitements. Ils sont d'autant plus difficiles à repérer que cette forme de torture se passe en lieu clos. Or, ces mauvais traitements, outre qu'ils sont très douloureux à vivre dans le présent, ont de graves conséquences sur le développement de l'enfant, sur sa santé et sur sa capacité à apprendre. L'Unicef, qui a mené l'enquête, insiste auprès des gouvernements de chaque pays pour que des mesures strictes empêchent ces abus. Trop souvent, par exemple, les enfants sont maltraités au nom de la tradition, parce qu'elle se pratique depuis des générations.

* l'Unicef (Fonds des Nations unies pour la protection de l'enfance) 국제연합 아동기금

Q1 Quelle est la phrase qui pourrait être mise à la suite de ce texte?

① L'Unicef affirme que la coutume peut justifier la violence à l'égard des plus jeunes.

② L'Unicef affirme que rien, pas même la coutume, ne peut justifier la violence à l'égard des plus jeunes.

③ L'Unicef affirme que la coutume doit être respectée tout d'abord.

④ L'Unicef affirme que la maltraitance des enfants n'est pas un problème prioritaire.

어휘정리

mauvais traitement (= la maltraitance) ⓜ 학대 insulter 욕하다 repérer 알아내다, 찾아내다 d'autant plus … que …인 만큼 더욱더 torture ⓕ 고문 en lieu clos 닫힌 공간에서 outre que … 이외에도, … 이상으로 douloureux 고통스러운 dans le présent 현재에 insister pour que (+sub.) …을 (끈질기게) 요구하다 stricte 엄밀한, 엄정한, 엄격한 abus ⓜ 남용, 악용/ ⓟⓛ 악습 se pratiquer 시행되다 justifier 정당화하다

본문해석

세계의 수백만 아동이 학대의 희생자이다. '유니세프'는 이 같은 비극을 막기 위해 긴급 대책들이 취해지기를 바란다. 아동을 학대하는 것은 아동을 때리고, 욕하고, 먹을 것을 충분히 주지 않고, 나이에 맞지 않는 것을 하도록 강제하고, 어른처럼 일하도록 강요하는 것을 의미할 수 있다. 이처럼 학대는 여러 가지 복잡한 형태를 띨 수 있다. 세계에서 수백만의 아동이 학대를 받고 있다. 이 고문의 형태가 닫힌 공간에서 일어나는 만큼, 이 학대는 알아내기가 더 힘들다. 그런데, 이 학대는 현재에 견디기 고통스러운 것 이외에도, 아동의 발달, 건강, 학습 능력에 대해 심각한 결과를 가져온다. 이 조사를 실시한 '유니세프'는 각국 정부에 엄격한 대책으로 이러한 악습을 막기를 요구하고 있다. 예를 들어, 너무도 자주 아이들은 전통의 이름으로 학대를 당하는데, 이 전통은 몇 세대 전부터 시행되어 왔기 때문이다.

정답 1. ②

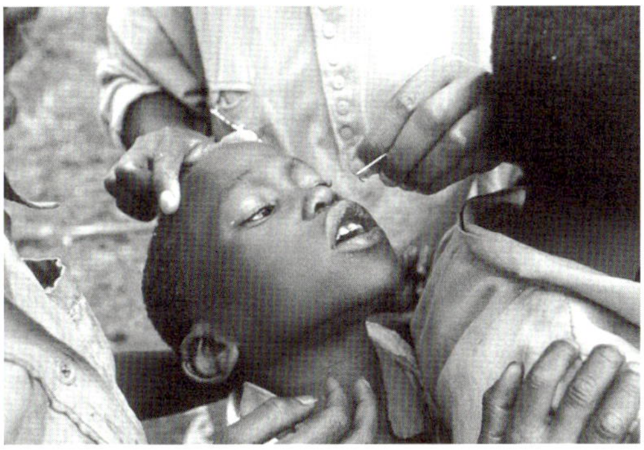

110 아동권익을 위한 법제정

Qu'est-ce que la famille aujourd'hui? Les droits de l'enfant sont-ils respectés? Faut-il faire évoluer le droit de la famille? Ces 3 questions sont les principaux sujets d'études de 30 députés : pendant un an, ils ont tenté de comprendre la plupart des problèmes rencontrés par les familles d'aujourd'hui. Ils doivent maintenant faire des propositions de loi pour mieux aider les familles et les enfants. Ces propositions de loi vont être discutées, certaines seront votées et deviendront des lois. Ils tentent d'améliorer les droits de l'enfant, notamment celui de rencontrer le juge dans le cas du divorce. L'enfant pourrait mieux donner son avis pour savoir s'il préfère vivre avec sa mère ou son père. Il faut développer davantage les relations entre les médecins, les enseignants, les assistantes sociales pour mieux repérer les enfants en danger, notamment les enfants maltraités.

Q1 Quel est le titre qui convient à ce texte?

① la protection des droits de l'enfant

② la vie scolaire des enfants

③ les conséquences du divorce parental sur les enfants

④ la délinquance juvénile

어휘정리

droit ⓜ 권리 évoluer ⓥⓘ 변화하다, 발전하다 proposition de loi ⓕ 법안 discuter 논의하다, 토론하다 juge ⓝ 판사 divorce ⓜ 이혼 avis ⓜ 의견 enseignant ⓝ 교사 assistante sociale ⓕ 사회복지사, 생활환경 조사원 repérer 찾아내다, 알아내다

본문해석

오늘날 가족이란 무엇인가? 아동의 권리가 준수되는가? 가족의 권리를 증진시켜야 하는가? 이 3가지 질문이 30명의 국회의원들의 주요 연구 주제이다. 1년간, 그들은 오늘날의 가족들이 부딪히는 대부분의 문제를 이해하려고 애썼다. 지금 그들은 가족과 아동에게 더 도움을 주기 위한 법안들을 만들어야 한다. 이 법안들이 논의될 것이며, 몇몇 법안들이 가결되어 법이 될 것이다. 그 의원들은 아동의 권리를 개선하고자 노력하는데, 특히 이혼의 경우에 판사를 만날 권리이다. 아이가 친모나 친부와 함께 살기를 원하는지 알기 위해 자신의 의견을 더 잘 피력할 수 있을 것이다. 위험에 처한 아동들, 특히 학대 아동들을 찾아내기 위해 의사, 교사, 사회복지사 간의 관계를 더 증진시켜야 한다.

정답 1. ①

111 부성 원칙주의 민법 개정

Un enfant pourra désormais porter le nom de sa mère. Quelques heures avant la clôture de la session parlementaire, les députés ont voté ce texte. La proposition de loi, présentée par un député du parti socialiste il y a quelques mois, aura donc finalement passé le cap de la législature. Ce député voulait mettre fin à la ≪discrimination fondée sur le sexe≫ en matière de transmission du nom.

Le député voyait dans le système actuel une législation vieille de deux siècles qui consacrait la transmission automatique du nom du père à ses descendants, ≪l'organisation de la domination masculine≫. C'en est donc fini : d'ici à dix-huit mois, le temps de changer les formulaires et l'infomatique de l'état civil, tous les enfants pourront porter, au choix, le nom de leur père, de leur mère, ou des deux à la fois. Le texte qui avait laissé sceptique le ministère de la Justice et suscité la controverse a cependant été retouché par les sénateurs, qui ont forcé la main des députés sur un point central. Le Sénat a réaffirmé (ⓐ) du nom paternel ; en cas de désaccord entre les parents, ce sera le nom du père et lui seul qui sera transmis et non les deux noms, par ordre alphabétique.

Q1 괄호 ⓐ에 들어갈 적절한 표현은?

① l'infériorité ② la dépendance
③ la prédominance ④ le renoncement

어휘정리

clôture ⓕ 폐막 session ⓕ (의회의) 회기 / (대학의) 시험기 (= ~ d'examens) législature ⓕ 입법부의 임기, 입법부, 입법 기관 passer le cap de q.c …의 한계(고비)를 넘다 / (보어 없이) 어려운 고비를 넘기다 législation ⓕ 법제, 법(체계) consacrer 바치다, 할애하다, (오류를 관용적으로) 시인하다, 인정하다 forcer la main à q.n …에게 하기 싫은 일을 억지로 시키다

본문해석

앞으로, 자녀는 어머니의 성을 따를 수 있을 것이다. 의회 폐회 몇 시간 전에 의원들은 이 원안을 가결시켰다. 그래서 몇 달 전에 한 사회당 의원에 의해 제출된 이 법안은 마침내 입법부의 고지를 넘었다. 이 의원은 성의 계승에 있어서 "성별에 근거한 차별"을 종식시키고자 했다.

이 의원은 현 제도에서 부성의 자손에게로의 자동 계승을 인정한 두 세기 간의 낡은 법제인 "남성 지배 조직"을 보았다. 따라서 이제는 끝이 났다. 지금부터 18개월 내에 호적 서식과 전산화를 변경할 시간을 갖게 되며, 모든 자녀들은 부성이나 모성을 선택하거나 동시에 두 성을 따를 수 있을 것이다. 그런데 법무부가 회의적 태도를 보였었고, 또 논쟁을 불러일으켰던 이 원안은 상원의원들에 의해 수정되었는데, 그들은 한 가지 주요 사항에 대해 하원의원들에게 수정하도록 권고하였다. 상원은 부성의 우위성을 재확인하였다. 부모 간 의견 불일치의 경우에는 부성을 따르게 될 것이며, 알파벳 순서에 따라 부모의 두 개 성을 따르는 것이 아니라 부성만을 따르게 될 것이다.

정답 1. ③

112 21세기 조화로운 남녀관계 모색

Aujourd'hui, neuf femmes sur dix n'auraient souhaité vivre ni au temps de leurs grands-mères ni même à celui de leurs mères. Elles se déclarent heureuses d'être nées dans la seconde moitié du XXe siècle, plus libres de choisir leur destin, mieux armées pour affronter les difficultés, plus reconnues par les hommes et la société.

Bien qu'il ne s'agir ⓐ pas d'affirmer que tout va pour le mieux, on ne peut que constater les formidables progrès accomplis par les femmes au cours du XXe siècle. Sauf dans un domaine, celui de la redéfinition de l'identité masculine face aux femmes désormais ≪libérées≫ et des relations au sein du couple et de la famille. Autant les opinions positives sont nombreuses en ce qui concerne les femmes, autant, dès qu'il s'agit des hommes, des doutes et des interrogations apparaissent.

Si on n'arrivait pas (ⓑ) établir de nouveaux rapports harmonieux entre les sexes, certains acquis pourraient être remis en question. Au XXIe siècle, il faut donc encore beaucoup de patience et d'efforts de compréhension pour trouver un équilibre plus juste entre les hommes et les femmes. Les jeunes ne doutent pas d' (ⓒ) parvenir. Ce sont eux qui ont les opinions les plus positives sur les cent ans de progrès de la condition féminine : 57% des 18-24 ans interrogés s'en félicitent même. Souhaitons qu'ils réussissent pour la tranquillité et le bien-être de tous.

Q1 밑줄 친 ⓐ의 알맞은 동사 형태는?

① s'agit ② s'agirait
③ s'agira ④ s'agisse

Q2 괄호 ⓑ, ⓒ에 들어갈 알맞은 전치사와 인칭 대명사는?

① à - en ② de - y
③ à - y ④ de - en

Q3 위의 내용과 일치하지 않는 것은?

① 요즘 여성들 중 90%가 가정과 사회에서 여성의 조건이 나아진 것이 없다고 본다.
② 여성 조건 향상에 대해 가장 긍정적인 입장을 가지고 있는 것은 젊은 세대이다.
③ 조화로운 남녀 관계를 정립하지 못하면, 일부 사회기반이 흔들릴 수 있다.
④ 남녀 간의 조화를 찾기 위해서는 인내와 이해의 노력이 필요하다.

어휘정리

armé 무장한, 대비가 되어있는 / (~ de …을 설치한, 갖춘) affronter 과감히 맞서다, 대처하다 (=braver, faire face à, faire front à) pour le mieux 최고로, 최선을 다해서 autant (de) … autant (de)… …와 같은 정도로, 마찬가지로 acquis ⓜ (후천적으로 얻은) 지식, 학식, 경험 / 기득권 remettre q.c en question 문제 삼다, 재검토하다, 위태롭게 하다(=compromettre) se féliciter de q.c/inf. …을 기뻐하다 tranquillité ⓕ (마음의) 평온 bien-être ⓜ (복수 없음) (육신의) 안락, 편안, 행복 / (물질적) 만족, 유복

본문해석

오늘날, 10명의 여성 중 9명이 할머니 세대나 심지어는 어머니 세대에 살기를 원치 않을 것이다. 이들은 20세기 후반기에 태어난 것이 행복하고, 자신의 운명을 선택하는 데 더 많은 자유를 가지고 있으며, 난관에 대처할 대비가 더 되어 있으며, 남성과 사회로부터 더 인정을 받는다고 말한다.

모든 것이 최선의 방향으로 나아갔다고 주장하지는 않더라도, 20세기 동안에 여성들이 이룩한 엄청난 진보를 확인할 수 있다. 이제는 ≪해방된≫ 여성에 대한 남성의 정체성(역할)과 부부 간이나 가정에서의 관계의 재 정의라는 한 영역은 제외된다. 여성에 대한 긍정적인 의견이 많아지는 만큼, 남성에 관해서는 의문과 의구심이 생겨난다.

남녀 간에 새로운 조화의 관계를 정립하지 못한다면, 여러 기반들이 흔들릴 것이다. 그래서 21세기에는 남녀 간의 더 확고한 균형을 찾기 위해서는 많은 인내와 이해의 노력이 필요하다. 젊은이들은 여기에 도달할 수 있다는 사실에 대해 의심을 품지 않는다. 100년간의 여성의 조건의 진보에 대해 가장 긍정적인 의견을 가지고 있는 것이 바로 젊은이들이다. 18~20세의 응답자 중 57%가 이러한 여성 조건의 개선에 대해 기뻐하고 있다. 이들이 모든 사람들의 평화와 안녕을 위해 성공하기를 바라자.

정답 1. ④ 2. ③ 3. ①

113 여성의 교육 불평등 타파

L'AEFE participe au combat pour l'égalité entre les femmes et les hommes. Cette agence engagée dans une dynamique pour faire progresser la culture de l'égalité entre les filles et les garçons dès l'enfance et pour (ⓐ) en oeuvre l'égalité professionnelle entre les femmes et les hommes.

L'AEFE et l'enseignement français à l'étranger portent des valeurs éducatives fortes dans le monde entier. Parmi celles-ci, la promotion de l'égalité filles-garçons / femmes-hommes est essentielle pour que nos écoles, partout où elles se trouvent, contribuent au développement de sociétés plus justes, plus harmonieuses, plus riches. Dans ce combat pour l'égalité des droits, dans la lutte contre les discriminations et contre toute atteinte (ⓑ) la dignité des femmes, l'AEFE se (ⓒ) d'être exemplaire.

L'engagement de l'AEFE pour faire progresser cette culture de l'égalité est constant. Il se traduit de multiples façons, dans le pilotage pédagogique, le rapprochement (ⓓ) des partenaires comme l'association ≪Elles bougent≫, le lancement d'actions éducatives fédératrices, la mobilisation pour de grands événements comme la Journée internationale des droits des femmes du 8 mars.

Q1 문맥으로 보아 괄호 ⓐ, ⓒ에 들어갈 동사가 바르게 연결된 것은?

① mettre - prend　　② prendre - dit

③ prendre - décide　　④ mettre - doit

Q2 문맥으로 보아 괄호 ⓑ, ⓓ에 들어갈 전치사 바르게 연결된 것은?

① à - à　　② avec - envers
③ en - pour　　④ à - avec

어휘정리

égalité ⓕ 평등　promotion ⓕ 승진, 진급 / 판촉　rapprochement ⓜ 근접　pédagogique 교육적인, 교육학의　fédérateur 연맹결성의, 연방(제)의　lancement ⓜ 개시, 발표　investissement ⓜ 투자　faveur ⓕ 인기, 호의, 특혜　se traduire 표출되다, 나타나다　se devoir de INF …할 의무가 있다　atteinte ⓕ 도달, 달성 / 손해, 침해, 훼손

본문해석

AEFE는 남녀 간의 평등을 위한 싸움에 참여하고 있다. 이 기관은 어린 시절부터 소년과 소녀 사이의 평등 문화를 발전시키는 것과 여성과 남성 간의 직업적 평등을 구현하는 것을 위해 역동적인 활동에 참여하고 있다.

AEFE와 해외 프랑스 교육은 전 세계에서 강력한 교육가치를 지니고 있다. 이 가치들 중, 소년 소녀 / 남녀 평등의 증진은 우리 학교들이 있는 곳곳에서, 더 정의롭고, 더 조화로우며, 더 풍요로운 사회발전에 기여하는 데에 필수적이다. 권리의 평등을 위한 이 전투에서, 차별에 대항하는 투쟁과 여성의 존엄성에 대한 모든 공격과의 투쟁에서, AEFE는 모범이 되어야한다.

이와 같은 평등문화를 발전시키기 위한 AEFE의 약속은 지속적이다. 이 약속은 교육학적 방향 설정에서, 시민단체 ≪Elles bougent, 그녀들은 움직인다≫ 같은 파트너쉽 달성, 연합체적 성격의 교육활동 실시, 3월 8일 국제 여성인권의 날과 같은 큰 행사의 동원 및 참가 등 여러 방식으로 나타난다.

정답 1. ④　2. ④

Chapitre

6

économie, consommation et emploi

경제 · 소비 · 고용

114

프랑스의 경제교류

La France est présente en Europe et dans le monde par ses produits et ses services. Elle est la quatrième puissance économique mondiale.

La France est à la fois un pays qui importe et qui exporte : contrairement à ce qui se passe dans d'autres pays, il n'y a pas de déséquilibre entre les produits industriels et manufacturés (en particulier les produits qui touchent au transport - TGV, automobile, bateaux et avions - au matériel militaire, aux télécommunications…), et les services (banque, assurance, travaux publics, formation). Elle importe des matières premières, ainsi que gaz, pétrole en particulier. Les secteurs dans lesquels la France est compétitive sont :

- l'agroalimentaire (premier producteur européen et deuxième puissance mondiale) grâce à sa production diversifiée et à la création de grands groupes. Mais la crise de la vache folle pénalise encore l'exportation de viande bovine.
- le tourisme, qui est en hausse constante. La France conserve sa place de première destination touristique mondiale.

Q1 Dans quels secteurs la France dispose-t-elle d'une compétitivité? (plusieurs possibilités)

① l'agroalimentaire

② les services

③ les produits manufacturés

④ le tourisme

어휘정리

puissance ⓕ 힘, 역량 / 대국, 열강 importer 수입하다 exporter 수출하다 manufacturé 가공된, 제조된 toucher à …와 관련이 있다 travaux publics ⓜⓟⓛ 공사, 토목공사 matières premières ⓕⓟⓛ 원재료, 원자재 secteur ⓜ 부문, (산업) 분야 compétitif 경쟁력 있는 agroalimentaire ⓐ 농산물 가공의 / ⓜ 농산물 가공업 production ⓕ 생산, 제품, (영화) 제작 diversifié 다양화된 vache folle ⓕ 광우병 pénaliser 벌칙을 주다, 불리하게 하다, 불이익을 주다 bovin 소의, 소 과(科)의 destination ⓕ 행선지

본문해석

프랑스는 자국 상품과 서비스로 유럽과 전 세계에 두각을 나타낸다. 프랑스는 세계 제4위의 경제 대국이다.

프랑스는 수입국인 동시에 수출국이다. 다른 나라에서 행해지는 것과 달리, 공산품과 가공 상품 (특히, 운송 - TGV, 자동차, 선박, 항공기 - , 군 장비, 통신 관련 제품), 그리고 서비스 (금융, 보험, 공공 토목공사, 교육) 사이의 불균형이 없다. 프랑스는 특히 가스나 원유 같은 원자재를 수입한다. 프랑스가 경쟁력이 있는 분야는 :

- 농산물 가공업(유럽 제1의 생산국이며, 세계 제2 강국)으로, 다양한 제품과 대그룹 창립 때문이다. 하지만 광우병 파동은 아직도 소고기 수출에 불리하게 작용한다.
- 끊임없이 발전하고 있는 관광업이다. 프랑스는 세계 제1의 관광 행선지라는 지위를 유지하고 있다.

정답 1. ①, ④

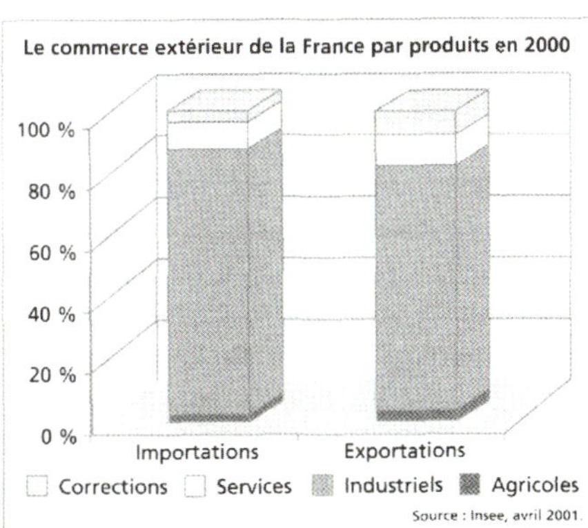

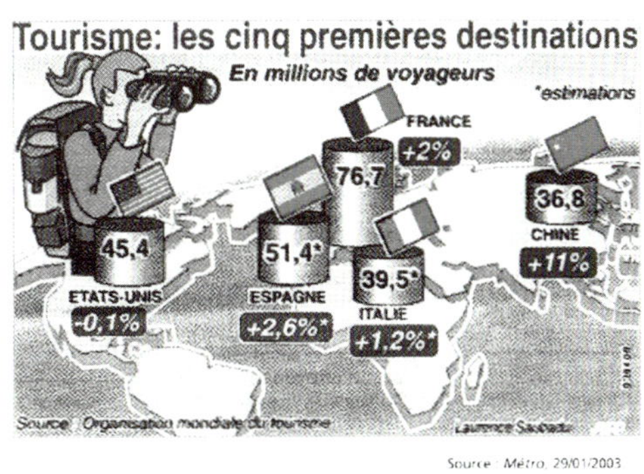

Les cinq premières destinations touristiques du monde.

115 불법 노동

Le travail au noir est évidemment difficile à mesurer et à réprimer, puisqu'il se pratique en dehors des obligations légales. Mais on peut supposer que les secteurs les plus touchés sont le bâtiment, la confection, la réparation automobile.

En île-de-France, le travail au noir dans le bâtiment représenterait un chiffre d'affaires de 200 millions d'euros. Et il existe des maisons construites entièrement ≪au noir≫. Dans la confection, certains ateliers de la banlieue parisienne emploient jusqu'à 30 personnes non déclarées.

Parmi ceux qui travaillent ainsi, on trouve des chômeurs, des femmes, des immigrés sans permis de travail, ou encore les employés des administrations qui ont la possibilité d'acheter des matériaux et des équipements <u>au prix de gros</u>, et qui en profitent pour les revendre avec des bénéfices appréciables…

Mais la notion de ≪travail au noir≫ n'est pas toujours facile à définir. D'autre part, le travail au noir bénéficie souvent de la complicité générale: même les entrepreneurs du bâtiment hésitent souvent à le dénoncer. Il faut bien dire aussi qu'il constitue pour certains fournisseurs un débouché appréciable et que beaucoup de travaux ne seraient sans doute pas réalisés s'il n'existait pas. Quant à celui qui le fait exécuter, il y trouve de toute évidence un avantage de coût, et peut-être aussi un meilleur contact avec le travailleur. La répression est donc très difficile.

Q1 Que signifie ≪le travail au noir≫?

① un travail de nuit
② un travail temporaire
③ un travail clandestin
④ un travail sale et difficile

Q2 Choisissez l'affirmation qui correspond bien au texte.

① Le travail au noir n'est pas interdit dans les secteurs du bâtiment, de la confection et de la réparation automobile.
② Le travail au noir est indispensable pour le développement de l'économie nationale.
③ Le travail au noir existe uniquement faute de mains d'œuvre.
④ Pour la lutte contre le travail au noir, il faut dénoncer à la fois ceux qui l'exécutent et ceux qui le font exécuter.

Q3 밑줄 친 ≪au prix de gros≫를 가장 잘 해석한 것은?

① 도매가격으로 ② 막중한 가격으로
③ 소매가격으로 ④ 시장가격으로

어휘정리

mesurer 추정하다, 측정하다 réprimer 억누르다, 단속하다, 저지하다 obligation ⓕ 법칙, 규정 confection ⓕ 기성복 제조, 작성, 제작 chiffre d'affaires ⓜ 총매출액, 총매상액 déclaré 신고된 (employé non déclaré 사회보장 기관에 신고되지 않은 종업원) profiter de q.c pour (+ inf) …을 이용하여 …을 하다 bénéficier de …을 이용하다 débouché ⓜ 판로, 시장 / 탈출구, 돌파구 / 일자리, 취업 de toute évidence 확실히, 분명히

본문해석

분명 불법 노동은 법 테두리 밖에서 행해지기 때문에 추정하기도 힘들고 단속하기도 힘들다. 하지만 가장 불법 노동이 많은 부문은 건설, 봉재, 자동차 정비업이다.

'일드프랑스' 주(州)에서, 건설업에서의 불법 노동은 총 매출액이 2억 유로에 달한다. 완전히 ≪불법으로≫ 건설된 주택도 있다. 봉재 부문에 있어서, 파리 외곽지역의 몇몇 작업장은 사회보장 기관에 신고 되지 않은 사람을 30명까지도 고용한다.

이 같은 불법노동자들 중에는 실직자, 여성, 노동 허가증이 없는 이민자들을 찾아볼 수 있으며, 또한 도매가격으로 자재와 장비를 구입할 수 있는 직권을 이용하여 막대한 이익을 붙여 되팔 수 있는 행정직 공무원도 찾아볼 수 있다.

그러나 ≪불법 노동≫의 개념은 항상 정의하기 쉬운 것은 아니다. 한편, 불법 노동은 흔히 총체적인 공생관계로 이루어진다. 즉 건설업자들마저도 불법 노동을 고발하기를 주저한다. 몇몇 납품업자들에게 불법 노동은 막대한 판로이며, 불법 노동이 없었다면 많은 공사가 이루어지지 않았을지도 모른다는 사실을 언급해야 한다. 불법 노동을 시키는 사람은 그로부터 분명 비용 절감을 얻으며, 노동자와 더 좋은 관계를 가진다. 그래서 단속이 힘들다.

정답 1. ③ 2. ④ 3. ①

116 노조의 퇴조

Un peu partout dans le monde, on observe un recul du syndicalisme comme en France. Ce phénomène est sensible depuis 1975 et s'accélère dans les années 1980: baisse du nombre des adhérents, difficultés pour mobiliser la base et faire accepter la discipline d'action. La crise économique, la crainte pour l'emploi expliquent en grande partie cette tendance. La mentalité sociale qui change, la nature du travail qui évolue rapidement, l'écroulement des grosses entreprises et la multiplication des petites et moyennes entreprises où le pouvoir syndical est faible, obligent à la révision rapide des stratégies d'action.

어휘정리

recul ⓜ 후퇴, 퇴보 s'accélérer 가속화되다 adhérent ⓜ 조합원, 가입자 mobiliser 동원하다 base ⓕ 토대, 하부조직, 일반 당원 écroulement ⓜ 붕괴, 몰락, 도산 révision ⓕ 수정, 개정, 복습 stratégie ⓕ 전략

본문해석

프랑스에서와 마찬가지로, 세계 전역에서 노동조합운동의 퇴조를 엿볼 수 있다. 1975년부터 이러한 현상이 뚜렷이 나타났으며, 1980년대부터는 가속화되었다. 이는 조합원 수의 감소, 하부조직 동원과 행동 강령 적용의 어려움으로 나타나고 있다. 이러한 경향을 설명해주고 있는 것은 대부분 경제 위기, 고용 불안이다. 바뀌는 사회적 사고방식, 빠르게 변화하는 노동의 성격, 대기업의 도산과 노동조합의 힘이 미약한 중소기업의 증가로 인하여 노조 활동 전략의 신속한 수정을 강요받고 있다.

117 법정노동시간과 여가시간

En 1997, le temps légal de travail était de 39 heures, mais les Français travaillaient en moyenne 41 heures par semaine. Depuis la loi sur les 35 heures, on travaille moins en France, mais il y a de grandes différences selon les métiers et les entreprises. De plus, le temps de travail n'est pas organisé partout de la même manière. Dans les bureaux administratifs, les employés travaillent en général de 9 heures à 12 heures et de 14 heures à 17 heures. Dans les entreprises, ils terminent souvent à 18 heures. Les cadres travaillent en moyenne 4 heures de plus par semaine. Pour certains métiers, les infirmières ou les employés de commerce par exemple, les horaires sont irréguliers. Les ouvriers travaillent parfois la nuit.

Pendant les heures de travail, en général, on fait une pause pour déjeuner. Dans les grandes villes, on déjeune sur place, à la cantine ou au café-restaurant. Le soir, après le travail, quand on ne passe pas trop de temps dans les transports, on peut pratiquer des activités sportives, associatives ou culturelles. De temps en temps, en général le week-end, on reçoit ses amis ou sa famille autour d'un repas.

Q1 Sur quoi porte le thème du texte?

① les faits divers ② une information financière
③ le temps de travail ④ la vie quotidienne

어휘정리

légal 법정의 en moyenne 평균적으로 administratif 행정의, 관리의 cadre ⓜ 간부사원 / 틀, 배경 commerce ⓕ 상업, 무역 / 상점, 가게 horaire ⓜ 업무(영업) 시간, 일정표, 운행 시간표 / ⓐ 시간의 pause ⓕ (일시적) 중지, (짧은) 휴식 (시간) sur place 현지에, 현장에 cantine ⓕ 구내식당 associatif (비영리) 단체의 recevoir 받다 / 맞이하다, 초대하다

본문해석

1997년에 법정 노동시간은 39시간이었지만, 프랑스인들은 주당 평균 41시간 일했다. '주 35시간 근로법' 이후로, 프랑스에서는 노동시간이 단축되었지만, 직업과 기업에 따라 큰 차이점이 있다. 게다가 노동 시간은 전국에서 같은 방식으로 조직되지 않았다. 행정기관에서, 사무원들은 일반적으로 9시에서 12시까지, 그리고 14시에서 17시까지 일한다. 회사에서, 그들은 종종 18시에 끝난다. 간부 사원들은 평균적으로 주당 4시간 더 많이 일한다. 일부 몇몇 직업에서, 예를 들어 간호사들이나 상점 직원들에게 있어, 업무 시간은 불규칙적이다. 노동자들은 때로는 야간에 일한다.

일반적으로 근무 시간 중에 점심을 먹기 위해 쉰다. 대도시에서는 직장에서, 구내식당이나 카페-레스토랑에서 점심을 먹는다. 저녁 근무 후, 대중교통에서 너무 많은 시간을 허비하지 않을 때는 스포츠 활동이나, 동호회나 문화 활동을 할 수 있다. 때때로, 일반적으로 주말에, 식사 즈음에 친구들이나 가족을 초대한다.

정답 1. ③

118 이민의 땅 프랑스

La France est depuis longtemps un pays d'immigration. Depuis le début du siècle, c'est une terre d'accueil pour les réfugiés politiques ; c'est aussi un pays qui, après les deux guerres mondiales, a fait venir des travailleurs étrangers pour sa reconstruction et son industrialisation. Après la Première Guerre mondiale, les immigrés étaient italiens, belges, polonais. Après la Seconde Guerre mondiale, sont arrivés des Espagnols et des Portugais. Puis l'immigration africaine s'est développée. L'immigration s'est encore diversifiée avec la venue d'immigrés originaires d'Asie, d'Europe de l'Est et de Turquie.

Avec le ralentissement de l'économie à partir du milieu des années soixante-dix, les offres de travail ont diminué et le nombre officiel de travailleurs immigrés en France a baissé. Beaucoup de nouveaux arrivants sont des familles qui viennent rejoindre leur père, déjà installé en France.

Q1 Pour quelle raison l'immigration a-t-elle reculé à partir des années 70?

① la crise politique ② la récession économique
③ la relance économique ④ la montée de l'extrême droite

Q2 Choisissez la phrase qui ne convient pas au texte.

① Après la 1ère Guerre mondiale, les immigrés d'origine italienne, belge et polonaise sont entrés en France.

② Après la 2e Guerre mondiale, l'immigration s'est diversifiée.

③ La France a accueilli depuis longtemps des réfigiés et des immigrés.

④ Récemment, la France n'autorise même pas l'immigration pour les familles des travailleurs étrangers.

어휘정리

accueil ⓜ 환대, 대접 réfugié ⓜ 망명자 reconstruction ⓕ 재건 industrialisation ⓕ 산업화 se diversifier 다양화되다 originaire de …출신의, …산(産)의 ralentissement ⓜ 감속, 지연, 둔화 rejoindre 다시 만나다, 합류하다

본문해석

오래전부터 프랑스는 이민의 나라였다. 세기 초부터, 정치 망명자들을 받아주는 땅이었으며, 양차 대전 이후에는, 재건과 산업화를 위해 외국인 노동자들을 불러들인 나라였다. 1차 세계대전 후에, 이민자들은 이탈리아, 벨기에, 폴란드인들이었다. 2차 세계대전 후에, 스페인과 포르투갈 사람들이 도착했다. 그 다음에 아프리카 이민이 늘어났다. 아시아, 동유럽, 터키 출신의 이민자들의 입국으로 인해, 이민이 한층 다양화되었다.

70년대 중반부터 경제 둔화로 인해, 일자리 공급이 줄어들었으며, 프랑스에서의 이민 노동자들의 공식 숫자가 하락했다. 많은 신규 입국자들은 이미 프랑스에 정착한 아버지와 함께 살려고 오는 가족들이다.

정답 1. ② 2. ④

'페탕크' 놀이를 하는 이민자들

119 산학협동

On regrette souvent que le monde étudiant (ⓐ) coupé du milieu professionnel. C'est pour remédier à cette situation que les pouvoirs publics insistent actuellement sur la nécessité d'une formation (ⓑ), où les études et les stages dans les entreprises seraient étroitement liés. On se rend compte à quel point il est important que les étudiants s'adaptent au monde du travail. Quelle que (ⓒ) leur forme, les stages sont incontestablement une source d'enrichissement sur le plan pédagogique, professionnel et matériel pour les jeunes.

Q1 괄호 ⓐ, ⓒ에 공통으로 들어갈 동사의 적절한 형태는 무엇인가?

① est　　② soit
③ était　　④ serait

Q2 문맥 상 ⓑ안에 들어갈 알맞은 형용사는?

① dure　　② alternée
③ utile　　④ à la mode

Q3 윗 글의 주제로 가장 적절한 것은?

① 대학교육의 강화　　② 기업의 투명성
③ 산학협력의 필요성　　④ 국가의 기업 활동 감시

어휘정리

remédier à (q.c) …을 고치다, 개선하다 insister (sur) …을 강조하다, 역점을 두다 / ~ pour + q.c/inf. (끈질기게) 요구(강요)하다, 요청하다 alterné 교대의, 교차하는 se rendre compte de (q.c) (que + ind.) …을 이해하다, 깨닫다, 납득하다 incontestablement 이론의 여지없이 enrichissement ⓜ 충실화, 성숙 pédagogique 교육학의, 교수법의 matériel ⓐ 물질의, 실제적인, 구체적인 / 장비의, 기자재의 / ⓜ 기재, 설비, 물자, 장비

본문해석

사람들은 대학 세계가 직업 세계와 단절되어 있음을 안타까워하고 있다. 바로 이러한 상황을 개선하기 위하여 현재 정부는 학업과 기업 연수가 긴밀히 연결된 교차 수업의 필요성을 강조하고 있다. 학생들이 직업 세계에 적응하는 것이 어느 정도까지 중요한 것인지 인식하고 있다. 어떤 형태이든 연수는 두말할 필요 없이 젊은이들에게 교육적, 직업적 그리고 장비의 면에서 내실을 기하는 근원이 된다.

정답 1. ② 2. ② 3. ③

120 프랑스의 고용상황

L'agriculture, premier secteur économique, et l'industrie, deuxième secteur économique, ont perdu beaucoup d'emplois. Le secteur des services, appelé aussi secteur tertiaire, s'est développé et occupe 70% de la population active. Le tertiaire correspond à des emplois très divers, privés ou publics, qui demandent souvent des qualifications : le commerce, les banques, les assurances, le tourisme, l'immobilier, l'audiovisuel, les transports, les télécommunications, les loisirs, mais aussi un très important secteur public (5 millions de fonctionnaires) dans les domaines de la santé, de l'éducation, de l'action sociale, de la police, etc.

La population active représente 43% de la population nationale. La population d'inactifs a augmenté ces dernières années à cause de l'allongement de la scolarité, de l'âge légal du départ à la retraite - 60 ans - et de la disparition de certains emplois. Les femmes sont massivement entrées dans le monde du travail. Elles représentent environ la moitié de la population active. La France est le pays d'Europe où la différence entre l'activité féminine et l'activité masculine est la plus faible. Le travail à temps partiel, qui correspond rarement à un choix, n'est pas très développé : 30% des femmes mais seulement 5% des hommes travaillent à temps partiel.

Q1 Choisissez ce qui ne fait pas partie du secteur tertiaire.

① les assurances　　② les transports

③ l'agriculture　　④ l'action sociale

Q2 Que signifie ≪la population active≫?

① les chômeurs
② les personnes en âge de travailler
③ les demandeurs d'emploi
④ les personnes dynamiques et énergiques

어휘정리

secteur ⓜ 부문, 분야 (~ tertiaire : 3차 산업) perdre 잃다 population active ⓕ 경제활동인구 qualification ⓕ 기능, 자격 immobilier ⓜ 부동산 audiovisuel ⓜ (영화, TV 등의) 시청각 예술 fonctionnaire ⓝ 공무원 allongement ⓜ 연장, 늘리기 scolarité ⓕ 취학 départ à la retraite ⓜ 은퇴, 퇴직 disparition ⓕ 사라짐, 소멸, 죽음 à tems partiel 파트타임으로, 시간제로

본문해석

1차 산업인 농업과 2차 산업인 공업은 많은 일자리를 잃었다. 3차 산업으로도 불리는 서비스업이 발전하였으며, 경제활동인구의 70%를 차지한다. 3차 산업은 민간부문이건 공공부문이건, 아주 다양한 직종 – 상업, 금융, 보험, 관광, 부동산, 시청각 예술, 교통, 통신, 여가뿐 아니라, 건강, 교육, 사회 복지, 경찰 분야 등, 아주 거대한 공공부문(5백만 명의 공무원) – 에 해당하며, 이 직종은 자주 자격증을 요구한다.

경제활동인구는 국가 인구의 43%를 차지한다. 비경제활동인구는 지난 몇 년간 취학기간 연장, 법정 퇴직 연령 – 60세, 일부 직종의 소멸로 인해 증가하였다. 여성들이 노동계에 대거 진입하였다. 여성이 경제활동인구의 약 절반을 차지한다. 프랑스는 여성 활동과 남성 활동 사이의 차이가 가장 미미한 유럽 국가이다. (구직자의) 선택과는 별 상관이 없는 파트타임 직종은 별로 발전하지 않았다. 그래서 여성의 30%가, 하지만 남성은 5%만이 파트타임으로 일한다.

정답 1. ③ 2. ②

Catégories socioprofessionnelles en France,
(en pourcentage de la population active)

Catégories	%
– Agriculteurs, exploitants	2,4
– Artisans, commerçants, chefs d'entreprise	5,8
– Cadres[1] et professions intellectuelles supérieures	13,4
– Professions intermédiaires[2]	20,3
– Employés	29,7
– Ouvriers	27,4

1. les cadres : ceux qui encadrent d'autres salariés.
2. les professions intermédiaires sont entre les cadres et le personnel d'exécution (ouvriers, employés).

Source : Insee

121 프랑스의 노동인구

Les actifs représentent en France 43% de la population. C'est un pourcentage moyen par rapport aux autres pays européens. Un événement social très significatif, ces dernières années, est l'augmentation du travail féminin: 59% des femmes de 15 à 65 ans travaillent. Autre fait important, le temps de travail diminue. En l'an 2000, il passe de 39 à 35 heures de travail par semaine. Mais les cadres, employés à statut privilégié, travaillent bien au-delà de cette durée hebdomadaire.

La France a trois spécificités. C'est d'abord la forte proportion de salariés du secteur public. On compte 5 millions et demi de fonctionnaires : un actif sur quatre est un salarié de l'État. La deuxième est le fort taux de chômage, plus de 12% des actifs. Depuis 1964, le chômage en France a été multiplié par 10! La dernière est le nombre très faible des syndiqués, moins de 10%. La cause en est sans doute la disparition progressive de la classe ouvrière, mais c'est aussi parce que les salariés reprochent aux syndicats leur activité politique et leur opposition à beaucoup de réformes.

Q1 Quel est le phénomène qui apparaît dans le monde du travail?

① l'augmentation du temps de travail par semaine
② la diminution du temps de travail par semaine
③ l'augmentation du travail masculin
④ la diminution du travail féminin

Q2 프랑스 노동계의 특성이 아닌 것은?

① 노동인구의 비율이 다른 유럽국가에 비교해 볼 때 중간정도이다.
② 공무원의 비율이 상당히 높은 편이다.
③ 실업률이 높은 편으로, 노동인구의 12% 이상이나 된다.
④ 노조에 가입한 임금노동자들이 여전히 많이 있다.

Q3 Quels reproches les salariés font-ils aux syndicats?

① 정치 참여　② 지나친 개혁성향
③ 내부 분열　④ 지도부의 무능

어휘정리

les actifs (=la population active) 경제활동 인구, 생산가능 인구　statut ⓜ 지위　privilégié ⓐ 특권이 있는, 특권을 누리는 / ⓝ 특권자　hebdomadaire 주간의, 주 1회의, 일주일의 / ⓜ 주간지　spécificité ⓕ 특수성, 특질 (ⓐ spécifique 특유한)　secteur ⓜ 부문, 분야　proportion ⓕ 비율 (=taux)　salarié 급여 생활자, 임금 노동자 / 임금(급여)를 받는, 유급의　syndiqué 노동조합원　réforme ⓕ 개혁, 개선

본문해석

프랑스의 경제활동 인구는 국민의 43%이다. 이것은 다른 유럽 국가에 비해 중간 정도의 비율이다. 최근 들어 여실히 드러난 사회적 사건은 여성 노동의 증가이다. 15세에서 65세까지의 여성 중 59%가 일을 하고 있다. 다른 주요 사실은 노동시간 감축이다. 2000년에는 주당 노동시간이 39시간에서 35시간이 될 것이다. 그러나 특별 지위를 누리는 간부직은 이 주당 노동시간보다 더 많이 일을 한다.

프랑스는 세 가지 특성을 지니고 있다. 첫째는 공공 분야에 종사하는 봉급자의 높은 비율이다. 550만 명의 공무원이 있다. 즉 4명 당 1명의 취업 인구가 국가에서 봉급을 받는 노동자이다. 두 번째 특성은 높은 실업 비율로써, 생산 인구의 12% 이상이나 된다. 1964년 이후로, 프랑스에서 실업은 10배로 증가하였다. 마지막 특성은 노조원의 숫자가 아주 적어, 10% 미만이라는 것이다. 아마도 그 이유는 노동자 계층이 점차적으로 사라지기 때문이지만, 임금 노동자들이 노조의 정치활동과 많은 개혁에 반대하는 성향을 비난하기 때문이기도 하다.

정답 1. ② 2. ④ 3. ①

122 프랑스의 대외무역

La France est un des pays les plus ouverts sur l'extérieur. Près d'un quart de sa richesse dépend de ses ventes à l'étranger. C'est moins que l'Allemagne mais plus que le Japon ou les États-Unis. En quarante ans, les Français ont appris la compétitivité industrielle et l'agressivité commerciale : la construction européenne a largement contribué à ce changement. La France est donc plongée dans la compétition internationale. Ses points forts sont les exportations agroalimentaires, les produits manufacturés (avions, automobiles, bateaux de croisière, télécommunications) et les services (distribution commerciale, assurances, banques, travaux publics, traitements des eaux, tourisme). Les principaux partenaires commerciaux de la France sont l'Allemagne (premier client, premier fournisseur), les États-Unis, la Grande-Bretagne, l'Italie. Aujourd'hui, les entreprises françaises choisissent de s'implanter directement à l'étranger : pas seulement les grandes comme Renault mais aussi les petites : en Espagne, on compte ainsi 1400 entreprises françaises. La France est d'autre part un pays très accueillant pour les investisseurs étrangers qui participent fortement à la richesse nationale et à la création d'emplois. Pourtant, en dépit de tels succès, l'image persiste du village gaulois d'*Astérix*, d'une France repliée sur elle-même.

Q1 Quel est le taux approximatif de la richesse française qui dépend de l'exportation extérieure?

① 20% ② 25%

③ 30% ④ 40%

Q2 D'après le texte, la France n'est pas très forte en matière de :

① produits manufacturés ② travaux publics
③ tourisme ④ immobilier

어휘정리

richesse ⓕ (경제활동 총체로서의) 부, 재(財), 자원 dépendre de …에 달려있다, …에 속하다, …에 종속되다, 의존하다 agressivité ⓕ 공격적 성질, 호전성 être plongé dans …에 빠지다, 파묻히다 agroalimentaire 농산물 가공의(업) manufacturé 제조된 croisière ⓕ 항해여행, 크루즈 distrubution ⓕ 유통, 분배 traitement ⓜ 처리 client ⓜ (경제) 소비자, 수입업자 fournisseur ⓜ 납품업자(체), 수출국 accueillant 환대하는 en dépit de …에도 불구하고 persister 끈질지게 …하다, 고수하다, (주어 사물) 지속하다 (= continuer, durer) replié sur …에 틀어박힌, …와 단절이 된

본문해석

프랑스는 가장 외국에 개방된 국가 중 하나이다. 프랑스 국부(國富)의 약 4분의 1이 해외 판매에 의존하고 있다. 독일보다는 못하지만 일본이나 미국보다는 더 많다. 40년 만에 프랑스인들은 산업 경쟁력과 무역 전쟁을 배웠다. 유럽 건설이 이 변화에 폭넓게 공헌했다. 그래서 프랑스는 국제 경쟁에 빠져들었다. 프랑스의 강점은 농산물 가공품 수출, 가공 상품 (비행기, 자동차, 크루즈선, 통신), 서비스업 (유통업, 보험, 은행, 공공 토목공사, 하수처리, 관광)이다. 프랑스의 주요 무역 상대국은 독일 (제1의 수입국, 제1의 수출국), 미국, 영국, 이탈리아이다. 오늘날 프랑스 기업들은 외국 현지에 직접 회사를 설립하기를 선택한다. 르노 같은 대기업뿐 아니라 소기업들도 그러하다. 그리하여 스페인에 프랑스 기업이 1,400개나 된다. 다른 한편 프랑스는 국부(國富)와 고용 창출에 크게 참여하는 외국 투자자에게 매우 호의적인 국가이다. 하지만 그러한 성공에도 불구하고 프랑스 이미지는 ≪아스테릭스≫의 갈리아 마을, 자신의 세계에 틀어박혀 자족하는 모습으로 남아있다.

정답 1. ② 2. ④

아스테릭스

123 대형 유통업체의 출현

Les magasins à grande surface (supermarchés, hypermarchés, etc) connaissent un succès de plus en plus grand : en effet, la population a beaucoup augmenté, la vie a changé, et il a fallu que le commerce (ⓐ) tienne compte. Le centre des villes est souvent bloqué par la circulation : les rues y sont étroites et on ne se gare pas facilement. Beaucoup de gens préfèrent donc les magasins à grandes surfaces, situés en dehors des villes, et qui prévoient toujours des parkings pour leurs clients.

D'autre part, 53,20% des femmes de 25 à 55 ans travaillent : elles ont donc moins de temps pour faire leurs courses. Or, dans les hypermarchés, on trouve tout, et très rapidement. Sur les rayons, la plupart des produits sont déjà enveloppés dans des sacs (ⓑ) plastique : on peut se servir soi-même.

Enfin, le niveau de vie des Français a augmenté : ils possèdent tous une voiture et un réfrigérateur : ils peuvent donc faire des provisions pour une longue durée. Et pourtant les grandes surfaces ne menacent pas directement le petit commerce. Bien sûr, le petit commerçant vend plus cher. Mais l'épicier du quartier a l'avantage d'être tout près de chez vous. Et puis, avec lui, vous pouvez bavarder sans vous presser… et surtout, il vous connaît et il vous conseille.

Q1 괄호 ⓐ, ⓑ에 공통으로 들어갈 말은?

① y ② pour

③ le ④ en

Q2 대형 유통업체의 장점으로 언급되지 않은 사항은?

① 편리한 교통과 주차 시설
② 모든 물품을 한 번에 구입
③ 쇼핑을 위한 시간 절약
④ 주택가에 가까이 위치한 지리적 장점

어휘정리

grande surface ⓕ 대형 유통업체 commerce ⓜ 거래, 상업, 무역 / 상점, 가게 tenir compte de …을 참작하다, 고려하다 rayon ⓜ 햇살 / 진열대, 판매 코너 se servir (음식을) 자기 접시에 덜어서 먹다 / (물건, 식료품을) 구입하다 / (~ de q.c/q.n) 쓰다 사용하다 이용하다 posséder 소유하다 réfrigérateur ⓜ 냉장고 provision ⓕ 저장, 식량 비축 / (복수) (식품, 생활용품 따위의) 구매, 구입품 se presser 서두르다 (se presser de + inf. 서둘러서 … 하다)

본문해석

대형 유통업체들(슈퍼마켓, 하이퍼마켓 등)은 점점 더 큰 성공을 거두고 있다. 사실상 인구가 많이 증가하였고, 생활이 바뀌었으므로, 상점도 이것을 고려해야 한다. 도심지는 자주 교통으로 길이 막힌다. 도심지의 도로 폭이 좁고, 쉽게 주차할 수 없기 때문이다. 그래서 많은 사람들이 도시 외곽에 위치하고 있으며 고객을 위해 항상 주차장을 마련하고 있는 대형 유통업체를 선호한다.

한편 25세에서 55세 사이의 여성 중 53.20%가 직업을 가지고 있다. 그래서 이 직장 여성들은 장보는 시간이 충분치 않다. 그런데 하이퍼마켓에는 모든 것이 있어서 신속히 장을 볼 수 있다. 진열대에 있는 대부분의 제품들은 이미 플라스틱 봉지에 포장이 되어 있어서 고객이 직접 담을 수 있다.

마지막으로 프랑스인들의 생활수준이 높아져서, 모두가 자동차와 냉장고를 보유하고 있다. 그래서 프랑스인들은 오랜 기간 먹을 음식을 살 수 있다. 장기간을 대비하여 장을 볼 수 있다. 그러나 대형 유통업체는 직접적으로 소 상점을 위협하지 않는다. 물론 소상인들이 더 비싸게 물건을 판다. 하지만 동네 상점 주인은 당신 집 아주 가까이 있다는 장점이 있다. 그리고 당신은 서두르지 않고 가게 주인과 이야기를 나눌 수 있다… 특히 그는 당신을 잘 알고 있으며, 충고도 한다.

정답 1. ④ 2. ④

124 봉급 인상과 물가 인상

D'après les derniers chiffres de l'INSÉE, les prix ont augmenté de 0,90% en août. Cette hausse est causée en grande partie par l'augmentation des prix du pétrole. Mais le ministre de l'Economie pense que c'est aussi le résultat de l'augmentation trop rapide des salaires en France. En effet, d'après lui, la hausse des salaires peut d'abord avoir des conséquences positives sur l'économie : les ouvriers (ⓐ) les salaires ont augmenté achèteront davantage. Malheureusement, pour augmenter les salaires, les entreprises sont obligées d'augmenter aussi le prix de leurs produits. Or, la hausse des salaires qui était de 4,1% au 1er trimestre, a été de 4,3% au 2e trimestre. Et l'augmentation du SMIC (6,2% au 1er juillet) est très supérieure (ⓑ) celle des prix. Pour arrêter l'inflation, le ministre pense donc que les Français doivent être plus raisonnables et qu'il faut limiter l'augmentation des salaires. Il aura beaucoup de mal à les persuader.

* INSÉE (Institut national de la statistique et des études économiques)

* SMIC (Salaire Minimum Interprofessionnel de Croissance)

Q1 Qu'est-ce que ≪le SMIC≫?

① le salaire minimum horaire

② le salaire minimum mensuel

③ le salaire moyen horaire

④ le salaire hebdomadaire

Q2 괄호 ⓐ안에 들어갈 관계 대명사는?

① qui ② que ③ où ④ dont

Q3 괄호 ⓑ안에 들어갈 전치사는?

① de ② à ③ que ④ sur

Q4 재경부 장관의 의견에 따른 근원적인 물가 상승 요인을 모두 언급한 것은?

① 전기와 가스 요금 인상 ② 전기, 가스, 봉급의 급격한 인상
③ 전기, 가스 요금 인상과 수출 부진 ④ 급격한 봉급 인상과 수출 부진

Q5 재경부 장관이 생각하는 인플레이션을 막을 근본적인 방책은 무엇인가?

① 봉급 인상 제한 ② 전기와 가스 요금 인하
③ 수출 활성화 ④ SMIC 인상

어휘정리

hausse ⓕ 인상, 상승 en grande partie 대부분 davantage ⓐⓓ (동사 수식) 더 많이, 더 한층/ 더 오래 être obligé de (+ inf.) …하지 않을 수 없다 inflation ⓕ 인플레이션, 물가 인상 persuader 설득하다

본문해석

국립통계 경제연구소의 최근 통계에 따르면, 물가는 8월에 0.8% 상승했다. 이 물가 상승은 대부분 유가 인상으로 기인한 것이다. 그러나 재경부 장관은 프랑스에서의 너무 빠른 봉급 인상의 결과이기도 하다고 생각한다. 장관의 말에 따르자면, 봉급 인상은 우선은 경제에 긍정적인 효과를 가져 온다고 한다. 봉급이 오른 노동자들의 구매가 늘기 때문이다. 불행히도, 봉급을 올리기 위해서 기업은 제품 가격을 인상하지 않을 수 없다. 그래서 1/4분기 때 4.1% 올랐던 봉급은 2/4분기 때는 4.3% 인상되었다. (7월달에 6.2% 인상된) 최저임금 인상률은 물가 상승률보다 더 높다. 그래서 재경부 장관은 인플레이션을 멈추기 위해서 프랑스 국민들이 더 합리적이 되어, 봉급 인상을 제한해야 한다고 생각한다. 하지만 국민들을 설득하기 아주 힘들 것이다.

정답 1. ① 2. ④ 3. ② 4. ② 5. ①

125 프랑스 사회의 소외계층

Les transformations économiques qui ont permis à la France de s'enrichir n'ont pas fait que des heureux. Aujourd'hui, 12 millions de Français considèrent qu'ils sont en situation difficile ou inacceptable.

- 7 millions pensent que leur emploi est menacé. Ils ont déjà connu le chômage et des problèmes financiers ;
- 3 millions sont au chômage. Ils touchent une indemnité proportionnelle à leur salaire. Mais cette somme diminue très vite (à partir du 3e mois dans certains cas);
- 2 millions sont dans une situation d'exclusion. Ils vivent du RMI (revenu minimum d'insertion payé par l'État), font un stage de formation ou ont un petit emploi subventionné par l'État.

Q1 Imaginez les situations financières et professionnelles des ≪sans emplois≫. Choisissez l'intrus.

① Ils n'achètent pas leur voiture à crédit, mais au comptant.
② Ils sont inscrits à l'ANPE (Agence nationale pour l'emploi)
③ Ils lisent les offres d'emploi dans un journal pour trouver un emploi plus stable.
④ Ils ne peuvent pas vivre sans travail au noir.

Q2 윗 글에서 볼 때, 프랑스인의 직업-재정적 상황으로 옳지 않은 것은?

① 오늘날 1,200만 프랑스인은 스스로를 어려운 처지에 놓여 있다고 생각한다.
② 7백만 프랑스인은 실직에 대해 걱정하고 있다.
③ 현재 실직자의 숫자는 3백만에 달한다.
④ 소외 상태의 프랑스인은 국가로부터 재정적 도움을 전혀 받지 못하고 있다.

어휘정리

s'enrichir 부유해지다, 풍부(충실)해지다 être au(en) chômage 실직 중이다 indemnité ⓕ 보상(배상)금, 수당 proportionnel (…에) 상응하는, 비례하는, 비례제의 / ⓕ 비례대표제 exclusion ⓕ 제명, 축출 / (사회적) 소외 (à l'exclusion de …는 제외하고) insertion 삽입, 끼워 넣기/ 동화, 편입 stage ⓜ 실습, 연수(기간) 〔suivre(faire) en stage 연수를 받다〕 subventionné 보조금(지원금)을 받는

본문해석

프랑스를 부유하게 만들어준 경제적인 변화가 행복한 사람들만 만들어낸 것은 아니다. 오늘날 1,200만 명의 프랑스인들은 스스로를 참을 수 없이 힘든 처지에 놓여 있다고 생각한다.

– 7백만 명이 자신의 일자리가 위협받고 있다고 생각한다. 이들은 이미 실직이나 재정상의 문제를 겪었다.

– 3백만 명이 실업에 처해 있다. 이들은 봉급에 비례하는 수당을 받는다. 하지만 이 액수는 (몇몇 경우에 있어서 3개월 때부터) 급격히 감소된다.

– 2백만 명이 사회적 소외 상태에 있다. 이들은 국가에서 지급하는 '최저 통합 수당'으로 생활하며, 직업 연수를 받거나, 국가에서 보조금을 지원하는 공공 근로를 한다.

정답 1. ① 2. ④

126 세계화와 프랑스 농촌

Les actions des paysans contre un restaurant McDonald's, illustrent un profond malaise de la paysannerie française, qui a le sentiment de ne plus pouvoir contrôler son destin face à la mondialisation des marchés et aux guerres commerciales en cours qui se préparent, notamment, entre les États-Unis et l'Europe. L'opposition de l'Union européenne à l'importation du bœuf américain aux hormones, les représailles des Américains contre les importations de produits français, italiens ou allemands, sont les signes avant-coureurs de rivalités aiguës, qui font de la négociation multilatérale l'occasion de nouveaux affrontements entre Washington et l'Europe.

Le malaise paysan est manifeste aussi dans le secteur des fruits et légumes ou du lait, car les producteurs, souvent mal organisés, ne peuvent négocier d'égal à égal avec les grandes centrales d'achat et leurs fournisseurs de matières premières ou d'aliments du bétail. (ⓐ) présenter des solutions devant l'opinion et les pouvoirs publics, les organisations syndicales divisées se retrouvent fragilisées, au moment où satellites et ordinateurs révolutionnent les méthodes de culture et la vie des campagnes.

Q1 Quel est le sentiment des paysans français face à la mondialisation des marchés?

① la surprise　② le contentement

③ l'indifférence　④ l'inquiétude

Q2 문맥에 맞게 (ⓐ) 안에 들어갈 가장 알맞은 표현은?

① À force de ② Au lieu de

③ Dans le but de ④ Sous réserve de

어휘정리

malaise ⓜ 불안, 위기감 paysannerie ⓕ (집합적) 농민 en cours 진행 중인, 현행의 hormone ⓕ 합성 호르몬제 (poulet aux hormones 성장촉진 호르몬제로 키운 닭) représailles ⓕⓟⓛ (국가 간의) 보복 / (개인의) 복수 avant-coureur ⓜⓐ 전조(의), 징후(의) multilatéral 다자(다국)간 affrontement ⓜ 대립, 대결 d'égal à égal 대등하게, 동등하게 bétail ⓜ 가축 fragilisé 약화된 révolutionner 변혁하다, 혁신하다

본문해석

맥도날드 레스토랑에 대한 농민들의 행위는 프랑스 농민들의 심한 위기감을 나타낸다. 프랑스 농민들은 세계화와 미국과 유럽 사이에 진행되고 있는 무역 전쟁에 직면하여, 자신들의 운명을 결정할 수 없다는 감정을 갖고 있다. 유럽연합 측의 성장촉진 호르몬제로 키운 미국산 소고기 수입반대와 미국 측의 프랑스, 이탈리아, 독일 제품에 대한 수입금지 보복은 다자간 협상을 미국과 유럽 사이의 새로운 대립의 장으로 만드는 첨예한 대립의 전조(前兆)이다.

농민들의 불안감은 과일, 야채, 낙농 부문에서도 명백히 드러난다. 조직적 체제를 갖추지 못한 생산자들은 대형 구매업체나 원료나 가축 사료 납품업자들과 대등하게 협상할 수 없다. 여론이나 정부에 대책을 제시하기는커녕, 분열된 노조 단체들은 위성과 컴퓨터가 농촌의 생활과 경작 방식을 변혁시키는 이 시기에 세력이 약화되었다.

정답 1. ④ 2. ②

127 프랑스인의 소비생활

15 200 euros, c'est ce que dépense en moyenne chaque habitant pour sa consommation annuelle. Une consommation qui a beaucoup évolué. Le consommateur français réfléchit avant d'acheter, s'informe, compare, exige des services en plus.

C'est le logement qui est aujourd'hui la première source de dépense ; plus du quart du revenu lui est consacré : on l'équipe de nouveaux appareils liés au travail(ordinateur), au confort(climatiseur) ou à la culture(DVD). L'automobile et les transports sont le deuxième poste de dépenses, juste devant l'alimentation(18%) et les loisirs et la culture(15%). Bien que la France représente le pays de l'élégance, les Français dépensent de moins en moins pour s'habiller, peut-être aussi parce qu'ils profitent des périodes de soldes et des magasins de la grande distribution. Soucieux de leur forme, les Français consacrent 10% de leur budget aux dépenses de santé et à tout ce qui leur permet d'entretenir leur forme et leur apparence…

De nouvelles formes de consommation apparaissent ; elles reflètent un consommateur de plus en plus compétent, de mieux en mieux informé et toujours plus exigeant. Il fait son propre marketing, il s'informe auprès de ses amis.

Q1 Choisissez ce qui ne correspond pas au document.

① Les Français consacrent la plus grande part de dépenses à leur logement.

② L'alimentation est la troisième source de dépense.

③ Les dépenses pour la santé et les vêtements sont en hausse.

④ Les Français achètent un produit après s'être bien informés.

어휘정리

évoluer 변화하다, 진전하다 exiger 요구하다 en plus 게다가, 덤으로 revenu ⓜ 소득 équiper 필요한 장비를 갖추게 하다, (지역 따위) 정비하다 poste ⓜ 자리, 직위 profiter de …을 이용하다 soldes ⓜⓟⓛ 염가판매, 세일 상품 distribution ⓕ 유통, 판매 soucieux de …을 걱정하는, 관심을 갖는 apparence ⓕ 겉모습, 외모 compétent 유능한, 정통한, 전문가의 exigeant 까다로운, 요구가 많은

본문해석

국민 1인당 연간 평균 소비액은 15,200유로이다. 이는 많이 증가된 소비 액수이다. 프랑스 소비자는 구매 전에 깊이 생각하고, 정보를 알아보고, 비교하고, 게다가 서비스도 요구한다.

오늘날 제1 지출원은 주거비로, 소득의 4분의 1 이상이 이에 할애된다. 일(컴퓨터), 생활 편의(에어컨), 문화(DVD)에 관련된 새로운 기기를 갖추기 때문이다. 자동차와 교통비가 제2의 지출을 차지하고, 바로 그 뒤로 식비(18%), 여가와 문화(15%)가 위치한다. 프랑스가 멋스러운 패션을 대표한다 할지라도, 프랑스인들은 의복비를 점점 줄이고 있는데, 그것은 아마도 그들이 세일 기간과 대형 매장을 이용하기 때문일 것이다. 몸매에 신경을 쓰는 프랑스인들은 건강 관련 지출과 몸매와 외모를 유지하게 해주는 모든 것에 가계의 10%를 할애한다.

새로운 형태의 소비가 나타나고 있다. 그 형태는 점점 더 전문적이고, 더 많은 정보를 보유하고, 여전히 까다로운 소비자를 반영한다. 소비자는 직접 자신의 마케팅을 하고, 친구들에게 정보를 얻는다.

정답 1. ③

128 프랑스의 농촌세계

En 1959, un agriculteur français pouvait nourrir huit de ses concitoyens, aujourd'hui, il peut en nourrir trente. De plus, aujourd'hui, 75% des Français vivent en ville ou autour des villes ; alors que le monde agricole ne représente plus que 13% de la population rurale.

La réussite de l'agriculture française doit beaucoup à la politique agricole commune de l'Union européenne dont la France a été la première bénéficiaire.

Grandes régions agricoles et industries agroalimentaires sont très (ⓐ) : ainsi, les usines d'embouteillage des eaux minérales sont près des sources, les caves de champagne près de Reims…

L'espace rural est aujourd'hui synonyme de mieux vivre, de vivre autrement. Cette tendance est visible à travers le succès que connaissent le tourisme vert, le Salon de l'Agriculture, les marchés de produits fermiers ou biologiques, le retour à une gastronomie de terroir.

Q1 문맥 상 괄호 ⓐ에 들어갈 적절한 어휘는?

① liées ② lointaines
③ séparées ④ différentes

어휘정리

nourrir 부양하다, 먹여 살리다 concitoyen ⓜ 동국인, 동향인 embouteillage ⓜ 병입 cave ⓕ 지하 창고, 저장고 vert 무공해의 fermier 농가에서 만든 biologique 생물학의, 무공해의 gastronomie ⓕ 미식 terroir ⓜ 향토, 고향

본문해석

1959년에 프랑스 농민 1명이 자국민 8명을 먹여 살릴 수 있었으며, 오늘날은 30명을 부양한다. 게다가 오늘날 프랑스인의 75%가 도시나 도시 주변에 살고 있다. 반면에 농민 계층은 농촌 인구의 13%에 지나지 않는다.

프랑스 농업의 성공은 유럽 연합의 공동 농업 정책에 큰 혜택을 입었는데, 프랑스는 그 정책의 제1 수혜국이었다. 대형 농업 지역과 농산물 가공 산업은 아주 밀접히 연결되어 있다. 이처럼 생수 병입 공장은 수원(水原) 가까이 있고, 샴페인 저장소는 랭스 근처에 있다.

오늘날 농촌 세계는 웰빙과 다른 형태의 삶과 동의어로 쓰인다. 이러한 경향은 자연친화 관광, 농업 박람회, 전통방식의 농가 제품과 유기농 제품 시장, 향토 미식으로의 회귀가 거둔 성공을 통하여 명백히 드러난다.

정답 1. ①

129 청년 아르바이트

En France, de nombreux jeunes cherchent “les petits boulots” pour se faire un peu d’argent de poche. Marchand de glace sur la plage en été, vendangeur ou aide familiale, les petits boulots ne manquent pas. Voici quelques pistes… Chaque année, les 30 000 camps ou centre de vacances, pour encadrer les millions d’enfants ou d’adolescents dont ils ont la charge, embauchent des milliers d’animateurs. Alors, si vous avez plus de 16 ans, vous aurez un travail assuré. Pour tous ceux qui aiment les enfants, il y a un autre “job” : la garde d’enfant, que l’on appelle le plus souvent “baby-sitting”. Dans les panneaux de la fac, mais également dans les boulangeries et autres commerces, les annonces recherchent une garde. Un travail très prisé par les étudiants et que l’on ne quitte plus quand on a une bonne relation avec les parents d’un bébé. Des agences privées recrutent aussi des gardes d’enfant. Et un autre travail presque exclusivement féminin : aide familiale au pair. C’est une activité qui présente beaucoup d’avantages pour le jeune étranger qui souhaite se perfectionner dans la langue française. L’aide s’engage pour une durée comprise entre 3 mois et un an à rendre des services à la famille d’accueil : quelques heures de travail ménager par jour et garde d’enfant 5 heures maximum. En contrepartie, le jeune est nourri, logé, touche une petite rémunération mensuelle et suit des cours de français dans un établissement spécialisé. Pendant son contrat, l’aide familiale bénéficie de deux semaines de congés rétribuées. Pour bénéficier de ce statut au pair, il faut être âgé de 16 ans au moins et de 30 ans au plus.

어휘정리

boulot ⓜ 일 vendangeur 포도 수확자 encadrer (조직, 집단을) 관리(지도, 지휘)하다 embaucher 고용(채용)하다 animateur ⓜ (단체의) 지도자, 지도교사 assuré 확실한, 단호한, 보험에 든 commerce ⓜ 상점, 거래, 무역 prisé 인기 있는 quitter 그만두다(=abandonner), 떠나다 recruter 모집(채용)하다 exclusivement 오로지, 배타적으로 travailler au pair 숙식만 제공받고 일하다 compris entre (qc) et (qc) …와 … 사이에 놓인 (= situé) rémunération ⓕ 보수, 봉급 bénéficier de …의 혜택을 받다 rétribué 보수를 주는 statut ⓜ 지위

본문해석

프랑스에서 수많은 젊은이들이 약간의 용돈을 벌기 위해 아르바이트를 찾고 있다. 여름철 해변에서의 아이스크림 장수, 포도 수확자 또는 가사 도우미 등, 아르바이트가 얼마든지 있다. 여기 몇 가지 경우를 보자. 매년 3만 개의 방학 캠프나 시설들이 수천 명의 지도 교사들을 고용하는데, 이들은 수백만 명의 아이들이나 청소년들을 책임지고 지도한다. 그래서 당신이 16세 이상이라면, 사회보장 보험에 가입된 일을 가질 수 있다. 아이들을 좋아하는 모든 사람들에게는 또 다른 일이 있다. 그것은 보모로써, 흔히 '베이비 시팅'이라 불리는 것이다. 대학 게시판뿐 아니라, 빵집이나 다른 상점들에 보모를 찾는 광고들이 있다. 그것은 학생들에게 아주 인기 있는 일이며, 아기의 부모들과 좋은 관계를 가지고 있을 때 그만두지 않는 일이다. 사설 소개소들도 보모들을 모집한다. 오로지 여성만을 위한 또 다른 일이 있는데, 숙식을 제공받고 집안일을 돕는 가사 도우미이다. 이는 프랑스어 실력을 향상시키기 원하는 젊은 외국인에게 많은 장점을 가지고 있는 일이다. 도우미는 3개월에서 1년 동안 입주 가정에 가사를 도와줄 의무를 가진다. 매일 몇 시간의 집안일과 최대 5시간의 아이 돌보는 일이다. 그 대가로 그 젊은이는 숙식을 제공받고, 약간의 봉급을 받으며, 특수 기관에서 프랑스어 수업을 듣는다. 계약 동안 가사 도우미는 2주간의 유급 유가를 받는다. 이 숙식 혜택자의 지위를 얻기 위해서는 최소 16세 이상, 최대 30세 이하여야 한다.

130

인도주의와 공정무역

Après l'écologie, les causes humanitaires séduisent les entreprises. Les consommateurs préfèrent acheter un produit qui affiche son soutien à une association humanitaire. La faim, la protection de l'environnement, la lutte contre le sida, la solidarité envers les enfants dans le monde sont parmi les causes (ⓐ) les Français sont les plus sensibles. Une récente étude montre qu'entre deux produits, le consommateur préfère acheter celui qui s'associe à une cause humanitaire. Ces dernières années, l'intérêt des entreprises se portait sur l'environnement. Désormais, elles s'intéressent à d'autres causes, tout aussi populaires. Des associations humanitaires vendent des produits avec leur label. Par exemple, une association a ouvert des boutiques où des bénévoles vendent du café, du thé, du sucre et du cacao. Ces produits sont achetés directement au producteur à un prix qui lui permet d'assurer sa survie. C'est bien (ⓑ). Si les consommateurs confirment leur préférence, cette tendance dans le marketing pourra s'amplifier.

Q1 D'après le texte, quel est l'objectif du commerce équitable?

① favoriser l'agriculture des pays pauvres
② lutter contre l'inégalité sociale
③ permettre aux agriculteurs de survivre
④ faire reculer le commerce illicite

Q2 괄호 ⓐ에 들어갈 적절한 관계대명사는?

① auxquels ② auxquelles

③ pour lesquels ④ pour lesquelles

Q3 문맥 상 괄호 ⓑ에 들어갈 올바른 어휘는?

① le commerce extérieur ② le commerce agricole
③ le commerce équitable ④ le commerce légal

어휘정리

cause ⓕ 대의(大義), 신조 humanitaire ⓜ 인도주의 / ⓐ 인도주의의 afficher 알리다, 공고하다, 게시하다 / 과시하다 sida ⓜ 에이즈 bénévole ⓜ 자원 봉사자 cacao ⓜ 카카오 survie ⓕ 생존, 살아남기 commerce équitable ⓜ 공정무역 tendance ⓕ 경향

본문해석

환경보호 이후에, 인도주의 대의(大義)가 기업의 마음을 사로잡고 있다. 소비자들은 인도주의 단체에의 지원을 표기하는 제품 구입을 선호한다. 기아, 환경보호, 에이즈 퇴치, 전 세계 아동에 대한 연대가 프랑스인들이 가장 민감한 대의 한가운데 있다. 최근 한 연구는, 두 제품 중에 소비자는 인도주의 대의에 참여하는 제품 구입을 선호한다는 것을 보여준다. 지난 몇 년간, 기업들의 관심은 환경으로 향하였다. 앞으로, 기업들은 역시 매우 인기 있는 다른 대의에 관심을 갖는다. 인도주의 단체들은 자신의 상표를 단 제품들을 판매한다. 예를 들어, 한 단체가 상점을 개점했는데, 여기서 자원봉사자들이 커피, 차, 설탕, 카카오를 판매한다. 이 제품들은 생산자의 생존을 가능케 하는 가격으로 생산자에게서 직접 구매된 것이다. 이것이 바로 공정무역이다. 소비자들이 자신들의 선호도를 확실히 밝힌다면, 마케팅에서의 이러한 경향이 확대될 것이다.

정답 1. ③ 2. ② 3. ③

131 소득세

Instauré en 1914, l'impôt sur le revenu est perçu ⓐ chaque année sur l'ensemble des revenus d'un foyer fiscal. Les ménages remplissent eux-mêmes chaque année leur déclaration de revenus (pour les salariés, le total des salaires annuels est également déclaré au fisc par les employeurs). Le paiement de l'impôt est effectué par les contribuables - et non pas retenu sur le salaire - en trois échéances ou bien mensuellement après demande de prélèvement automatique sur un compte bancaire.

Q1 밑줄 친 ⓐ과 의미가 같은 것은?

① économisé ② divisé
③ conçu ④ recouvré

Q2 소득세에 대해 윗 글에서 언급하고 있지 않는 사항은?

① 과세대상 ② 납부방법
③ 과세방법 ④ 면제대상

어휘정리

impôt sur le revenu ⓜ 소득세 fiscal 국고의, 세무의(foyer fiscal 과세대상 세대) fisc ⓜ 국세청, 세무서 contribuable ⓝ 납세자 échéance ⓕ (계약의) 만기일, (어음, 채무의) 지불기한(날짜) prélèvement ⓜ 채취, 추출 / (금액의) 공제, 징수, 과세(~ automatique sur un compte bancaire 은행구좌로부터의 자동납부)

본문해석

1914년에 만들어진 소득세는 매년 과세 대상 세대의 총수입에 대해 징수된다. 각 세대는 매년 직접 소득 신고를 한다(봉급자들에 대해서는, 고용주가 종업원의 총 연봉을 국세청에 신고한다). 세금은 봉급에서 공제되는 것이 아니라, 납세자가 3회로 분할하여 납부하거나, 은행에 자동납부 신청을 한 후에 매달 납부한다.

정답 1. ④ 2. ④

132 구독경제

En octobre 2019, Netflix comptabilisait 158 millions d'abonnés. Spotify, 118 millions à la même date. Il n'y pas à dire, l'économie de l'abonnement est au beau fixe. Chaque année, le modèle gagne du terrain et touche startups comme grands groupes, individus comme entreprises. Il s'élargit également pour toucher des secteurs aussi disparates que la mode ou l'informatique. Il faut dire que les habitudes changent et passent de l'usage au partage d'un produit donné. Le paradigme a de quoi séduire. Ses avantages en termes d'économies et de compétitivité sont nombreux.

Selon une enquête menée par Harris Poll pour le compte de Zuora, 66% des Français en 2019 consommaient des services par abonnement. Ce qui représente grosso modo 2,4 abonnements par personne. Des chiffres qui auraient bondi de 15 points en 5 ans. Mieux encore : 92% des Français n'envisagent pas d'abandonner ce modèle et 29 % pensent consommer davantage par abonnement dans les deux ans. Sans aucun doute, l'économie de l'abonnement est en plein boom. Si elle existe depuis toujours, on constate qu'elle concerne de plus en plus de biens immatériels, digitalisation oblige. Elle reflète des habitudes de consommation nouvelles où le besoin de propriété n'est plus le modèle dominant.

Q1 Choisissez la phrase qui ne correspond pas au texte.

① L'avenir de l'économie de l'abonnement est prometteuse.
② L'économie de l'abonnement est en plein essor sauf la mode.
③ La consommation nouvelles passe par le partage d'un produit.
④ Le part de marché de l'économie de l'abonnement devrait augmenter.

어휘정리

économie de l'abonnement 구독 경제 abonné 구독자 s'élargir 확대되다 disparate 어울리지 않는, 잡다한 digitalisation 디지털화 besoin de propriété 소유하려는 욕망 il n'y a pas dire 말할 필요가 없다 gagner du terrain 세력을 넓히다, 번지다 passer de qc à qc 이행하다 être au beau fixe 전망이 좋다 avoir de quoi INF …할 만 하다, 할 것이 있다 en termes de …라는 측면에서 en plein boom 한창 유행중인, 급상승 중인

본문해석

2019년 10 월 Netflix의 가입자는 1억 5800 만명이었다. Spotify는 같은 시기에 1억1800 만명이었다. 말할 필요도 없이, 구독 경제 전망은 밝다. 매년, 이 모델은 확대되고, 대기업그룹 뿐만 아니라 스타트업 그리고 개인과 기업에도 영향을 미치고 있다. 이는 패션이나 컴퓨터 같은 어울리지 않는 잡다한 분야에 까지 확대될 것으로 보인다. 습관이 변하고 있으며, 소유에서 공유하는 것으로 바뀌고 있다고 말해야 할 것 같다. 이 변화된 패러다임에는 유혹시킬 만한 것들이 있는데, 경제 및 경쟁력 측면에서 이점이 많다.

Zuora사를 위해서 Harris Poll에서 실시한 설문 조사에 따르면 2019 년 프랑스 국민의 66 %가 구독 서비스를 사용하고 있었다. 이는 1 인당 약 2.4 개의 구독을 나타낸다. 5 년 만에 15 포인트 급등한 수치이다. 더 획기적인 것은, 프랑스인 92%가 이 모델을 포기할 계획이 없으며 29%는 2년 이내에 구독으로 더 많이 소비 할 것이라고 말하고 있다. 의심할 여지없이 구독 경제는 호황을 누리고 있다. 그리고 그것이 항상 존재하는 것이라면, 구독 경제가 점점 더 많은 무형자산들과도 관계하고 있다는 사실을 확인 할 수 있다. 이는 디지털화의 영향 때문이다. 구독경제는 소유하려는 욕망이 더 이상 지배적인 모델이 아닌 새로운 소비 습관을 반영하고 있다.

정답 1. ②

133 은행에서

A Est-ce que je peux vous aider?

B Je voudrais ouvrir un compte, s'il vous plaît.

A Très bien. Êtes-vous français?

B Non, je suis coréen. Je fais un stage linguistique et je resterai ici un an.

A Dans ce cas vous pouvez ouvrir un compte étranger.
Il me faut votre passeport et un justificatif de domicile.

B Je sais. Voilà mon passeport et une quittance de loyer.

A Merci. Remplissez ce formulaire, s'il vous plaît !

B Je pourrais me servir du compte tout de suite?

A Ah non. Il faut attendre dix jours à peu près.

Q1 Sur quel lieu se passe ce dialogue?

① à la préfecture ② au bureau de tabac
③ à la banque ④ à l'accueil d'un institut linguistique

Q2 Choisissez ce qui est correct.

① Le client peut se servir immédiatement du compte.
② Le client doit présenter une quittance de loyer et un passeport
③ Le client est en stage dans une entreprise.
④ Le client veut retirer de l'argent.

어휘정리

compte étranger ⓜ 외국인 계좌 justificatif de domicile ⓜ 거주 증명서 quittance ⓕ 영수증, 수령증 loyer ⓜ 집세, 임대료 (quittance de loyer 집세 영수증) remplir 작성하다, 채우다 formulaire ⓜ 서식 se servir de …을 사용하다 tout de suite 즉시 à peu près 약, 대략

본문해석

A : 무엇을 도와드릴까요?
B : 계좌를 열고 싶습니다.
A : 잘 알겠습니다. 프랑스 사람이세요?
B : 아니오. 저는 한국인입니다. 저는 어학연수를 하고 있고, 여기 1년 머물 겁니다.
A : 그런 경우에는 외국인 계좌를 열 수 있습니다. 당신의 여권과 거주증명서가 필요합니다.
B : 알고 있어요. 여기 제 여권과 집세 영수증이 있습니다.
A : 감사합니다. 이 서식을 작성해주세요!
B : 제가 곧바로 이 계좌를 사용할 수 있을까요?
A : 아니오. 약 열흘쯤 기다려야 합니다.

정답 1. ③ 2. ②

134 PIGS와 유로존의 위기

Selon les données évidentes, les déficits budgétaires et les dettes publiques qui échappent à tout contrôle ont fait de ces 4 pays appelés P.I.G.S(le Portugal, l'Italie, la Grèce et l'Espagne) les États qui infecteraient toute la zone euro et y généreraient des menaces évidentes de dislocation de la zone en question. Les ennuis de ces 4 États sont de facto les ennuis communs des 16 pays de la zone euro, parce que les P.I.G.S ne sont pas les seuls à développer la crise dans la zone euro, mais que presque tous les autres sont alignés sur le même processus. Pire encore, c'est que la Grande-Bretagne, un des piliers des marchés financiers mondiaux en Europe, hors zone euro, s'enfonce dans une situation similaire aux 4 P.I.G.S. En résumé, il semble que la liaison euro-Livre britannique conduise à la fois la Grande-Bretagne et la zone euro dans son ensemble dans une situation de crise, expression de la crise mondiale, qui produirait ses premiers effets dominos.

Q1 Quel est le ton général du texte?

① critique ② pessimiste
③ optimiste ④ passionné

어휘정리

déficit ⓜ 적자 dette ⓕ 빚, 부채 faire de (+qc)+(qc) …을 …으로 만들다 infecter 오염시키다, 감염시키다 générer 낳다, 발생시키다 dislocation ⓕ 해체, 붕괴, 와해 en question 문제의, 화제의 de facto 사실상(의) aligné ⓐ 줄지어 서 있는, 정렬된, 열거된 pilier ⓜ 기둥, 지주, 지지자 s'enfoncer dans …에 빠져들다 similaire à …와 유사한

본문해석

확실한 자료에 따르자면, 모든 통제에서 벗어난 예산 적자와 공공부채로 인해 PIGS(포르투갈, 이탈리아, 그리스, 스페인)라 불리는 이 4개국은 유로존 전체를 위험에 빠뜨리고, 유로 존 붕괴라는 명백한 위협을 유발시킬 수 있는 국가들이 되었다. 사실상 이 4개국의 걱정은 유로 존 16개국의 공통된 걱정거리인데, PIGS만이 유로 존 내에서 위기를 키울 유일한 국가들이 아니라 거의 모든 다른 국가들이 동일한 과정에 서있기 때문이다. 더 나쁜 것은, 유로 존에 소속되지는 않았지만 유럽에서 세계 금융 시장의 기둥 중의 하나인 영국이 PIGS와 유사한 상황에 빠져든다는 것이다. 요약하자면, 유로화와 영국 파운드의 관계는 영국과 유로 존 전체를 위기 상황으로 이끌 것 같으며, 세계 위기의 발현인 이 위기 상황은 첫 도미노 효과를 발생시키게 될 것이다.

정답 1. ②

135 실업문제

Depuis que le chômage élevé est devenu une donnée structurelle et lancinante de la société, le slogan a été repris en chœur par les pouvoirs publics : mieux vaut former les travailleurs plutôt que les licencier. C'est particulièrement vrai en période de crise. Le Parlement, de son côté, a adopté fin 2009 une nouvelle loi sur la formation professionnelle. Cette loi a créé un ≪Fonds de sécurisation des parcours professionnels≫, destiné à orienter les fonds de la formation vers les travailleurs les plus fragiles et les demandeurs d'emploi. En revanche, comme toujours en temps de crise, les entreprises ont réduit leur budget de formation. En 2009, le chiffre d'affaires des organismes privés de formation a même baissé, pour la première fois depuis huit ans. Et, comme d'habitude, ce sont d'abord les travailleurs (ⓐ) ou les plus menacés par le chômage qui en ont fait les frais.

Q1 문맥 상 괄호 ⓐ에 들어갈 올바른 표현은?

① les plus diplômés ② les plus précaires
③ bien payés ④ à plein temps

어휘정리

donnée ⓕ (기존) 여건, 소재, 재료 / ⓟ 자료, 데이터 lancinant ⓐ 끈질기게 괴롭히는, 찌르는 듯한 en chœur 일제히, 소리를 맞추어 Mieux vaut (+ inf.) …하는 편이 낫다 sécurisation ⓕ 안정화 parcours ⓜ 여정, 코스 / 경력, 행로 destiné à …의 용도로(대상으로) 마련된, …용의 précaire ⓐ 불안정한, 일시적인, 허약한 faire les frais de (+ qc) …의 비용을 부담하다, 희생을 치르다, 피해를 입다

본문해석

높은 실업이 끈질기게 괴롭히는 사회의 구조적 여건이 된 이후로, 공권력은 일제히 '근로자들을 해고하는 것보다 교육시키는 편이 낫다'는 슬로건을 재개하였다. 특히 이것은 위기의 시기에 맞는 말이다. 의회는 2009년 말에 직업교육에 관한 새로운 법을 채택하였다. 이 법은 취약 층 근로자들과 구직자들에게 교육 기금이 돌아가게 하기 위한 ≪취업 안정화기금≫을 창설하였다. 반면에, 위기 시에 늘 그랬던 것처럼, 기업들은 직업교육 예산을 감축하였다. 2009년에, 심지어 민간 교육기구의 총 매출액은 9년 전 이후 처음으로 감소하였다. 그리고 늘 그랬던 것처럼, 임시직이나 실업의 위험이 가장 큰 근로자들이 그 피해를 입었다.

정답 1. ②

136 유럽의 경기 침체

Déficits publics, chômage record… En premier trimestre de l'année 2010, l'Europe a broyé du noir. Aux États-Unis, les créations d'emploi semblent repartir. Surtout, l'Asie émergente a ignoré superbement la crise économique. Pendant que les Européens se sont divisés sur l'aide à apporter à la Grèce, la Chine, la Corée, le Japon et les pays de l'Asean ont mis en place un fonds de 120 milliards de dollars pour prévenir les crises de liquidités. On ne parle pas encore d'un Fonds monétaire asiatique, mais il est clair que l'Asie s'organise pour, à l'avenir, se passer du FMI, trop occidental à ses yeux. Les Asiatiques, ainsi que les Brésiliens, font preuve d'un optimisme à toute épreuve. Pendant ce temps, l'Union européenne fait du surplace, incapable d'avoir une véritable vision de l'avenir.

Q1 D'après le texte, d'énormes sommes d'argent sont réservées :

① pour relancer l'économie européenne.
② pour prévenir les crises de liquidités.
③ pour créer un Fonds monétaire asiatique
④ pour favoriser le développement durable pour les pays émergents.

어휘정리

record ⓜ 기록 / ⓐ (불변) 기록적인, 전례 없는 broyer 빻다, 찧다 (broyer du noir 침울한(비관적) 생각에 빠지다) émergent ⓐ 떠오르는, 신흥의 mettre en place (기금, 기관) 설립(설치) 하다 / (정책) 실시하다 monétaire ⓐ 화폐의, 통화의 liquidité ⓕ 유동성 se passer de …없이 지내다 faire du surplace 출발자세를 취하다, (자동차가 막혀) 그 자리에 서있다

본문해석

공공 적자, 기록적인 실업… 2010년 1분기에 유럽은 침체에 빠졌다. 미국에서는 고용창출이 활기를 되찾은 것 같다. 특히 신흥 아시아는 대단하게도 경제 위기를 겪지 않았다. 유럽인들이 그리스에게 해줄 지원에 대해 의견이 분열되어 있는 동안, 중국, 한국, 일본, 아세안 국가들은 유동성 위기를 예방하기 위해 1,200억 달러의 기금을 마련하였다. 아직까지는 '아시아 통화기금'에 대해 논하지는 않지만, 차후로 아시아는 그들 입장에서 보면 너무 서구지향적인 IMF에서 벗어나기 위해 움직이는 것은 확실하다. 아시아와 브라질은 모든 시련에 낙관론을 보여주고 있다. 그 사이 유럽연합은 진정한 미래에 대한 비전을 갖지 못한 채 제자리걸음을 하고 있다.

정답 1. ②

137 보호무역주의

Les pays du G20 n'ont pas résisté à la tentation du protectionnisme. Face à la crise, la plupart des pays membres du G20 ont tenté au cours des derniers mois, de protéger leurs industriels. En automne dernier, les pays du G20 se sont engagés solennellement à maintenir grandes ouvertes leurs frontières commerciales et pourtant des dizaines de mesures protectionnistes ont été mises en œuvre selon la Banque mondiale. Certes, les droits de douane ont augmenté. Seule, la Russie pour les voitures d'occasion, a eu recours à l'instrument classique du protectionnisme. Mais un grand nombre de pays a mis en place des mesures non tarifaires, comme embargo sur certains produits, restrictions sanitaires. Par exemple, la Chine a interdit les importations de porc irlandais. La Banque mondiale s'en inquiète, car la tentation de l'isolement n'aggrave que la situation déjà très difficile.

Q1 Dans quel(s) pays, le protectionnisme a été mis en place réellement?

① en Chine ② en Russie
③ en Irlande ④ dans les pays du G20

어휘정리

tentation ⓕ 유혹 protectionnisme ⓜ 보호무역(주의) solennellement 엄숙하게 droit de douane ⓜ 관세 d'occasion 중고의 non tarifaire 비과세의 embargo ⓜ (물품의) 통상(판매, 수출) 금지 restriction ⓕ 제한 sanitaire 보건의, 위생의 avoir recours à …에 도움을 청하다, …의 수단을 동원하다 isolement ⓜ 고립

본문해석

G20 국가들은 보호무역의 유혹을 뿌리치지 못하였다. 위기에 직면하여 G20의 대다수의 회원국들이 최근 몇 달 간 자국 기업가들을 보호하려고 애썼다. 지난 가을, G20 국가들은 무역 국경을 활짝 열어 놓겠다고 엄숙하게 약속했었지만, 세계은행에 따르자면 수십 건의 보호무역 조치들이 취해졌다고 한다. 물론, 관세가 상승하였다. 오로지 러시아만이 중고차에 대해 보호무역주의의 고전적 도구를 사용했다. 하지만 많은 국가들이 일부 제품에 대한 통상금지, 위생상의 제한 같은 비과세 조치를 실시하였다. 예를 들어 중국은 아일랜드 돼지고기 수입을 금지하였다. 세계은행은 이를 우려하고 있는데, 고립에의 유혹은 이미 아주 힘든 상황을 악화시킬 뿐이기 때문이다.

정답 1. ②

138 회사 면접

A Pourquoi voulez-vous travailler pour nous?

B J'ai actuellement un emploi de secrétaire. J'ai une formation de secrétaire. Comme j'ai un peu d'expérience, je voudrais faire quelque chose de plus intéressant, prendre plus de responsabilités.

A Quelles langues étrangères parlez-vous?

B Je parle anglais, français et un peu espagnol. Je suis des cours d'espagnol, le soir, depuis trois mois.

A Connaissez-vous notre entreprise?

B Oui, j'ai obtenu des renseignements sur vos activités.

A Vous savez que notre maison mère est à Strasbourg. Verrez-vous un inconvénient à partir en déplacement de temps en temps?

B Non, pas du tout. J'aime voyager.

A Vous savez aussi que nous venons de nous implanter ici, à Madrid. Alors, il y a beaucoup de travail en ce moment. Seriez-vous disposé à faire des heures supplémentaires?

B Aucun problème.

Q1 De quel type de texte s'agit-il?

① d'un débat ② d'une interview professionnelle

③ d'un cours ④ d'une négociation commerciale

Q2 Quel est le type de relation entre ces deux personnes?

① formelle ② amicale

③ conflictuelle ④ détendue

어휘정리

maison mère ⓕ 본사 intéressant 흥미로운 / 유리한, 이익을 가져다주는 déplacement ⓜ 출장, 이동, 여행 inconvénient ⓜ 불편한 점, 지장 disposé à (+ qc / inf.) …할 의향이 있는, 준비가 된 supplémentaire 추가의, 보충의 (heures supplémentaires 초과근무 시간)

본문해석

A : 왜 우리 회사에서 일하기를 원하십니까?

B : 저는 현재 비서로 일하고 있습니다. 비서 교육을 받았죠. 제가 경력을 조금 쌓았기 때문에 좀 더 보수가 괜찮은 일을 하고 싶고, 더 책임 있는 일을 맡고 싶습니다.

A : 어떤 외국어를 하십니까?

B : 저는 영어와 프랑스어를 하고, 스페인어도 약간 합니다. 세 달 전부터 저녁에 스페인어 수업을 듣고 있습니다.

A : 우리 기업을 알고 계십니까?

B : 네, 귀사의 활동에 관한 정보들을 얻었습니다.

A : 우리 본사가 스트라스부르에 있다는 것을 아실 겁니다.
가끔 출장을 떠나야 하는데 아무 지장 없으세요?

B : 괜찮습니다. 저는 여행하는 것을 좋아합니다.

A : 우리가 이곳 마드리드에 막 개소한 것도 알고 계시겠죠.
요즘 업무가 많습니다. 초과 근무를 할 의향이 있습니까?

B : 그럼요.

정답 1. ② 2. ①

8 CONSEILS POUR RÉUSSIR VOTRE ENTRETIEN D'EMBAUCHE

Bonne nouvelle : vous venez de décrocher un entretien. Comment réussir votre oral devant le recruteur, voici quelques conseils !

par Yupeek

1 ENTRAINEZ-VOUS

Un entretien d'embauche, c'est une sorte d'examen oral. Et comme tout examen, il se prépare en avance. Apprenez tout ce que vous pouvez sur l'entreprise. Cela montrera au recruteur tout l'interêt que vous portez au poste pour lequel vous postulez.

2 SOYEZ PONCTUEL

Mieux vaut arriver en avance qu'en retard. Les recruteurs enchainent généralement les entretiens toute la journée. Si vous êtes en retard, vous leur faites perdre un temps précieux. Repérez le trajet vers l'entretien et de prévoir une petite marge d'avance.

3 HABILLEZ-VOUS CORRECTEMENT

Adaptez votre dess-code à l'entreprise pour laquelle vous postulez. Le bon sens guidera votre habillement : évitez le jeans-baskets si vous postulez dans une banque, n'optez pas pour le costume-cravate si vous passez un entretien pour devenir maitre-nageur.

4 SERRER LA MAIN

La poignée de main donne au recruteur une première idée de votre état d'esprit. Il est donc très important que votre poignée de main soit franche et énergique, sans excès. Une main molle et/ou moite n'enverra pas un message positif à la personne qui vous recevra.

5 PARLEZ DE VOUS

"Maintenant, parlez-moi un peu de vous" ! Inutile de stresser : le recruteur n'attend pas de vous un long récit.. L'objectif est plutôt de tester votre capacité à synthétiser un discours clair en lien avec le poste. Alors n'en faites pas des tonnes : soyez clair, précis, concis.

6 MAÎTRISEZ VOTRE LANGAGE CORPOREL

Attention, votre corps peut vous trahir. La communication non-verbale passe par vos mouvements, vos bras, vos tics, vos expressions faciales... Les recruteurs sont habitués à détecter certains signes. Evitez donc de triturer votre stylo dans tous les sens, de vous ronger les ongles ou encore de tapoter du pied.

7 SOURIRE ET DISPONIBILITÉ

Soyez souriant et avenant. Là encore, sans excès. Et évidemment, avant le rendez-vous, coupez votre portable ou mettez-le en mode avion. Un entretien pendant lequel sonne votre téléphone portable aura peu d'espoir d'aboutir à une proposition d'emploi.

8 POSEZ DES QUESTIONS

Avant l'entretien, munissez-vous d'un calepin et d'un stylo. Pendant l'entretien, n'hésitez pas à prendre des notes ou/et à écrire des questions (que vous poserez ensuite au recruteur). C'est une preuve de motivation et d'intérêt pour le poste.

yupeek

Chapitre

7

société, logement et transports

사회 · 주거 · 교통

139 인구조사

Le recensement a commencé. Pendant un peu plus d'un mois, 18 000 agents de mairie ont effectué le nouveau recensement de la population française. Comme chaque année, ils ont été chargés d'interroger 9 millions de personnes, réparties dans plus de 8 000 communes différentes. Grâce à des questionnaires, l'INSÉE a pu recueillir des informations sur le nombre de logements et sur les caractéristiques de leurs habitants (âge, profession, mode de transport utilisé, activités …). Une fois terminé, le recensement devrait permettre d'adapter les projets de construction aux besoins de la population. On saura par exemple si une ville a besoin de faire construire un hôpital, une école ou une maison de retraite.

Q1 Combien de personnes ont été interrogées par les agents de mairie?

① 63,8 millions de personnes ② 18,000 personnes
③ 9 millions de personnes ④ 8,000 personnes

어휘정리

recensement ⓜ 조사, 인구조사 mairie ⓕ 시청, 구청 répartir 분배하다, 나누어 배치하다, 분산하다, (어떤 기간으로) 배분하다 commune ⓕ 코뮌 (시, 읍, 면으로, 프랑스의 최소 행정구) questionnaire ⓜ (조사용) 질문서, 질문표 recueillir 거두다, 모으다, (정보를) 기록하다, 얻다 caractéristique ⓕ 특성, 특색, 특징 / ⓐ 특징을 나타내는, 독특한 adapter (qc à qc) 맞추다, 적응시키다, 각색하다

본문해석

인구조사가 시작되었다. 한 달 조금 넘는 동안, 18,000명의 시청 조사원들이 새로운 프랑스 인구조사를 실시하였다. 매해처럼, 그들은 8,000개 이상의 다른 코뮌에 흩어져 사는 9백만 명에게 질문을 하는 임무를 맡았다. 질문지 덕분에, 국립통계경제연구소는 주택 수와 주민들의 특성(나이, 직업, 사용 운송 수단, 활동 …) 에 대한 정보들을 수집할 수 있었다. 일단 끝나고 나면, 인구조사는 국민의 필요성에 건설 계획을 맞출 수 있게 해줄 것이다. 예를 들어, 한 도시에 병원, 학교나 양로원들을 짓는 것이 필요한지 알게 될 것이다.

정답 1. ③

INSEE

국립통계경제연구소 로고

140 무인자동차대여시스템

Le mot d'≪Autolib≫ évoque le ≪Vélib≫, le vélo en libre-service parisien. Autolib, c'est le nom du système des voitures en libre-service de Paris. Des voitures électriques ou hybrides ont été mises en place dans les rues de la capitale en 2009. Quelque 2 000 voitures propres étaient en location à la disposition des Parisiens, et 300 bornes électriques ont permis de les recharger gratuitement. Selon les calculs du projet, le coût mensuel de ce service étaient de 200 à 250 euros par mois, pour une utilisation jusqu'à 100 km de distance. ≪Il est prouvé que, si on compte l'achat d'une automobile, l'essence, le parking, les assurances, un véhicule particulier coûte plus cher qu'Autolib≫, a défendu le porte-parole du maire de Paris.

Q1 Les voitures hybrides fonctionnent :

① uniquement avec de l'électricité
② uniquement avec de l'essence
③ uniquement avec du biocarburant
④ soit avec de l'électricité, soit avec de l'essence

어휘정리

libre-service ⓜ 셀프서비스, 셀프서비스 상점 hybride 잡종의, 혼합의, 하이브리드 mettre (qc) en place 실행(실시, 설립, 배치, 정돈)하다 location ⓕ 임대, 셋집 borne ⓕ 경계석, (전기) 접속단자 / ⓟⓛ 경계, 한계, 한도 recharger 충전하다 coût ⓜ 비용 porte-parole ⓜ (복수 불변) 대변인 véhicule ⓜ 차량, 탈것 défendre 옹호하다, 지키다, 주장하다, 금지하다

본문해석

≪오토리브≫라는 단어는 파리의 공공 임대 자전거 ≪벨리브≫를 연상시킨다. ≪오토리브≫는 파리의 자동차 셀프서비스 제도의 이름이다. 그래서 전기 자동차나, 하이브리드 자동차가 2009년 수도의 거리에 배치되었다. 약 2,000대의 무공해 자동차들이 파리 시민들에게 자유로이 임대되었으며, 300개의 전기 접속단자가 무료로 자동차들을 충전하게 해주었다. 이 계획의 계산에 따르자면, 이 서비스의 한 달 비용은 100킬로미터 거리까지 사용에, 매달 200유로에서 250유로였다. ≪자동차 구입, 휘발유, 주차, 보험을 계산해보면, 개인 차량이 '오토리브'보다 더 비용이 든다는 것이 증명되었다≫고 파리 시장 대변인이 주장하였다.

정답 1. ④

141 기차역에서

Le voyageur	:	Un billet pour Paris, s'il vous plaît!
L'employée	:	Aller-retour ou aller simple? Vous désirez une place fumeur ou non fumeur?
Le voyageur	:	Aller-retour, non fumeur, en deuxième classe. Combien ça coûte?
L'employée	:	107,90 euros. Est-ce que vous avez droit à une réduction?
Le voyageur	:	Non, plein tarif. Est-ce que le train est direct?
L'employée	:	Non, il y a une correspondance à Lyon.
Le voyageur	:	À quelle heure part le train?
L'employée	:	À 17 heures 30. Vous arrivez à Lyon à 20 h 42, la correspondance est à 20 h 45.
Le voyageur	:	Combien de temps dure le voyage?
L'employée	:	7 h.
Le voyageur	:	À quelle heure le train arrive à Paris?
L'employée	:	À minuit 42. Comment payez-vous? Par carte bleue, par chèque ou en espèces?
Le voyageur	:	Je paie en espèces. Sur quel quai se trouve le train, s'il vous plaît?
L'employée	:	Quai numéro 3. N'oubliez pas de composter votre billet.
Le voyageur	:	Merci, au revoir.

※ Répondez aux questions.

Q1 Le voyageur paie :

① le plein tarif ② le tarif réduit
③ le demi-tarif ④ le tarif forfaitaire

Q2 Quelle est la ville d'arrivée?

① Paris ② Nice
③ Lille ④ Lyon

Q3 Il y a un changement de train à :

① Paris ② Nice
③ Lille ④ Lyon

Q4 Sur quel quai se trouve le train?

① quai 1 ② quai 2
③ quai 3 ④ quai 4

Q5 À quelle l'heure arrive le train à Paris?

① 7h ② 17h 30
③ 20h 42 ④ 00h 42

Q6 Pour avoir des renseignements, on va :

① à la réception ② à l'accueil
③ au guichet ④ dans la salle d'attente

어휘정리

aller-retour ⓜ 왕복(권)　avoir droit à (+qc) …을 받을 권리(자격)가 있다　réduction ⓕ 할인, 감소　billet à plein tarif ⓜ 보통권, 전액권 (un billet à demi-tarif 반액권 / billet à tarif réduit 할인권)　cerrespondance ⓕ 환승, 갈아타기 / 대응, 상응 / 일치 / 교신, 통신　durer 지속되다　chèque ⓜ 수표　en espèces 현금으로　quai ⓜ 승강장, 플랫폼, 강둑, 부두　composter (표를) 개찰하다

본문해석

승객 : 파리 행 기차표 하나 주세요.
직원 : 왕복권이요, 편도권이요? 흡연석을 원하시나요, 아니면 비 흡연석이요?
승객 : 왕복권, 비 흡연석, 2등칸이요. 얼마인가요?
직원 : 107유로 90상팀입니다. 할인 받으실 수 있나요?
승객 : 아니요, 일반요금이요. 기차는 직행인가요?
직원 : 아니요, 리옹에서 환승합니다.
승객 : 몇 시에 기차가 출발하나요?
직원 : 7시 30분에요. 리옹에 20시 42분에 도착하고 환승은 20시 45분입니다.
승객 : 여행은 몇 시간 걸리나요?
직원 : 7시간요.
승객 : 기차가 몇 시에 파리에 도착하나요?
직원 : 자정 42분요. 어떻게 지불하시겠습니까? 신용카드, 수표, 현금으로?
승객 : 현금으로 지불하지요. 기차는 몇 번 승강장에 있나요?
직원 : 3번 승강장이요. 표 개찰하는 것을 잊지 마세요.
승객 : 감사합니다. 안녕히 계세요.

정답 1. ① 2. ① 3. ④ 4. ③ 5. ④ 6. ②

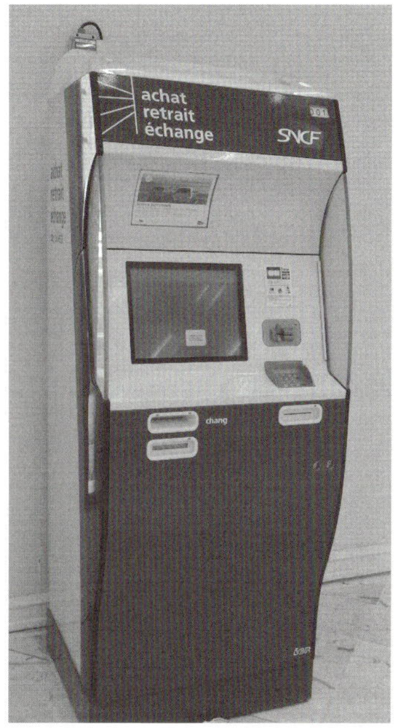

기차역 무인발권기

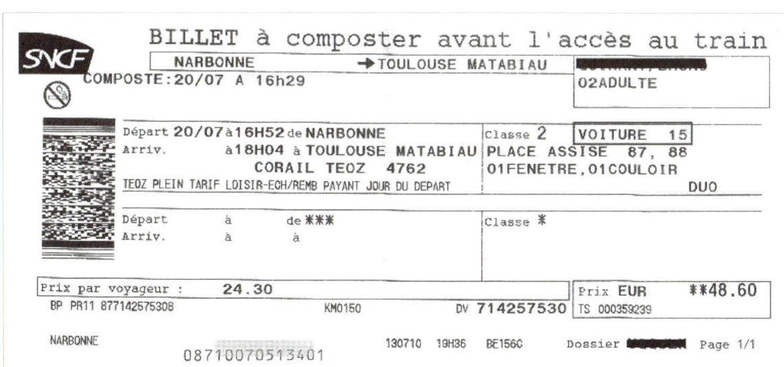
SNCF
BILLET à composter avant l'accès au train
NARBONNE → TOULOUSE MATABIAU
COMPOSTE:20/07 A 16h29
02ADULTE

Départ 20/07 à 16H52 de NARBONNE | Classe 2 | VOITURE 15
Arriv. à 18H04 à TOULOUSE MATABIAU | PLACE ASSISE 87, 88
CORAIL TEOZ 4762 | 01FENETRE,01COULOIR
TEOZ PLEIN TARIF LOISIR-ECH/REMB PAYANT JOUR DU DEPART | DUO

Départ à de *** | Classe *
Arriv. à à

Prix par voyageur : 24.30 | Prix EUR **48.60
BP PR11 877142575308 KM0150 DV 714257530 | TS 000359239

NARBONNE 08710070513401 130710 19H36 BE156C Dossier Page 1/1

기차표

142 프랑스 이민자 폭동

En novembre 2005, la France a connu une vague de violence exceptionnelle qui a touché les quartiers pauvres de nombreuses villes. (　　ⓐ　　) par le racisme, la misère et le chômage, des milliers de jeunes se sont révoltés en faisant notamment brûler des voitures. D'autres en ont profité pour commettre des violences juste pour le plaisir de tout casser ou pour commettre des vols.

Pour limiter cette violence, le gouvernement a imposé un état d'urgence, et une série de mesures qui donnent plus de pouvoirs à la police et qui limitent les libertés des citoyens. La plus importante de ces mesures est <u>le couvre-feu</u>.

En réalité, ces mesures ont été peu appliquées. Mais le gouvernement estime que la menace du couvre-feu a découragé des bandes de voyous et rassuré une partie de la population. Les opposants du gouvernement affirment que le couvre-feu n'a servi à rien.

Q1 Qu'est-ce que ≪le couvre-feu≫?

① éteindre du feu
② allumer du feu
③ réprimer des emeutes
④ interdire de circuler le soir et tôt le matin.

Q2 괄호 ⓐ에 들어갈 적절한 표현은?

① Étonnés　　② Exaspérés
③ Critiqués　　④ Satisfaits

어휘정리

exaspéré 격노(격분)한 se révolter 폭동을 일으키다, 반항하다 profiter de q.c pour + inf. …을 이용해서 …을 하다 état d'urgence ⓜ 긴급(비상)사태 couvre-feu ⓜ 야간 통행금지(령) bande ⓕ 무리, 떼 voyou ⓜ (거리의) 불량소년, 깡패 servir à …에 쓰이다

본문해석

2005년 11월, 프랑스는 수많은 도시 빈민 지역을 강타한 이례적인 폭력의 물결을 겪었다. 인종차별, 가난, 실업에 격분한 수천 명의 젊은이들이 특히 자동차를 불 지르면서 폭동을 일으켰다. 다른 젊은이들은 이 기회를 이용해 오로지 모든 것을 부수는 즐거움을 위해 폭력을 저지르거나, 절도를 범하였다.

이 폭력을 억제하기 위해 정부는 비상사태, 경찰에 더 많은 권한을 주고 국민의 자유를 제한하는 일련의 조치를 발령했다. 이 조치들 중 가장 중요한 것은 야간통행금지령이다.

사실상, 이 조치들이 적용된 적이 별로 없었다. 하지만 정부는 야간통행금지의 위협이 불량배들을 위축시켰고, 일부 국민들을 안심시켰다고 생각한다. 야당은 통행금지가 아무 소용이 없었다고 말한다.

정답 1. ④ 2. ②

143 길 찾기

A : Excusez-moi, je cherche la gare.

B : Vous passez dans le tunnel et vous allez tout droit jusqu'au rond-point. Vous tournez à gauche, vous passez devant un parking. Vous continuez toujours tout droit jusqu'au croisement, vous prenez la dernière rue à gauche. C'est bien le bâtiment à droite.

어휘정리

rond-point ⓜ 원형 교차로, 원형 광장 tourner 돌다 continuer 계속하다, 연장하다, (길을) 계속가다 croisement ⓜ 교차(점), 사거리(=carrefour) bâtiment ⓜ 건물

본문해석

A : 죄송합니다만, 저는 기차역을 찾고 있습니다.

B : 터널을 지나서 원형 교차로까지 계속 가세요. 왼쪽으로 돌아서 주차장 앞을 지나가세요. 네거리까지 쭉 직진하시다가, 왼쪽 마지막 길로 가세요. 바로 오른쪽 건물입니다.

위치관련 어휘	
à gauche : 왼쪽으로	à droite : 오른쪽으로
tout droit : 똑바로	devant : 앞에
derrière : 뒤에	au coin de : 모퉁이에
entre : 사이에	en face de : 맞은편에
au milieu de : 가운데	jusqu'à : …까지

길 관련 어휘

tourner : 돌다	aller : 가다
avancer : 전진하다	reculer : 후진하다, 뒷걸음치다
passer : 지나가다	traverser : 길을 건너다
rouler : 차를 몰다	prendre : (길로) 접어들다, 가다
monter : 올라가다	descendre : 내려가다

144 마 약

La drogue est interdite, il faut poursuivre les producteurs et les trafiquants. Le développement de l'usage des drogues par les jeunes est étroitement associé à certaines formes de conduite que l'on identifie au refus de la société, à la contestation, à la remise en cause des valeurs essentielles.

Les drogués sont des êtres dangereux pour la société. Il faut, par la sanction pénale, mettre un terme à leur consommation. Cette conception (ⓐ) ne s'est pas limitée à la situation française ; la plupart des pays qui ont eu à faire face à un accroissement rapide de l'usage des drogues ont eu le même réflexe.

Q1 문맥 상 괄호 ⓐ에 들어갈 가장 적절한 단어는 무엇인가?

① indulgente ② tolérante
③ répressive ④ éducative

Q2 젊은이들의 마약 복용을 부추기는 현상으로 언급되지 않은 것은?

① 사회에 대한 거부 ② 청년 실업
③ 사회에 대한 항의 ④ 근본 가치에 대한 문제 제기

어휘정리

drogue ⓕ 마약 poursuivre 뒤쫓다, 추적하다 / (일, 행동) 계속하다 / (법) 기소(소추, 고소)하다 trafiquant ⓜ 밀매상 contestation ⓕ 항의, 이의 제기 remise en cause ⓕ 재검토, 문제 제기 sanction ⓕ 처벌, 형벌 pénal 형사상의, 형법상의 mettre un terme à …을 종식시키다, 끝내다 répressif 억압적, 탄압적 se limiter à …에 한정(국한)되다 faire face à …에 대항하다, 대처하다 réflexe ⓜ 반응

본문해석

마약은 금지되어 있으며, 제조자들과 밀매상들을 추적(기소)해야 한다. 젊은이들에 의한 마약 사용의 증가는 사회에 대한 거부, 이의 제기, 기본 가치 재고와 동일시되는 일부 행동 유형과 밀접하게 연결되어 있다.

마약 복용자들은 사회에 위험한 존재들이고, 형사 처벌로 그들의 마약 복용을 종식시켜야 한다. 이런 처벌의 개념은 프랑스의 상황에만 국한된 것이 아니다. 마약 사용의 신속한 증가에 직면해야 했던 대부분의 나라들이 동일한 대응을 했다.

정답 1. ③ 2. ②

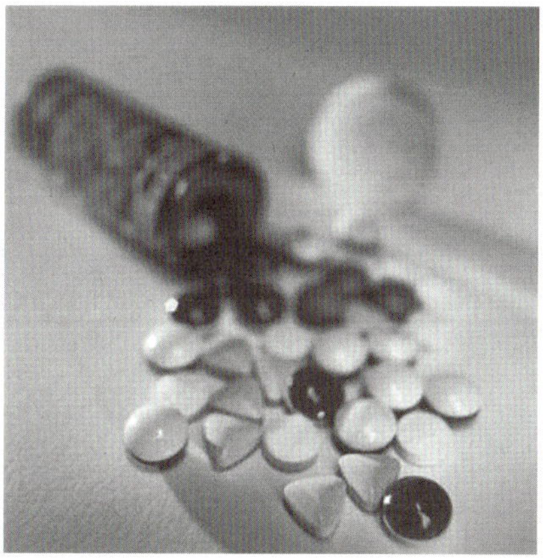

145 자동차에 대한 사고

Le sondage montre que la voiture représente une nécessité plutôt qu'un luxe pour la majorité des Français. La raison n'est pas l'absence ou l'insuffisance des transports publics ; il y a dans tout le pays d'excellents réseaux de lignes d'autobus et de trains et même de lignes de métro à Paris et à Lyon. Mais les Français apprécient la liberté de mouvement que leur donne une voiture. Un autre sondage indique même que la promenade en voiture est la distraction favorite des Français.

Pour les Français, la voiture idéale est une voiture qui est à la fois économique, rapide et maniable. Parmi les voitures fabriquées en France, il y a les Peugeot, les Renault, les Citroën.

Sans vouloir trop généraliser, on peut dire que le Français au volant a tendance à être assez indépendant, agressif et même impatient. Si un autre conducteur lui semble trop timide, trop prudent ou trop lent, il n'hésitera pas à montrer son impatience.

Q1 Trouvez ce qui n'est pas mentionné pour décrire les comportements des automobilistes français.

① impatients ② indisciplinés
③ prudents ④ agressifs

어휘정리

plutôt que …라기보다는 오히려 apprécier 좋아하다, 높이 평가하다 distraction ⓕ 오락, 기분전환 favori(te) 좋아하는, 애호하는 maniable 조작하기 쉬운, 다루기 쉬운 généraliser 일반화(보편화)시키다 agressif 공격적인, 난폭한 impatience ⓕ 조급증, 성급함

본문해석

여론조사에서 대다수의 프랑스인들에게 자동차는 사치품이라기보다는 필수품이라는 사실을 보여준다. 그 이유는 대중교통이 없거나 불충분하기 때문이 아니다. 전국에 훌륭한 버스 노선 망과 철도망이 있으며, 파리와 리옹에는 지하철도 있다. 그러나 프랑스인들은 자동차가 주는 이동의 자유를 좋아한다. 또 다른 여론조사에서는 자동차 드라이브는 프랑스인들이 좋아하는 기분 전환거리라는 사실도 나타난다.

프랑스인들에게, 이상적인 자동차는 경제적인 동시에, 빠르고 조작이 쉬운 것이다. 프랑스에서 제조된 자동차들 중에는 푸조, 르노, 시트로엥이 있다.

너무 일반화시키지 않더라도, 운전대를 잡은 프랑스인은 제멋대로이고, 난폭하고, 참을성이 없는 경향이 있다고 말할 수 있다. 다른 운전자가 너무 소심하고, 신중하고, 느린 것 같으면, 주저 않고 조급증을 보일 것이다.

정답 1. ③

146 파리교통공사(RATP)

Le service d'autobus de la RATP est très efficace et très étendu, mais pas toujours rapide à cause de la circulation. Il est particulièrement pratique pour la banlieue. Les arrêts sont signalés par des panneaux rouges et jaunes avec le numéro de la ligne. Les bus circulent généralement de 6 heures du matin à 23 heures : certains roulent jusqu'à minuit et demi. Selon le trajet, vous payerez 1, 2 ou 3 tickets, que vous pouvez acheter dans le bus.

Vous pouvez prendre un taxi à une station. Vous payerez non seulement le prix indiqué par le taximètre, mais aussi un tarif qui est affiché sur la fenêtre du taxiⓐ, par exemple, un supplément pour les bagages.

* RATP(Régie autonome des transports parisiens 파리교통공사)

Q1 De quoi traite ce texte?

① du tourisme ② des transports en commun
③ de la contravention ④ des embouteillages

Q2 Quelle est l'affirmation exacte?

① Les autobus ne roulent pas toujours vite au centre-ville.
② Aucun bus ne dessert les banlieues parisiennes.
③ Tous les autobus circulent toute la nuit.
④ On ne paie que le tarif affiché sur la fenêtre du taxi.

어휘정리

banlieue ⓕ (대도시의) 교외, 시외 panneau ⓜ 널판자, 광고판, 표지판 héler (멀리서) 소리쳐 부르다 taximètre ⓜ 택시미터 supplément ⓜ 추가, 보충(분), 할증(추가)요금, 부록 (en supplément 추가로, 부가로 =en plus)

본문해석

파리교통공사의 버스 운행노선은 아주 잘 짜여있고 폭넓게 퍼져 있지만, 교통 때문에 항상 빠른 것은 아니다. 버스는 특히 교외에서 편리하다. 정류장은 노선 번호가 적힌 빨강과 노랑의 표지판으로 표시되어 있다. 일반적으로 버스는 아침 6시에서 23시까지 운행되지만, 몇몇 버스는 밤 12시 30분까지 운행된다. 구간에 따라 표를 1장, 2장, 3장을 내며, 이 표를 버스에서 구입할 수 있다.

여러분은 택시 정류장에서 택시를 탈 수 있다. 택시미터에 표시된 요금을 지불할 뿐 아니라, 택시 창문에 게시된 요금, 예를 들면 짐에 대한 추가 요금을 지불한다.

정답 1. ② 2. ①

파리의 시내버스

파리의 지하철

147 은 퇴

Le directeur et les employés de l'entreprise Birot ont fêté le départ en retraite d'un employé, après 42 années passées au service de l'entreprise.

Chaque jour, des milliers de personnes partent en retraite : elles quittent leur métier, leurs habitudes, leurs amis, pour une vie complètement différente, celle du ≪troisième âge≫. Il y a quelques années, on estimait que les personnes âgées étaient des ≪sages≫ qu'il fallait respecter, et dont les conseils étaient toujours utiles. Aujourd'hui, elles vivent à l'écart de la société. De nombreux travailleurs demandent donc que des mesures soient (ⓐ) pour éviter un départ en retraite trop brutal. Ils proposent, par exemple, qu'à partir de 60 ans la durée du travail soit de plus en plus réduite : il faudrait qu'à 64 ans, c'est-à-dire un an avant la retraite, le futur retraité n'assure plus que 50% de son travail normal.

Q1 괄호 ⓐ안에 들어갈 가장 적절한 동사는?

① mis　　② mises

③ pris　　④ prises

Q2 윗 글의 내용과 일치하지 않는 것은?

① 옛날에는 나이든 사람을 현명한 사람이라고 여겨 공경했다.

② 현재 나이든 사람들은 사회에서 소외된 채로 살아가고 있다.

③ 많은 노동자들이 너무 급작스러운 퇴직을 피하기 위한 방책을 요구한다.

④ 은퇴 3년 전부터 노동시간을 점차적으로 줄일 것을 제안한다.

어휘정리

retraite ⓕ 퇴직, 은퇴 / 후퇴, 퇴각 troisième âge ⓜ 제3의 인생(65~75세의 노년기) à l'écart de …에서 (멀리) 떨어져서 (=loin de) assurer (책임을) 맡다, 완수하다 ne … plus que 이제는 … 밖에 없다

본문해석

'비로'사(社)의 사장과 직원들은 지난 42년간 회사에 근무한 한 직원의 은퇴 축하 모임을 가졌다.

매일 수천 명이 은퇴를 한다. 그것은 그들의 직장, 습관, 친구들을 떠나 완전히 다른 인생인 ≪제3의 인생≫으로 가는 것이다. 몇 년 전에는 노인들을 존경해야 할 ≪현자≫로 여겨 그들의 충고는 항상 유용한 것이라 생각했다. 오늘날 그들은 사회와 동 떨어져 살고 있다. 그래서 많은 노동자들은 너무 급작스러운 은퇴를 피하기 위한 대책을 강구해줄 것을 요구하고 있다. 예를 들어 그들은 60세부터 점차적으로 노동 시간을 단축할 것을 제안한다. 그렇다면 은퇴 1년 전인 64세에, 예비 은퇴자는 정상 노동의 50%만을 맡게 될 것이다.

정답 1. ④ 2. ④

148 별 장

Les résidences secondaires sont à la mode. Elles se sont multipliées dans la région parisienne, (ⓐ) le littoral, à la montagne, à la campagne. Récemment, le rythme d'acquisition s'est encore amplifié. Les régions les plus recherchées se situent autour des grandes agglomérations : à deux heures de Paris, aujourd'hui, tout est vendu.

La France des classes moyennes et aisées se passionne pour les maisons anciennes. Il y a quelques années, ces maisons se vendaient à des prix raisonnables. Aujourd'hui, tout a doublé. Des hameaux entiers, des villages en ruine revivent grâce aux propriétaires de résidences secondaires. Cette rénovation, les gens du pays, obligés de quitter leur région pour chercher du travail, n'auraient pas pu la ⓑ faire.

Q1 괄호 ⓐ에 들어갈 적합한 전치사는?

① sur ② à
③ dans ④ en

Q2 밑줄 친 ⓑ가 가리키는 것은?

① la France ② la région
③ la rénovation ④ la résidence

Q3 윗 글의 내용과 일치하는 것은?

① 가장 인기 있는 전원주택지는 대도시와 멀리 떨어진 곳이다.
② 폐허가 된 마을들은 외지인들 덕분에 활기를 띠고 있다.

③ 프랑스 중산층들은 현대적 스타일의 집을 좋아한다.

④ 요즘 농가의 가격이 3배로 올랐다.

어휘정리

résidence ⓕ 거주(지), 주재, 고급 주택, 관저 à la mode 유행하는 littoral ⓜ 연안(지대) acquisition ⓕ 구입, 구매, 획득 s'amplifier 확대되다, 증대되다 recherché 인기 있는, 많이 찾는 agglomération ⓕ 주거 밀집지역, 도시권 se passionner pour 열광(열중)하다 hameau ⓜ 작은 마을, 촌락 rénovation ⓕ 개수, 개축

본문해석

별장이 유행하고 있다. 몇 년 전부터, 별장이 수도권과 연안 지대, 산이나 전원에서 증가하고 있다. 최근에 별장 구매의 속도가 더 빨라졌다. 가장 인기 있는 지역은 대도시권 주위에 위치하고 있다. 요즘 파리에서 2시간 떨어진 곳은 모두 팔렸다.

부유한 중산층의 프랑스인들은 고 가옥들을 좋아한다. 몇 년 전만 해도 이런 집들은 합당한 가격에 팔렸지만, 지금은 모두 2배로 올랐다. 촌락 전체가 또는 폐허였던 마을들이 별장 주인들 때문에 다시 활기를 띠게 되었다. 일자리를 찾아 이 지방을 떠났던 지역 주민들은 이러한 개축 공사를 하지 못했을 것이다.

정답 1. ① 2. ③ 3. ②

149 노인 대학

Il n'est jamais trop tard pour apprendre, et les universités du troisième âge ont été créées dans plusieurs villes . Pour une petite somme par an, les cours sont ouverts (ⓐ) tous ceux qui désirent apprendre. On utilise les salles de l'université pendant les vacances d'été. On s'intéresse (ⓑ) des sujets très différents : l'art, la géographie, l'histoire et quelques éléments de médecine. D'autre part, des discussions sont organisées sur des problèmes choisis par des personnes âgées. On fait venir des gens de différentes professions (médecins, chirurgiens …), pour qu'ils puissent répondre directement aux questions posées. De novembre à mai, les activités ont lieu à l'extérieur de l'université : sports, visites de musées et promenades en campagne. On prépare ainsi les retraités (ⓒ) différentes activités : tenir une bibliothèque ou s'occuper des malades dans un hôpital. C'est sans doute la meilleure façon de réagir contre l'ennui.

Q1 Quel est le thème qui résume le mieux le texte?

① les problèmes des personnes âgées
② la crise universitaire
③ la création de l'université pour les retraités
④ les retraités et les loisirs

Q2 괄호 ⓐ, ⓑ, ⓒ에 공통으로 들어갈 수 있는 전치사는?

① pour　　② à
③ de　　④ sur

어휘정리

troisième âge ⓜ 제3의 인생 (65-75세의 노년기) somme ⓕ 금액, 합계, 총계 élément ⓜ (복수) (학문, 예술의) 개념, 기본 원리, 기초 chirurgien ⓜ 외과의사 retraité ⓜ 은퇴자, 퇴직자 tenir 운영(경영)하다, (직무) 맡다, 담당하다 s'occuper de 돌보다, 보살피다

본문해석

배우는 데는 나이가 따로 없다. 여러 도시에서 노인 대학들이 설립되었다. 일 년에 소액을 내면 배움을 원하는 모든 사람들에게 강의가 개방된다. 이들은 여름방학 동안 대학교 강의실을 이용하며, 미술, 지리, 역사, 기초 의학처럼 아주 다양한 주제에 관심을 가지고 있다. 한편, 어르신들이 선정한 문제들에 대한 토론회가 주최된다. 여러 직종의 사람들(의사, 외과의 …)이 직접 질문에 대답할 수 있도록 초빙을 하기도 한다. 11월부터 5월까지, 스포츠, 박물관 관람, 전원 산책 같은 활동이 학교 밖에서 이루어진다. 이처럼 은퇴자들이 도서관 일을 맡거나 병원에서 환자들을 돌보는 등의 여러 활동을 할 수 있도록 준비시킨다. 아마도 이것이 권태를 이기는 가장 좋은 방법일 것이다.

정답 1. ③ 2. ②

150 주택문제

Le problème de logement a cessé d'être celui de l'offre insuffisante. On voit de plus en plus des panneaux indiquer : ≪À louer≫. Il y a suffisamment de logements, mais qui coûtent trop cher. À la crise de l'offre va succéder celle de la demande.

Un des grands problèmes qui se posent à l'heure actuelle est celui de l'implantation des logements. 83% des logements construits dans les villes de plus de cent mille habitants l ⓐ 'ont été à la périphérie de ces villes. On assiste ainsi à la naissance de vastes complexes urbains, de villes-satellites ou, comme on dit depuis un certain temps, de mégalopoles.

Q1 밑줄 친 대명사 ⓐ이 가리키는 것은?

① actuelle ② implantation
③ logement ④ construits

Q2 윗 글의 내용과 일치하지 않는 것은?

① 현재 주거 문제는 불충분한 주택 공급에 관한 것이다.
② 요즘 주택 임대료가 너무 비싸다.
③ 현재 가장 큰 문제는 주택부지의 위치설정에 관한 것이다.
④ 인구 십만 명 이상의 도시에 건설되고 있는 주택의 83%가 외곽 지역에 위치한다.

어휘정리

offre ⓕ 제의, 제시, 제공 / (경제) 공급(량) succéder à (q.c) …에 뒤이어 오다(일어나다) / (q.n) …의 뒤를 잇다, …의 후임이 되다 demande ⓕ 요구, 신청 / (경제) 수요 implantation ⓕ 이주, 정착 / (건축) 부지 설정, 배치 결정 périphérie ⓕ (원, 타원의) 주위 / (도시의) 주변, 교외, 변두리 complexe ⓜ 복합체, 종합단지, 공업 단지 / ⓐ 복잡한, 복합적인 mégalopole ⓕ 매머드 도시 (여러 개의 위성도시를 포함하는 집합 도시)

본문해석

주거 문제는 더 이상 불충분한 공급의 문제가 아니다. 점점 더 ≪임대≫라고 쓰여진 표지판을 보게 된다. 주택 수량은 충분하지만, 가격이 너무 비싸다. 주택 공급 파동에 뒤이어 수요 파동이 일어날 것이다.

현재 제기되고 있는 큰 문제 중의 하나가 주택의 부지 설정에 관한 문제이다. 인구 십만 명 이상의 도시에 건설된 주택의 83%가 도시 외곽에 건설되었다. 그래서 얼마 전부터 거대한 도시 주택 단지나 위성도시, 또는 얼마 전부터 사람들이 말하는 것처럼 매머드 도시의 출현을 목격하게 되었다.

정답 1. ④ 2. ①

151 소득격차

Depuis 1960, le revenu et le pouvoir d'achat des Français ont fortement augmenté. Le niveau de vie des classes moyennes et des retraités s'est en particulier considérablement amélioré. On consomme davantage. On part en vacances vers des destinations lointaines. On est souvent propriétaire de son logement, etc.

Mais <u>cette augmentation de revenus n'a pas profité à tout le monde de manière égale</u>. Les différences entre les revenus sont importantes. Dix pour cent des salariés ne touchent que le SMIC. En revanche, les chefs d'entreprise, les artistes, les sportifs peuvent gagner des sommes considérables. Ces différences dépendent :

- de la profession. Un technicien gagne deux fois plus qu'un ouvrier. Un cadre gagne deux fois le salaire d'un technicien ;
- du secteur public d'activité. Un ouvrier de l'industrie pétrolière perçoit trois fois plus qu'un ouvrier du textile ;
- du sexe. Les femmes sont payées en moyenne 23% de moins que les hommes ;
- des compétences personnelles (pour les non-salariés). Il y a des médecins qui ne gagnent que le SMIC. D'autres vingt fois plus.

Q1 Choisissez la phrase qui ne correspond pas à celle soulignée.

① Il y a en France une fracture sociale.
② La France est une société à deux vitesses.
③ Il y a dans la société française toute forme d'exclusion.
④ Il existe l'égalitarisme social en France.

Q2 윗 글의 내용과 일치하지 않는 것은?

① 프랑스에서는 소득 격차가 심하지 않다.
② 특히 중산층과 퇴직자들의 생활수준이 향상되었다.
③ 생활수준 향상으로 소비가 상승하고, 먼 곳으로 휴가를 떠나게 되었다.
④ 자신의 주택을 소유한 사람들이 많아졌다.

Q3 소득 격차를 결정짓는 요소로 언급되지 않은 것은?

① 직업의 종류 ② 종사 직종
③ 교육 수준 ④ 성별

어휘정리

revenu ⓜ 소득, 수입, 수익 s'améliorer 향상되다 profiter (à q.n/q.c) (주어 사물) …에 득이 되다, 유익하다, …에게 도움이 되다 / profiter de …을 이용하다 pétrolier ⓐ 석유의 / ⓜ 유조선 percevoir 알다, 이해하다, (지각으로) 식별하다 / (금전 따위를) 받다, 영수하다 / (세금 따위를) 징수하다

본문해석

1960년부터 프랑스인들의 소득과 구매력이 급격히 상승되었다. 특히 중산층과 퇴직자들의 생활수준이 현저히 향상되었다. 사람들의 소비가 늘어나고 있다. 행선지가 먼 곳으로 휴가를 떠나거나, 자신의 주택을 소유한 사람들이 많다.

그러나 이러한 소득 증가가 모든 사람에게 공평하게 득이 되어 돌아가지 않았다. 소득 격차가 아주 심하다. 봉급자 중 10%가 최저 임금만을 받는다. 반면에 기업체 사장이나 예술가, 스포츠 선수들은 막대한 금액을 벌 수 있다. 이러한 격차는 다음과 같은 요인에 좌우된다.

- 직업. 기술자는 노동자보다 2배를 번다. 기업체 간부는 기술자의 봉급보다 2배 더 받는다.
- 종사 직종. 정유 공장 노동자는 섬유 공장 노동자들보다 3배 이상 돈을 받는다.
- 성별. 평균적으로 여성은 남성보다 23% 적게 받는다.
- (자유직에 있어서) 개인적인 능력차. 최저 임금밖에 벌지 못하는 의사들도 있다. 그 외의 의사들의 소득은 20배가 넘는다.

정답 1. ④ 2. ① 3. ③

152 도로안전수칙

Tout d'abord, il faut être en bonne condition pour partir : avec le ventre plein (mais pas trop) et sans avoir ingéré d'alcool ni de médicaments provoquant un état de somnolence. Sur la route, il est impératif de s'arrêter toutes les deux heures pour se détendre.

En cas de pluie (ou de brouillard), 3 réflexes : réduire la vitesse, allumer les feux de croisement et augmenter la distance avec le véhicule qui vous précède.

De nuit : vérifier, avant le départ, l'état des feux et les nettoyer. Surtout, évitez de partir vers 3 ou 4 heures du matin, heures auxquelles la capacité d'attention est la plus faible.

En suivant ces quelques conseils, votre trajet sera plus sûr et beaucoup plus agréable.

Q1 De quel genre de document est-il question?

① d'un reportage ② des instructions
③ d'une visite touristique ④ d'un débat

Q2 Quel est le sujet de ce texte?

① les conseils de conduite ② la ceinture de sécurité
③ le problème de circulation ④ les travaux sur les routes

Q3 Quelle affirmation est exacte?

① Il ne faut rien manger avant de prendre le volant.
② Pour la conduite de nuit, il est conseillé de nettoyer les phares et les feux du véhicule.

③ Il vaut mieux prendre des médicaments pour vaincre la somnolence.

④ Il est déconseillé de s'arrêter régulièrement pour se détendre.

어휘정리

ingérer (약, 음식을) 삼키다, 먹다 somnolence ⓕ 반수상태, 비몽사몽, 졸음 impératif 명령적인, 강제적인 / 절대적으로 필요한, 긴급한 (=impérieux) / ⓜ (정치, 경제 따위의) 절대적인 필요성, 요청 réflexe ⓜ 반사, 반사적 행동, 반응 feux de croisement 대향(對向) 차를 위해 도로교통법에 따라 희미하게 켠 헤드라이트)

본문해석

첫째 출발하기에 좋은 조건을 갖추어야 한다. 든든히 먹어야 하지만 (과식은 금물), 술이나 졸음을 유발하는 약은 금한다. 도로에서는 휴식을 취하기 위해 2시간마다 멈추는 것이 절대적으로 필요하다.

비(또는 안개)가 내릴 때는 속도를 줄이고, 헤드라이트를 약하게 켜고, 앞차와 충분한 간격을 유지하는 3가지 행동을 취한다.

야간에는, 출발 전에 헤드라이트와 방향 표시등을 확인하고 깨끗이 닦는다. 특히 주의력이 가장 떨어지는 시간대인 새벽 3~4시에 출발하는 것을 피한다.

이러한 몇 가지 충고를 따르면, 당신의 여정은 더 안전하고 훨씬 더 즐거울 것이다.

정답 1. ② 2. ① 3. ②

153 교통사고원인

A Quelles sont les principales causes des accidents de la route?

B Elles sont essentiellement humaines. Bien sûr, une voiture en mauvais état ajoute au risque, mais seulement 2% des accidents seraient dus à des problèmes mécaniques. Et grâce au ≪contrôle technique≫ obligatoire des voitures tous les deux ans, on ne voit plus de voitures en très mauvais état.

A La vitesse est toujours la cause numéro un des accidents graves, n'est-ce pas?

B Oui, hélas. Malgré toutes les campagnes de prévention routière (ⓐ) je suis un grand défenseur, les limitations de vitesse ne sont pas encore suffisamment respectées. L'excès de vitesse est une cause (ⓑ) il faut souvent ajouter la fatigue et l'alcool …

A J'aimerais que vous nous parliez en particulier des accidents des deux-roues.

B C'est un problème douloureux puisque ce sont surtout les adolescents qui en sont les victimes. Le nombre d'accidents continue à augmenter.

A La vitesse, toujours?

B Oui, la vitesse et l'imprudence. Les adolescents ont besoin de s'affirmer. C'est pour cela qu'ils roulent vite, qu'ils prennent des risques et qu'ils ne respectent pas toujours les règles. Une vespa, un vélomoteur, une moto ne sont pas seulement pour eux des moyens de transport. Ce sont des objets (ⓒ) ils s'identifient.

A On ne peut pas changer l'adolescence. Alors que peut-on faire?

B Prévenir, informer, contrôler … et punir aussi, dans le propre intérêt des jeunes. N'oublions pas qu'un conducteur de deux-roues a sept fois plus de risques d'être tué qu'un conducteur de voiture!

Q1 Choisissez ce qui ne convient pas au texte.

① 2% des accidents de voiture sont dus à des problèmes mécaniques.

② Le contrôle technique a permis de réduire le nombre de voitures en mauvais état.

③ L'excès de vitesse est la principale cause des accidents graves.

④ La seule solution de diminuer les accidents est de condamner les jeunes à une peine sévère.

Q2 괄호 ⓐ, ⓑ, ⓒ안에 들어갈 관계대명사를 옳게 묶은 것은?

① dont - à laquelle - à qui

② dont - à qui - à qui

③ que - dont - auxquels

④ dont - à laquelle - auxquels

어휘정리

assureur ⓜ 보험업자 défenseur ⓜ 옹호자, 수호자 deux-roues ⓜ (복수 불변) 이륜차 imprudence ⓕ 부주의 s'affirmer 자기를 주장하다 vespa ⓕ 스쿠터 vélomoteur ⓜ 소형 오토바이 prévenir 알리다, 경계시키다, 예방하다

본문해석

A : 교통사고의 주요 원인은 무엇입니까?

B : 주로 인재입니다. 물론 정비 불량상태의 자동차는 위험에 추가 요인이 되지만, 교통사고의 2%만이 기계 상의 문제에서 기인한 것입니다. 2년마다 있는 의무적인 ≪자동차 검사≫로 인해 더 이상 불량 상태의 자동차를 볼 수 없습니다.

A : 과속이 여전히 중대 사고의 제1 원인 아닌가요?

B : 안타깝게도 그렇습니다. 모든 도로 예방 캠페인에도 불구하고 속도제한은 아직 충분히 준수되지 않고 있습니다. 과속 다음으로 피곤과 음주 등을 교통사고 원인으로 첨언해야 할 것입니다.

A : 특히 이륜차 사고에 대해 말했으면 합니다.

B : 그것은 아주 고통스런 문제입니다. 이륜차 사고의 희생자는 특히 청소년이기 때문입니다. 사고의 숫자가 계속해서 증가하고 있습니다.

A : 여전히 속도 때문인가요?

B : 네. 과속과 부주의죠. 청소년들은 자신을 나타내고 싶어하죠. 그런 이유로 청소년들은 빨리 달리고, 위험한 행동을 하고, 항상 규칙을 지키는 것은 아닙니다. 스쿠터나 소형오토바이는 그들에게 단순히 교통수단이 아니라, 자신과 동일시하는 물건들입니다.

A : 청소년들을 바꿀 수는 없을 테고, 그럼 어떻게 해야할까요?

B : 예방하고, 교육하고, 통제하고… , 또 젊은이들을 보호하는 차원에서 처벌해야 합니다. 이륜차 운전자는 자동차 운전자보다 7배 이상 사망위험이 높다는 사실을 잊지 말아야 합니다.

정답 1. ④ 2. ④

154 세계 인구

La population mondiale devrait passer de 6,7 milliards d'habitants à 9,2 milliards. Surtout, le nombre de personnes de plus de 60 ans pourraient être multiplié par trois. La population mondiale devrait augmenter de plus de 2,5 milliards de personnes d'ici 2050. Voilà les dernières prévisions sur la population publiées par l'ONU. Contrairement aux 50 pays les plus pauvres de la planète, le nombre d'habitants ne devrait pas trop changer, mais la part des personnes âgées sera de plus en plus importante dans la plupart des pays riches, qui sont responsables d'une partie de l'augmentation de la population. Dans les pays pauvres, chaque femme a plusieurs enfants et l'espérance de vie est moins importante que dans les pays riches.

어휘정리

passer de … à (…에서 …로) 이동하다, 옮겨가다, 되다 prévision ⓕ 예상, 예측 contrairement à …와는 반대로, 달리 être responsable de …에 책임이 있다 / (주어 사물) ~의 원인이 되다 espérance de vie ⓕ 수명

본문해석

세계 인구가 67억 명에서 92억 명이 될 것이다. 특히 60세 이상의 노령자의 숫자가 3배로 증가할 수 있다. 지금부터 2050년까지 세계 인구가 25억 명 이상 증가할 것이다. 이것이 유엔에 의해 발표된 최근의 인구 예측이다. 지구상의 50개 최빈국들과는 반대로, 대부분의 잘사는 나라에서 인구 숫자는 크게 변화하지 않을 것이지만, 고령자의 점유 몫이 점점 더 커질 것이다. 가난한 나라에서 각 여성은 여러 명의 자녀를 갖고, 수명은 부유국보다 더 짧다.

155 일상 폭력

Il semble que la violence être en train de devenir un phénomène de la vie de tous les jours. Dans les usines, dans la rue, dans les conflits sociaux, dans les relations personnelles et sociales, il existe une agressivité nouvelle. Les insultes, la violence physique, le vandalisme font partie des moyens d'expressions. Cette violence vient souvent du besoin d'affirmer qu'on existe, du besoin d'être entendu dans un monde qu'on croit sourd. C'est quand il n'est plus possible de parler ni de comprendre qu'on a recours à la violence.

Q1 밑줄 친 동사 être의 알맞은 형태는?

① soit　　② serait
③ sera　　④ ait été

Q2 폭력의 원인으로 언급된 것은?

① 사회 불평등　　② 사회적 갈등
③ 가정의 파탄　　④ 자신의 존재를 드러내려는 욕구

어휘정리

agressivité ⓕ 공격성, 호전성　insulte ⓕ 모욕, 모욕적 언행　vandalisme ⓜ (예술, 문화의) 파괴　faire partie de (q.c) …의 일부를 이루다, …에 소속되다　avoir recours à (q.n/q.c) …에 도움을 청하다, 호소하다, …의 수단을 동원하다　venir de …에서 오다, 유래하다　violence physique 신체 폭력(violence verbale 언어폭력)

본문해석

폭력은 일상생활의 한 현상이 되어가고 있는 것 같다. 공장이나 거리에서, 사회적 분쟁이나 개인 관계나 사회관계에서 새로운 공격 형태가 존재한다. 욕설, 신체 폭력, 기물 파괴가 표현 수단의 일부가 되었다. 이러한 폭력은 자신의 존재를 주장하려는 욕구, 자신의 말에 귀 기울이지 않는다고 생각되는 세상에서 관심을 끌려는 욕구에서 유래하는 경우가 종종 있다. 더 이상 대화와 이해가 불가능할 때 폭력을 쓰게 된다.

정답 1. ① 2. ④

156

프랑스 국영철도(SNCF)

Indiscutablement, le point fort de la France, ce sont ses trains. SNCF, sous contrôle de l'État, gère remarquablement le réseau de voies ferrées et est constamment en train de le moderniser. Presque toutes les grandes lignes partent de Paris et relient la capitale (ⓐ) toutes les villes importantes de France et d'Europe. Les trains rapides et express sont admirables de ponctualité, de confort et de rapidité, et le TGV qui pourrait rouler à plus de 500 km à l'heure est le train le plus rapide du monde. Les wagons-restaurants, les wagons-lits et les couchettes rendent les plus longs voyages plus agréables et moins fatigants.

Depuis le début de la crise d'énergie, le gouvernement encourage le public (ⓑ) voyager en train - des affiches colorées l'invitent au pays du soleil, à la mer et à la montagne. Les avantages économiques sont encore plus tentants : tarifs réduits pour les étudiants, les enfants, les militaires, les familles de trois enfants et plus, etc.

Q1 Quelle est la fonction principale de la SNCF?

① Elle gère les réseaux des voies ferrées.
② Elle construit des routes.
③ Elle construit des trains.
④ Elle permet aux gens de circuler en ville.

Q2 괄호 ⓐ와 ⓑ에 공통으로 들어갈 전치사는?

① à　　② de
③ pour　　④ en

Q3 윗 글의 내용과 일치하지 않는 것은?

① SNCF는 국가에 의해 관리된다.
② SNCF는 열차 이용을 장려하기 위해 모든 승객에게 할인 혜택을 제공한다.
③ 급행열차는 시간 엄수와 안락함과 신속함으로 유명하다.
④ TGV는 열차내의 식사와 숙박 서비스를 제공한다.

어휘정리

indiscutablement 논의의 여지가 없이, 명백히 gérer 관리하다, 경영하다 voie ferrée ⓕ 철도 ponctualité ⓕ 시간 엄수 couchette ⓕ (배, 기차의) 간이침대 encourager q.n à + inf. …이 …하도록 장려하다, 용기를 북돋다 affiche ⓕ 벽보, 포스터, 게시문 inviter q.n à + inf. …를 …에 초대하다 tentant 마음을 끄는, 유혹하는 (= séduisant) tarif ⓜ 가격, 요금 en plus 게다가, 덤으로

본문해석

두말할 필요도 없이 프랑스의 강점은 기차이다. 국가가 경영하고 있는 SNCF(프랑스국유철도)는 철도망을 잘 관리하고 있으며, 끊임없이 철도망을 현대화시키고 있다. 거의 모든 주요 노선이 파리에서 출발하고, 수도인 파리를 프랑스와 유럽의 주요 도시들과 연결시킨다. 급행열차와 고속철은 시간 엄수와 안락함과 신속성이 뛰어나며, 시속 500킬로 이상으로 달릴 수 있는 TGV는 세상에서 가장 빠른 기차이다. 식당칸, 침대칸, 간이 침대칸은 장거리 여행을 더 안락하고 덜 피곤하게 해준다.

에너지 파동 초기부터 정부는 국민들이 기차를 타고 여행하도록 권장하였다. 오색의 포스터가 태양의 나라, 바다, 산으로 초대한다. 더욱 더 사람들의 마음을 끄는 경제적인 장점이 있는데, 그것은 학생, 아동, 군인, 3명의 자녀를 둔 가족에게 가격 할인이 있다는 점이다.

정답 1. ① 2. ① 3. ②

157 운전면허

En France, pour avoir le permis de conduire, on <u>doit</u> passer deux épreuves : une épreuve théorique, une épreuve pratique. Pendant l'épreuve théorique, le candidat est interrogé sur le code de la route. Cette épreuve est certainement la plus facile. Pendant l'épreuve pratique, le candidat doit conduire une voiture : il doit être capable de tourner à gauche ou à droite, de se garer, etc. Pour avoir le permis, il faut bien sûr réussir aux deux épreuves. Mais beaucoup de candidats doivent recommencer l'épreuve pratique. En effet, le jour de l'examen, on est souvent stressé, et on conduit moins bien que d'habitude.

Q1 De quoi s'agit-il?

① des accidents de la route
② des épreuves du permis
③ d'une course de voiture
④ d'une assurance auto

Q2 밑줄 친 devoir 동사와 같은 의미로 쓰인 문장은?

① Je lui <u>dois</u> d'être en vie.
② Il <u>doit</u> y avoir un accident de voiture là-bas.
③ Tu <u>aurais dû</u> me prévenir.
④ Les gens <u>doivent</u> apprendre à vivre ensemble.

어휘정리

permis de conduire ⓜ 운전 면허증　épreuve ⓕ 시험 / 시련　candidat ⓜ 지원자, 후보　code de la route ⓜ 교통 법규　se garer 주차하다　énervé 신경질이 난, 흥분한　d'habitude 평소, 보통 때

본문해석

프랑스에서 운전 면허증을 받기 위해서는 이론과 실기 시험을 치러야 한다. 이론 시험 동안 지원자는 교통 법규에 대한 질문을 받는다. 물론 이 시험이 가장 쉽다. 실기 시험 동안 지원자는 자동차를 운전해야 한다. 오른쪽이나 왼쪽으로 돌거나 주차할 줄 알아야 한다. 면허증을 받기 위해서는 물론 이 두 시험에 합격해야 한다. 그러나 많은 지원자들이 실기 시험을 다시 해야 한다. 사실, 시험 당일에 사람들은 스트레스를 받아서 평소보다 운전을 잘 하지 못한다.

정답 1. ②　2. ④

158 젊은이들의 미래관과 성향 조사

Un sondage interrogeant les jeunes de 15 à 24 ans révèle qu'une majorité d'entre eux estime que leur vie sera moins facile que celle de leurs parents. Ils ont plutôt confiance en l'avenir et pourtant ils entrevoient déjà que leur vie sera plus difficile que celle de leurs parents. Chômage, dégradation de l'environnement, racisme, retraite plus tardive : voici les raisons à l'origine du pessimisme de plus de 6 jeunes sur 10 de 15 à 24 ans. Plus de la moitié d'entre eux estiment également que l'école les prépare mal à la vie adulte. Par contre, les jeunes se révèlent plus optimistes concernant la santé, la sécurité et la technologie : la plupart d'entre eux considèrent que ces domaines vont connaître des progrès… Et pour améliorer la vie en France, les jeunes font d'abord confiance aux citoyens eux-mêmes, puis aux associations et enfin à l'Union européenne. Peu d'entre eux comptent sur les hommes politiques pour arranger les choses. Leur métier idéal? Dans l'ordre : chef d'entreprise, commerçant, professeur, sportif, artiste et médecin.

Q1 밑줄 친 ⓐ와 뜻이 다른 표현은 무엇인가?

① font confiance à ② comptent sur
③ se méfient de ④ se fient à

Q2 윗글의 내용과 일치하지 않는 것은?

① 여론 조사는 15세에서 24세 젊은이를 대상으로 실시되었다.
② 젊은이들은 자신들의 삶이 부모 세대보다 더 힘들 것이라고 예상한다.

③ 젊은이들은 문제 해결에 있어 정치인들을 절대적으로 신임한다.

④ 젊은이들이 이상적으로 생각하는 제1의 직업은 기업 대표이다.

어휘정리

révéler 드러내다, 밝히다 avoir confiance en …을 믿다, 신뢰하다 (= faire confiance à, compter sur) entrevoir 언뜻 보다, 막연히 예감하다, 어렴풋이 느끼다 dégradation ⓕ 훼손, 강등 tardif 때늦은 être à l'origine de …의 원인이 되다 pessimisme ⓜ 비관주의 concernant …에 관한 arranger 해결하다

본문해석

15세에서 24세까지의 젊은이들에게 설문한 한 여론조사는 그들 중 대다수가 자신들의 삶이 부모의 삶보다 쉽지 않을 것이라고 생각한다고 밝히고 있다. 그들은 오히려 미래에 확신을 갖고 있지만, 그들의 삶이 부모들의 삶보다 더 힘들 것이라고 벌써 예감하고 있다. 실업, 환경 훼손, 인종차별, 더 늦어진 은퇴, 이것이 15세에서 24세까지의 젊은이 10명 중 6명 이상이 갖고 있는 비관주의의 원인이 되는 이유이다. 그들 중 절반 이상이 학교가 그들을 성인의 삶에 잘 대비시키지 못한다고도 생각한다. 반대로, 젊은이들은 건강, 치안 그리고 기술에 관해서는 낙관적이라고 밝힌다. 그들 중 대다수가 이 분야가 발전을 할 것이라고 생각한다. 프랑스에서 생활을 향상시키기 위해, 젊은이들은 우선 국민들 자신을 믿고, 그 다음에 단체들, 마지막으로 유럽 연합을 믿는다. 그들 중 사태를 해결하기 위해 정치인을 믿는 사람은 거의 없다. 그들의 이상적인 직업은? 차례로 나열하면, 기업 대표, 상인, 교사, 운동선수, 예술가 그리고 의사이다.

정답 1. ③ 2. ③

159 돈에 대한 생각

Il subsiste, en France, un tabou certain concernant les questions d'argent, qui peut s'expliquer historiquement par le mépris que toutes les classes dirigeantes affichaient envers l'argent. L'Eglise catholique affirmait que le salut passait avant tout par la pauvreté. L'aristocratie ne s'occupait pas d'argent, elle laissait cela à des professionnels, les banquiers et les notaires.

Dans la littérature, l'argent est bien souvent mis en cause parce qu'il corrompt les hommes. Harpagon, ≪Avare≫ de Molière, accumule l'argent, fait fructifier son patrimoine… et finit par ne plus aimer que son or. ≪Le Bourgeois gentilhomme≫ est ridicule parce que c'est un parvenu. Les romanciers du XIXe siècle, Balzac, Stendhal, décrivent longuement les passions cupides qui mènent leurs héros à leur perte.

Il n'est pas de bon ton de paraître riche, d'≪afficher sa fortune≫. L'héritier fortuné est toujours mieux considéré que le ≪parvenu≫, traité facilement de ≪nouveau riche≫. On ne parle pas aisément de ce qu'on gagne, sauf peut-être avec les intimes. Et encore, il est de mauvais goût de parler de ses revenus ou de ceux des autres ; se permettre de demander à quelqu'un combien il gagne peut être considéré comme choquant.

Q1 Choisissez la phrase qui ne correspond pas au texte.

① En général, on ne parle jamais de ce qu'on gagne en France.

② Ce sont les banquiers ou les notaires qui s'occupaient de l'argent.

③ Privée d'argent, l'Eglise catholique vivait dans la pauvreté.

④ Le parvenu était très mal vu dans la société d'époque.

어휘정리

subsister (주어는 사물) 잔존하다, 존속하다 / (주어는 사람) 살아가다, 생계를 이어가다 (= survivre) tabou ⓜ 금기(禁忌) / ⓐ 금기의, 금물의 salut ⓜ 구원 aristocratie ⓕ 귀족 notaire ⓝ 공증인 mettre q.c/q.n en cause 문제로 삼다, 의심(비난)하다, …를 법정에 끌어내다 corrompre 타락시키다, 부패시키다 accumuler 축적하다, 모으다 fructifier 수확하다, 열매 맺다, 이익을 남기다 patrimoine ⓜ 재산, 자산, 문화재 parvenu ⓝ 벼락부자, 벼락 출세자 cupide 탐욕스러운 héritier ⓝ 상속인, 계승자 choquant 불쾌한, 거슬리는 / 충격적인

본문해석

프랑스에서 돈 문제에 대해 금기시 하는 태도가 여전히 존속하는데, 이는 역사적으로 모든 지배층이 돈에 대해 보여주었던 경멸적 태도로 설명될 수 있다. 카톨릭 교회는 구원이란 무엇보다도 가난을 거쳐야 한다고 강조했다. 귀족계층은 돈에 관여하지 않았고, 전문가나 은행가, 공증인들에게 맡겼다.

문학에서 돈은 인간을 타락시키기 때문에 비난을 받았다. 몰리에르의 ≪수전노≫인 아르파공은 돈을 그러모으고, 재산을 축적했지만…, 마침내 자신의 돈만을 사랑하게 되었다. 몰리에르의 ≪서민 귀족≫은 벼락부자이기 때문에 우스꽝스런 인물이다. 발작, 스탕달 같은 19세기 소설가들은 주인공을 파멸로 몰고 가는 탐욕에 대해 길게 묘사하였다.

부자처럼 보이고, 부(富)를 과시하는 것은 품위 없는 행동이다. 막대한 유산 상속자는 ≪졸부≫ 취급을 받는 ≪벼락부자≫보다는 더 낫게 취급되었다. 사람들은 친지를 제외하고는 자신의 소득에 대해 잘 말하지 않는다. 또한 자신의 소득이나 다른 사람의 소득에 대해 말하는 것은 품위 없는 행동이다. 그러므로 감히 누군가에게 소득액을 물어보는 것은 예의 없는 행동으로 여겨질 수 있다.

정답 1. ③

160 부동산 중개소에서

A Bonjour. Je voudrais louer un F2 meublé.

B Oui. Dans quel quartier?

A Si possible, près de la Faculté des Lettres.

B Je vais voir. Ah! Vous avez de la chance! J'ai un deux pièces, meublé, tout confort, dans la rue Saint-Pierre. C'est à deux minutes de la Faculté.

A Le loyer est de combien?

B 2 000 euros, toutes charges comprises. Il faut prévoir en plus un mois de caution et deux mois de loyer à payer d'avance. Le bail est de trois ans au minimum.

A Comment!? 2 000 euros!

B Je regrette, monsieur, mais c'est le prix d'un deux pièces, dans ce quartier. Maintenant, si vous voulez un petit studio, un peu plus éloigné, j'en ai un, et beaucoup moins cher : 1 200 euros par mois. Je vous le montre?

A Je vais réfléchir. Je reviendrai plus tard.

Q1 Où se passe cette scène?

① chez un agent immobilier
② dans un appartement
③ au secrétariat de la Faculté
④ dans un hôtel

Q2 Quelle est l'affirmation inexacte?

① Le client cherche un appartement qui comprend une salle de séjour/salle à manger et une chambre.

② Dans le loyer, toutes les charges locatives sont incluses.

③ La durée du contrat de location est de trois ans au minimum.

④ Le client est prêt à payer 2 000 euros par mois.

어휘정리

meublé 가구가 딸린 charges ⓕⓟⓛ 부담금, 관리비 prévoir 예상하다 caution ⓕ 보증금, 담보 bail ⓜ 임대차, 임대차 계약(서)

본문해석

A : 안녕하세요. 가구가 딸린 방 2칸짜리 집을 얻으려고 합니다.
B : 어느 동네에요?
A : 가능하다면, 문과대학 근처로요.
B : 어디 봅시다. 운이 좋으시군요. 생 피에르 가(街)에 가구가 딸려 있고, 아주 안락한 투룸이 하나 있어요. 대학에서 2분 걸리는 곳이죠.
A : 월세는 얼마인가요?
B : 관리비 모두 포함해서 2,000유로입니다. 거기에다 한 달분 보증금과 두 달분 집세 선불도 예상하셔야 합니다. 임대차 계약은 최소 3년입니다.
A : 뭐라구요!? 2,000유로라구요?
B : 유감스럽게도, 그것이 이 동네 방 2칸짜리 가격입니다. 조금 더 먼 곳에 작은 원룸을 원하신다면, 훨씬 싼 집이 하나 있습니다. 한 달에 1,200유로입니다. 보여드릴까요?
A : 생각해보고, 다시 들릴게요.

정답 1. ① 2. ④

161 체류증 신청

A Je suis venue demander une carte de séjour.

B C'est la première fois que vous en faites la demande? Dans ce cas, c'est très simple. D'abord, il faut votre passeport, un justificatif de domicile, un RIB, vos photos, une enveloppe timbrée à l'adresse du demandeur. Et dans queques semaines, l'OMI vous convoquera pour la visite médicale. L'année prochaine, vous aurez besoin du certificat médical délivré par l'OMI pour renouveler votre carte de séjour. Maintenant, remplissez cette fiche. Et vous mettez la fiche remplie, les photocopies de tous les papiers demandés et vos photos dans cette enveloppe. Dans quelques semaines, vous recevrez une convocation. Vous viendrez avec celle-ci pour retirer votre carte de séjour. S'il manque quelque chose, on vous en informera par courrier.

A C'est tout?

B Oui. La première année, c'est très simple. À partir de la deuxième année de votre séjour, ce sera un peu différent.

Q1 Où peut-on demander une carte de séjour?

① au commissariat de police ② à la mairie
③ à la préfecture de police ④ à la Sécurité sociale

Q2 Pour le renouvellement de la carte de séjour, qu'est-ce qu'il faut?

① un passeport ② un justificatif de domicile
③ un RIB ④ un certificat médical

어휘정리

carte de séjour ⓕ 체류증 justificatif de domicile ⓜ 거주 증명서 relevé d'identité bancaire(RIB) 은행거래내역서 timbré ⓐ 우표(증지)를 붙인 convoquer 소환하다 (f. convocation 소환, 소환증) visite ⓕ 방문 / (의사의) 왕진, 검사 (visite médicale 건강 검진) certificat médical ⓜ 건강검진 증명서 retirer (맡긴 것을) 되찾다, 인출하다 / 꺼내다, 빼내다 / 벗다, 제거하다 courrier ⓜ (집합적) 우편물, 편지

본문해석

A : 체류증 신청하러 왔습니다.

B : 체류증 신청이 처음이신가요? 그런 경우에는 아주 간단합니다. 우선 당신 여권, 거주 증명서, 은행거래내역서, 사진, 신청자 주소가 명기되고 우표를 붙인 봉투가 필요합니다. 그리고 몇 주 후에 '국제 이민국(OMI)'에서 건강 검진을 위해 당신을 부를 겁니다. 내년에는 체류증 갱신을 위해, OMI에서 발급된 건강검진 증명서가 필요할 겁니다. 이제 이 서식을 작성하세요. 그리고 작성을 마친 서류와, 모든 구비 서류의 복사본들과 사진을 이 봉투에 넣으세요. 몇 주 후에 소환증을 받게 될 거예요. 그것을 가지고 체류증을 찾으러 오세요. 만약 미비한 것이 있다면, 당신에게 우편으로 알려드릴 겁니다.

A : 그게 전부인가요?

B : 네, 첫 해는 아주 간단합니다. 거주 2년째부터는 약간 달라질 겁니다.

정답 1. ③ 2. ④

162 지하철역에서

Touriste : Bonjour, je voudrais un ticket de métro pour la journée, s'il vous plaît.

Employé : Pour quelles zones?

Touriste : Et bien, je ne sais pas… C'est pour rester dans le centre de Paris.

Employé : Alors, c'est un ticket zones 1 et 2. Ça fait 5 euros et 30 centimes.

Touriste : Voilà. Pouvez-vous me dire comment aller jusqu'à la station Saint-Michel?

Employé : Bien sûr. C'est très simple : vous prenez la ligne 2, direction Nation jusqu'à Barbès Rochechouart. Là, vous prenez la ligne 4 en direction de Porte d'Orléans.

Touriste : Ça prend combien de temps environ?

Employé : Et bien… À peu près 30 minutes. Je peux vous donner un plan de métro, si vous voulez.

Touriste : Oui, je veux bien. Merci beaucoup.

Q1 Où se passe le dialogue?

① au guichet de la gare

② au guichet de la station de métro

③ dans une rame de métro

④ sur les quais du métro

Q2 Pour aller à la station Saint-Michel, à quelle station faut-il faire une correspondance?

① à Nation　　② à la Porte d'Orléans
③ à Barbès Rochechouart　　④ sans correspondance

어휘정리

journée ⓕ (아침부터 저녁까지의) 하루, 낮 동안　zone ⓕ 지역, 지대, 구간　en direction de …의 방향으로, … 행　prendre (시간) 소요되다, 걸리다　vouloir bien 동의(승낙)하다

본문해석

관광객 : 안녕하세요. 지하철 하루 이용권 주세요.
직원 : 어느 구간이요?
관광객 : 글쎄, 모르겠네요 … 파리 시내에 있을 건데요.
직원 : 그럼, 1 · 2 구간 티켓이에요. 5유로 30상팀입니다.
관광객 : 여기 있습니다. 생-미셸 역까지 어떻게 가는지 말씀해 주시겠어요?
직원 : 물론이죠. 아주 간단합니다. '바르베스 로슈슈아르'까지 'Nation' 방향 2호선을 타세요. 거기서 'Porte d'Orléans' 방향 4호선을 타시구요.
관광객 : 대략 시간이 얼마나 걸리나요?
직원 : 그러니까… 약 30분이요. 원하시면, 지하철 노선도를 드릴까요?
관광객 : 네, 주세요. 대단히 감사합니다.

정답 1. ② 2. ③

이경자

약 력

이화여자 대학교 불어불문학과 졸업
프랑스 뚜르(TOURS) 대학교 불문학 석사, 박사
(前) 서울여대 연구교수, 이화여대 불문과 출강

저 서

『몰리에르』(건국대학교 출판부)
『핵심프랑스어』(고시연구사)
『누보 프랑스어 문법』(피데스)
『누보 프랑스어 어휘 · 숙어』(피데스)
『누벨바그 프랑스어 독해』(만파)
『불어실전모의고사』(고담사)
『내게는 특별한 프랑스어를 부탁해』(다락원)
『내게는 특별한 프랑스어 어휘를 부탁해』(다락원)

역 서

『베르디』(시공사)
『호안미로』(시공사)
『일반미학』(동문선)
『재미난 책읽기지도』(중앙일보사)

박 훈

약 력

프랑스 뚜르(TOURS) 대학교 역사학 석사
프랑스 파리(PARIS) 8대학교 지역학대학원 졸업
프랑스 파리(PARIS) 8대학교 지역학연구소 객원연구원
윌비스 한림 외무 · 행정고시 프랑스어 전임(2000~)
고대, 연대, 한양대 고시반 특강(2010~)
대치동, 목동 SAT/AP/DELF/내신 프랑스어 전임(2015~)

저 서

『누보 프랑스어 문법』(피데스)
『누보 프랑스어 어휘 · 숙어』(피데스)
『누벨바그 프랑스어 독해』(만파)

누보 프랑스어 독해

1판 1쇄 발행　2010년 5월 20일
2판 1쇄 발행　2013년 1월 28일
2판 2쇄 발행　2015년 1월 20일
2판 3쇄 발행　2017년 2월 6일
3판 1쇄 발행　2021년 8월 20일

저 자　이경자 · 박훈
발 행 인　신창동
발 행 처　fides 도서출판

주 소　서울시 관악구 봉천로 485 3층
전 화　02) 876-2246
팩 스　02) 876-2237
이 메 일　fidesbook@naver.com
홈페이지　cafe.naver.com/fidesbook
등록번호　제320-2001-44호

ISBN 978-89-6479-538-5　13760　정가 22,000원